글로벌 차이나

GLOBAL CHINA

글로벌 차이
나 시대와 한
국의 길

글로벌 차이나
GLOBAL CHINA

이종민 지음

산지니

머리말

　올해로 한밭대 중국어과에 부임한지 11년이 되었다. 비교적 젊은 나이에 대학에 온 터라 학생들의 큰 형님 노릇을 하며 인생과 꿈에 관한 얘기를 격의 없이 나눌 기회가 많았다. 그런데 강의실 밖의 사석에서 학생들이 털어놓는 현실적인 고민을 듣고 있으면 내가 강의하는 내용이 그들의 고민 해결에 별다른 도움이 되지 못한다는 생각이 밀려오곤 했다. 당시에 내가 할 수 있었던 일은 그저 술친구가 되어 인생에 관한 모호한 얘기를 들려주는 것이었다.

　그간 중국현대문학 연구를 주업으로 한 나로서는 대학에서 중국 어문학 강의를 한다는 것이 익숙한 일은 아니었다. 대학원에서 학위과정을 밟는 동안 논문을 위한 연구를 하느라 교육 방면에 관한 공부를 별도로 하지 않았기 때문이다. 대학원이 연구자를 양성하기 위한 과정이라 교육은 차후의 문제로 인식되었으며, 나 역시 연구를 열심히 하면 교육은 저절로 할 수 있는 거라는 생각을 하고 있었다. 이러한 생각이 얼마나 잘못되었는지 느끼게 된 것은 교육현장으로 들어와 학생들을 접촉하고 난 이후였다.

　때마침 대학개혁과 구조조정이 사회적 이슈로 등장하면서 나 역시 그 압박으로부터 자유로울 수는 없었다. 대학교육의 실용성 문제를 학과 차원에서 제기할 때 가장 큰 논란대상이 된 분야 중의 하나가 바로 중국학과였기 때문이다. 대학의 중국학과 가운데는 한중수교 전후로 중국 특수 현상이 일어나 관련 분야의 인재 양성이 필요해지자 이에 편승하여 설립된 곳이 많았다. 한밭대에서 중국어과가 창설(1991년)된 것도 이러한 흐름 속에 위치하며, 필자 역시 그 덕분에 일찍 교수가 되는 행운을 얻을 수 있었던 것이다.

그러나 대학에서 나의 강의가 이러한 사회적 요청을 얼마나 수용하고 있는지 자문해보면 그 대답은 그리 긍정적이지 못하였다. 거창하게 사회를 들먹일 필요도 없이 가까이 있는 학생들의 무덤덤한 반응을 보면 쉽게 짐작할 수 있었다. 중국문학 연구자로서 자부심을 지니고 있던 내가 강의실에서는 대학교육의 위기를 일으키는 장본인 가운데 하나였던 것이다. 그때 비로소 학생들 상당수가 내 연구 분야의 수강생이 아니라 중국에 대한 현실적인 관심을 지닌 산업예비군이라는 점을 깨달았다. 그로부터 나는 연구와 교육을 구분하여 연구는 개인적인 관심으로 돌리고, 그 대신 사회에서 요청하고 있는 중국 전문인재는 무엇인지 그리고 그러한 인재를 양성하려면 어떠한 교육을 해야 하는지 등에 대해 뒤늦은 고민을 시작하였다.

그것은 나에게 또 하나의 도전이었다. 글로벌 세계의 중심축으로 변화하고 있는 중국을 현실적으로 이해하는 일은 내가 알고 있던 문학적 지식으로 감당할 수 있는 영역이 아니었기 때문이다. 그래서 초심자의 심정으로 중국 공부를 다시 시작했는데 그중 가장 부족하고 힘들었던 분야가 바로 경제에 관한 지식이었다. 사실 대학 학부과정에서 배웠던 교양 경제나 문학 이해를 위한 배경적 지식으로 읽었던 책들이 전부인 상황에서 경제적 시각으로 중국을 이해한다는 것 자체가 여간 곤혹스러운 일이 아니었다. 게다가 그간 중국을 접근하는 나의 태도가 자본주의적 현실 비판에 기울어 있어서, 개혁개방 이후 중국경제가 성장하는 과정과 그 변화 가능성을 균형 있게 해석하는데 심리적 장애물로 작용하였다. 중국이라는 동일한 대상임에도 불구하고 접근하는 지식을 바꾸어보니 내가 얼마나 순진한 인문주의자에 머물러 있었는지 새삼 느낄 수 있었다.

이러한 공부과정에서 나는 문학적 사변 속의 중국이 아닌 글로벌 분업시스템 속에서 진화하고 있는 중국의 모습을 발견할 수 있었다. 그동안 글로벌이란 말은 상투적인 수사로 들릴 만큼 익숙해 있었지만 사실 그것이 어떠한 의미를 지니고 있는지는 모호하게 알고 있었을 뿐이었다. 그런데 중국의 성장과정에 대한 공부를 통해 그 구체적인 내용을 실감할 수 있었으며, 아울러 중국을 바라보는 한국의 시각이 글로벌 현실보다는 한국 안의 '오해와 편견' 속에서 만들어진 것이 많다는 점도 알 수 있었다. 이 책의 제목에 쓰인 '글로벌 차이나'란 말은 이러한 실감을 바탕으로 중국을 새롭게 이해하기 위해 고안한 용어이다.

현재 한국에서는 중국에 관한 각종 시선들이 착종되어 있는 상태다. 그중 우리의 일상생활을 지배하고 있는 것이 바로 메이드 인 차이나 속의 중국 이미지일 것이다. 일전에 모 방송국에서 방영한 〈메이드 인 차이나 없이 살아보기〉라는 흥미로운 다큐멘터리에서 볼 수 있듯이, 우리의 일상은 이미 메이드 인 차이나를 소비하지 않고는 하루도 버티지 못할 정도로 중국과 밀착되어 있다. 하지만 메이드 인 차이나를 소비하는 한국인의 내면을 들여다보면 그다지 편안한 심정만은 아닌 듯하다. 할인마트에서 메이드 인 차이나를 손에 쥐면서도 명품에서 한참 떨어진 저가제품이라는 비하적인 생각을 놓지 않으며, 메이드 인 차이나가 전 세계시장을 휩쓰는 것을 보고 한국이 설 자리가 갈수록 줄어들고 있다는 위기감을 느끼며, 이러다가 중국인이 전 세계인의 돈을 모두 긁어모으는 게 아닌가 하는 경쟁심이 동시에 밀려오기 때문이다.

　이러한 이중적인 태도는 우선적으로 메이드 인 차이나를 글로벌 분업시스템 속에서 생각하지 못한 데서 비롯된다. 가령 한국의 시중에 널려 있는 메이드 인 차이나는 중국 원산지 가격과 비교할 때 품목에 따라 상이하기는 하지만, 대체로 적게는 두세 배 많게는 열 배 이상 비싼 가격에 판매되고 있는 것이다. 즉 한국의 메이드 인 차이나 가격에서 중국의 생산원가가 차지하는 비중이 제일 적으며, 대부분 중국 공장에서 한국시장으로 오는 과정에서 부가된 운송비, 관세 및 유통 마진 등이 차지한다는 말이다. 가격 내역으로 볼 때 메이드 인 차이나의 최고 수혜자는 생산자라기보다는 무역과 한국에서 도소매 유통을 담당하는 이들이라고 할 수 있다. 중국기업이 메이드 인 차이나를 통해 수익을 올리고 있는 것은 사실이지만, 그 덕분에 큰 재미를 보고 있는 사람은 바로 무역유통에 종사하는 한국인인 셈이다.

　또 우리가 쉽게 간과하고 있는 점이 메이드 인 차이나의 개념에 관한 것이다. 일반적으로 볼 때 메이드 인 차이나가 중국기업이 생산한 것으로만 알고 있을 뿐, 기업의 국적에 상관없이 중국에서 생산한 모든 제품을 메이드 인 차이나라고 부른다는 점은 잘 주목하지 않는다. 그래서 메이드 인 차이나의 시장 점유율이 높아지는 것을 보고 중국에 대한 위협감은 느끼지만 그것이 중국을 무대로 한 글로벌 분업시스템의 산물이라는 점은 잘 생각하지 않는 것이다. 중국이 자본주의 세계로 진입하기 이전은 대체로 한 국가 내부에서 생산과 유통을 완성하는 국민경제의 시대였다면, 그 이후에는 중국이 제공하는 최적의 생산여건을 활용하여 중국으로 이전한 생산기지에서 최종 생산물을 가공 조립하는 글로벌 분업시대로 접어들었다고 할 수 있다. 한중수교 이후 일어난 중국 진출 붐 역시 한국이 이러한 글로벌 분업시대에 본격적으로 참여하는 과정이었던 것이다. 그래서 메이드 인 차이나는 중국기업만의 성과물이 아니라 글로벌 분업시스템의 무대로서 중국에 참여한 모든 국가의 기업들이 공동으로 생산한 결과라고 해야 한다.

실제로 한국기업이 중국에서 생산한 것도 메이드 인 차이나로 불리며, 세계시장에서는 한국기업이 한국에서 생산한 메이드 인 코리아와 한국기업이 중국에서 생산한 메이드 인 차이나가 중국기업 및 외국기업이 중국에서 생산한 메이드 인 차이나와 경쟁을 벌이고 있는 상태다. 메이드 인 차이나를 이러한 글로벌 분업시스템 속에서 사고하지 않는다면, 세계시장에서 급속도로 진행되는 메이드 인 차이나의 시장 점유율을 모두 중국의 능력으로 환산하여 중국에 대한 위협감을 가중시키거나, 세계시장에서 실제로 경쟁하고 있는 상대를 정확하게 분별하지 못하는 실수를 범할 수도 있다. 이제는 과거와 같은 국민경제의 시각에서 벗어나 글로벌 분업시스템 속에서 메이드 인 차이나의 문제를 사고해야 하며, 메이드 인 차이나에 대한 과도한 위협감보다는 중국이 제공하는 최적의 생산여건을 어떻게 활용하여 글로벌 경쟁에서 비교우위를 점할 수 있는지의 문제로 초점을 돌려야 할 것이다.

그러나 한국의 시선은 아직 국민경제 시대에 머물러 있는 듯하다. 메이드 인 차이나 덕분에 전례 없는 물질적 풍요를 누리고 있으면서도 저가라 마지못해 쓰고 있다거나 짝퉁으로 취급하는 비하적인 생각이 따라다닌다. 또 과거 국민경제의 시대에서는 저임노동자의 상징인 '공돌이' '공순이'에 대한 일말의 미안한 마음을 지니고 있었지만, 이제는 생산주체의 문제가 파묻혀 메이드 인 차이나를 만든 중국의 저임노동자에 대한 최소한의 관심도 찾아보기 힘들며, 오히려 저질 제품이라는 불평을 통해 우월한 소비의식만이 부각될 뿐이다. 그러나 국적이 다르기는 하지만 우리가 상상도 할 수 없는 열악한 노동조건 속에서 생산을 담당하는 그들이 있기 때문에 전 세계인들이 메이드 인 차이나를 소비할 수 있다는 점을 잊어서는 안 된다. 저임노동에 시달리면서도 그들 마음속에는 돈을 벌어 사랑하는 가족과 행복하게 살고 싶어하는 인간으로서의 소망을 똑같이 간직하고 있기 때문이다.

또 하나 지적해야 할 것은 메이드 인 차이나의 품질 문제를 둘러싸고 마찰이 일어날 때 그것을 중국측 책임으로만 돌리거나 심지어 민족갈등으로 확산되는 경우가 종종 벌어진다는 점이다. 중국의 생산관리가 전반적으로 선진적인 수준에 도달하지 못한 것은 분명하지만, 메이드 인 차이나의 유통과정에 한국인도 깊이 관여하고 있다는 점을 생각할 때, 가격경쟁을 우선하여 품질관리를 소홀히 한 책임이 관련 한국인에게도 있다는 사실을 환기해야 한다. 이 문제는 근본적으로 이익만을 생각하는 생산·유통업자들의 도덕적 불감증에서 비롯된 일로, 중국 생산자뿐만 아니라 한국 유통업자들의 건전한 윤리의식이 있어야 해결 가능한 일이기 때문이다.

중국은 지금 저가 생산공장을 넘어 전 세계 기업들이 진출하여 경제올림픽을 벌이는 글로벌 공간으로 진화하고 있으며, 나아가 전 세계의 일상생활과 산업구조를 급격히 변화시키는 중추적 역할을 수행하고 있다. 이러한 점을 직시할 때 우리의 의식을 지배하고 있는 메이드 인 차이나 속의 중국을 통해서는 현실 중국의 실상과 성장가능성을 제대로 포착하기 어려워 보인다. 그래서 비하적 이미지를 포함하고 있는 메이드 인 차이나에서 벗어나 '글로벌 차이나'로 정명(正名)을 하는 것이, 글로벌 분업시스템의 중심축으로서 중국의 정체성을 이해하기 위한 인식의 전환이라고 생각된다.

사실 이러한 문제는 한국에서만 존재하는 것은 아니다. 자본주의 선진국인 미국이나, 유럽, 일본의 경우도 메이드 인 차이나를 소비하지 않으면 생활할 수 없을 정도로 물질적 혜택을 누리고 있지만 우리와 마찬가지로 그에 대해 비하적인 생각을 지닐 뿐 아니라 중국 노동자에 대한 관심도 거의 없다. 또 메이드 인 차이나로 인해 발생한 무역적자, 실업, 지적재산권, 위생 등의 문제는 강하게 비판하면서도 정작 그 덕분에 자국의 무역유통업자들이 얼마만큼의 수익을 올리고 있는지 그리고 중국으로 이전한 자국의 기업이 생산한 메이드 인 차이나가 세계시장을 어느 정도 점유하고 있는지의 문제는 잘 부각시키지 않는다. 특히 미국의 경우는 무역적자나 실업자 문제 등을 빌미로 중국에 위안화 절상을 비롯한 정치적 압박을 가하고 있는데, 실제로 그렇게 될 경우 타격을 입는 쪽은 오히려 미국이 될 것이라는 예측도 공공연히 흘러나오고 있다.

세계경제는 분명 중국의 부상으로 글로벌 분업시대라는 새로운 단계에 진입하여 지금껏 경험한 적이 없는 밀접한 관계를 형성하고 있지만, 중국과의 국가관계 및 상호 신뢰는 아직 그에 상응할 만한 수준으로 성숙되지 못한 실정이다. 이는 급속도로 가까워진 경제관계와 달리 정치체제, 이데올로기, 국민의 기질, 문화, 역사 등 여러 차원에서 뿌리 깊게 존재하는 불신이 여전히 갈등 요인으로 작용하고 있기 때문이다. 아울러 각국의 정치세력들이 자신의 정치적 이익을 위해 중국을 전략적으로 활용하고 있다는 점 역시 불신을 조장하는 중요한 요인이 되고 있다.

이러한 불신으로 인해 서구에서는 '중국은 가짜다', '중국의 몰락', '중국이라는 거짓말' 등 중국의 성장을 부정 내지 비판하는 시각이 영향력을 행사하고 있는 상태다. 하지만 실제에서는 이러한 시각과 달리, 90년대를 서구기업의 중국 진출 폭발기라 부를 정도로 경쟁적으로 중국 투자를 진행했으며, 중국이 WTO에 가입한 이후에는 중국을 글로벌 경영의 중심축으로 설정하여 홍콩, 싱가포르에 있던 아시아 본부를 대륙으로 이전하는 등 중국시장을 공략하기 위한 적극적인 행보를 벌이고 있다. 마치 18세기 유럽이 유럽 중심주의적 시선으로 중국을 미개한 봉건국가라고 비하하면서도, 실생활에서는 당시 세계 최고 상품이었던 중국의 도자기와 비단에 매료되어 '쉬누아즈리'라는 중국문화 모방열풍이 일어나, 유럽 상인들이 그것을 수입하기 위해 중국으로 끊임없이 몰려오는 상황과 유사해 보인다.

일본의 경우도 마찬가지다. 오랫동안 누적된 민족적 역사적 대립과 불신으로 인해 중국을 바라보는 시선이 곱지 않으며, 중국의 급성장에 대해 경제뿐만 아니라 외교 안보 영역에서도 미일동맹을 강화할 만큼 위협감을 느끼고 있다. 그러나 21세기 들어 중국위협론을 절제하고 중국 특수를 활용하려는 실용주의가 대두되면서 중국과의 교역 및 투자가 급증하고 있는 상태다. 그 결과 2003년에 '잃어버린 10년'을 끝내고 플러스 성장으로 돌아서는 데 있어 중국을 일등공신으로 삼았으며, 2004년에는 마침내 일본의 최대 교역국이 미국에서 중국으로 바뀌게 되었다.

서구나 일본이 이러한 양면적인 태도를 취하는 데는 그만한 이유가 있다. 하지만 한국의 경우에도 중국을 그렇게 바라볼 만큼 우월한 위치에 서 있는 것인가? 그 대답은 그리 긍정적이지 않아 보인다. 중국의 추격을 넉넉히 앞서갈 수 있는 기술력을 보유하고 있는 것도 아니며, 중국보다 앞서 근대국가를 이룩하여 선진사회를 만들어나간 경험이 풍부한 것도 아니며, 나아가 국익을 우선하는 냉혹한 국제현실에서 중국보다 강력한 국제정치력을 발휘할 수 있는 국력을 지니고 있는 것도 아니다. 그런데도 우리는 자기만족적인 우월의식에 젖어 중국을 여전히 비하적인 대상으로 인식하거나, 혹은 샌드위치 코리아의 위기감이 대두되면서 한국의 성장을 위협하는 존재로 중국을 부각시키고 있다. 더군다나 중국의 고구려사 왜곡과 동북공정 이후 중국에 대한 민족감정이 악화되어 중국이 한국의 최대 교역 파트너라는 점이 믿기지 않을 정도로 무언가 혼란에 빠져 있는 상태다.

중국 일각에서도 분명 한국 경계론이 일어나고 있지만 이처럼 노골적으로 반감을 표시하지는 않는다. 한국과의 갈등이 중국의 국가적 성장과 상충되지 않도록 대승적 차원에서 그 수위를 조절하고 있다는 말이다. 그런데 지금 우리는 어떠한가? 혹여 민족감정과 중국위협론에 갇혀 중국의 실상과 변화를 제대로 읽어내지 못하는 것은 아닌가? 그리고 한국사회의 문제점을 은폐하기 위해 중국을 정치적으로 활용하고 있는 측면은 없는가? 이제 그러한 시각에 대해 반성하며 한국의 장기적 성장전략 속에서 중국과 어떠한 관계를 맺어야 할지 냉정하게 성찰해볼 때가 되었다.

중국이 한국의 전면적 협력 파트너가 됨에 따라 지금 중국은 개인이나 기업의 선택을 넘어 국가적 차원에서 접근해야 할 영역이 되었다. 이것은 중국을 무대로 한 글로벌 분업시스템이 고도화되면서 과거와 같이 저임금에 유혹되어 중국에 진출하는 방식이 더 이상 유효하지 않다는 것을 의미한다. 중국과 관련된 모든 방면에서 진출을 시도하는 지금, 그 성공 가능성을 높이려면 경쟁자인 중국 및 중국 내 외국기업보다 기술, 디자인, 마케팅, 유통 등 제 방면에서 비교우위를 점하고 있어야 한다. 그동안 중국에서 통했던 분야는 대부분 한국에서의 테스팅을 통해 세계화의 가능성을 인정받은 것이다. 이는 중국 진출이 별도의 일이 아니라 한국이 도달한 성장수준을 국제적으로 실천하는 과정이라는 점을 뜻한다. 글로벌 경쟁이 펼쳐지고 있는 중국, 그곳에서 지속가능한 우위를 확보하기 위해선 무엇보다 한국의 장점을 극대화하여 지금보다 더욱 선진화된 사회로 나아가야 한다는 것이다.

IMF 이후 10년이 지난 지금, 한국의 저성장 저투자 구조를 들여다보면 그 길이 결코 쉬워 보이지만은 않는다. 그러나 한국사회가 역동성을 회복할 수 있는 국가적 여건을 마련하고 중국과의 글로벌 분업시스템에서 상위단계에 위치하도록 성장전략을 수립한다면 그 가능성을 열어나갈 수 있을 것으로 생각된다. 이 책은 이러한 문제의식에서 출발하여 중국을 바라보는 반성적 시각으로서 '글로벌 차이나'를 제안하고, 나아가 한국이 직면한 샌드위치 상황의 출로를 찾아나가는 데 있어 중국이 어떠한 의미를 지니고 있는지에 대해 살펴보려고 한다.

1장에서는 글로벌 시대로 접어든 한국이 국가적 비전을 구상하는 데 있어 중국이 어떠한 환경을 제공하고 있는지 살펴보고 세간에 유포되어 있는 중국위협론의 문제점에 대해 비판한다.

2장에서는 글로벌 경제의 중심축으로 진화하고 있는 중국의 저력은 개혁개방 이후에 비로소 형성된 것이 아니라, 근대 이전 최첨단의 기술력을 통해 아시아 및 세계 무역의 중심으로 활동하던 시절의 연장선이라는 점을 밝혀 경제대국으로서 중국의 정체성을 역사적으로 조명한다.

3, 4장에서는 개혁개방 이후 중국이 급성장한 요인을 부자의 꿈을 꽃피운 민영경제, 국유기업의 철밥통 깨뜨리기, 거대한 저임 노동력 및 외국자본으로 정리하고, 주식회사 글로벌 차이나의 대주주로 참여한 화교 네트워크, 미국과 유럽, 일본, 한국이 중국경제에서 차지하는 위치와 관계에 대해 살펴본다.

5장에서는 지금 세계는 중국을 무대로 한 글로벌 경제를 구축하고 있지만 그에 걸맞는 세계 시민의식을 형성하지 못하고 여전히 서구 중심적인 오리엔탈리즘에 의해 지배받고 있는데, 이를 벗어나기 위해선 세계사에 참여한 다양한 세력들의 역사적 활동과 정체성을 이해하고 그들에게 자신의 자리를 돌려주는 작업이 필요하다는 점을 제기한다.

6, 7장에서는 한중수교 이후 형성되고 있는 한중 양국 상호이해의 실정을 알아보고 한중이 전면적 협력관계로 나아가기 위해 해결해야 할 오해와 편견이 무엇인지 그리고 최근 갈등을 빚고 있는 역사문제를 풀어나가기 위한 대응전략에 대해 살펴본다.

8장에서는 중국인의 기질을 나타내는 코드인 만만디, 경쟁, 개인, 관시(關係), 중용, 실리, 지역성을 중심으로 그러한 기질이 형성된 중국적 맥락이 무엇인지 그리고 그러한 코드를 통해 현실 속의 중국인을 어떻게 이해할 것인지에 대해 설명한다.

9장에서는 현재 중국이 어떠한 사회로 변화해나가고 있는지 그리고 그러한 과정에서 중국에 진출하기 위해 어떠한 분야의 전문성을 축적해야 되는지에 대해 살펴본다.

10장에서는 중국 진출의 문제가 개인이나 기업 차원을 넘어 한국이 직면한 샌드위치 상황을 어떻게 극복해나가느냐의 문제와 밀착되어 있다는 것을 밝히고, 그 출로로서 한국이 글로벌 분업시스템의 상위단계에 위치하도록 산업고도화 및 테스팅 마켓의 가능성을 실현하고 아울러 개방의 충격을 흡수할 수 있는 사회안전망의 구축이 필요하다는 점을 제기한다.

요즘 해야 하는 일이 하나 더 생겼다. 취업을 하지 못해 근심하거나 비정규직에 매달려 있는 졸업생이 찾아오면 기를 살려주는 일이다. 예전에는 첫 월급을 탔다거나 승진을 했다는 즐거운 일로 연락하는 경우가 많았는데, 중국이 급부상한 요즘에 오히려 시련을 겪고 있는 이들이 늘어나고 있는 실정이다. 지금도 내가 할 수 있는 일은 함께 술을 마시며 삶에 관한 이야기를 나누는 것이지만, 초창기와 달라진 게 있다면 돌아가고 있는 현실에 대해 약간의 조언을 한다는 점이다. 그간 도전해 온 공부를 통해 세상 보는 눈이 조금 열려진 덕분이다.

취기가 오르면 녀석들은 학창시절 공부를 열심히 하지 않은 탓이라고 자책하지만 작금의 현실이 어찌 그들만의 잘못이겠는가? 저투자 저성장 구조에 빠져 적극적인 투자와 일자리 창출을 하지 않는 신자유주의체제, 국민의 안정된 삶과 복지 실현은 뒤로 하고 시장논리와 무한경쟁만을 신봉하는 정치권, 전문인재 양성을 위한 효율적인 교육을 실시하지 못하는 대학과 교육자가 먼저 그 책임을 짊어져야 하지 않겠는가?

한때 신자유주의에 대해 비판은 할 수 있지만 뚜렷한 대안이 없다는 생각에 동조한 적이 있었다. 그러나 공부과정에서 케임브리지대학 경제학과 장하준 교수의 저서를 탐독하면서 북유럽식 복지국가가 한국의 대안이 될 수 있다는 생각이 들었다. 또 한국형 '역동적 복지국가' 창조를 위해 활동하고 있는 〈복지국가 SOCIETY〉의 이념과 정책을 접하면서 그 실현가능성에 대해 고민할 수 있는 기회도 주어졌다.

아직 한국사회에서는 여러 가지 이유로 이에 대한 관심이 미약한 실정이지만 '역동적 복지국가'가 신자유주의의 대안이 될 수 있는지 논쟁해볼 필요가 있다고 여겨진다. 어쩌면 요즘 내가 해야 할 일이 하나 더 생겨난 것인지도 모르겠다.

문득 한밭대에서 만난 술친구들의 얼굴이 떠오른다. 후덕한 성품으로 중국 여행가이드 넘버원의 자리에 오른 류용희, 늘 타인을 배려하며 바른 생활을 실천하는 교육자 오월석, 중국어 한마디 못 하면서 회사에서 중국전문가로 인정받는 황성욱, 중국대중문화 전문가로 성장하고 있는 칭화대 박사생 이용욱, 내년이면 한밭대 중국어과 최초의 문학박사가 될 난징대 노중방, 중국 정치사상 공부와 문학적 글쓰기를 결합하고 있는 외대 박사생 구성철, 중국과 아프리카 시장 개척을 위해 도전하고 있는 정현석과 이규열, 직장에 다니면서 중국어 공부를 하겠다고 야간학과에 들어온 만학도 송영태, 이재승, 김동수, 홍서윤, 최재란, 김재관, 장한기, 조내풍, 서병권, 이종학, 조명환, 유웅재, 구재철……, 그리운 얼굴들.

그리고 술친구들과 어울려 다니느라 귀가가 늦어도 꾹 참아준 아내 김종인, 책읽기와 글쓰기를 좋아하며 뮤지컬 배우를 꿈꾸는 다일이, 노는 게 제일 좋은 장난꾸러기 진서.

이 책은 그들이 있었기에 태어날 수 있었다.

새벽노을을 보며
이종민

차례

1

제1장

글로벌 시대
한국의 비전과 중국

국제관계성

2005년 한 해 해외여행자수가 1,000만 명을 넘어서면서 이제는 한국이 비즈니스 영역뿐만 아니라 일상생활에서도 명실상부한 글로벌 사회로 진입했다는 점을 실감케 한다. 1989년에 해외여행자유화가 시행된 지 불과 17년 만의 일이다. 사실 해외여행자유화가 되기 이전만 하더라도 공무나 비즈니스, 유학 등 분명한 사유가 있어야 해외에 나갈 수 있었기 때문에 일반인에게 외국은 그저 국경 너머에 존재하는 풍문의 세계였다.

시기적으로 볼 때 해외여행자유화는 80년대 중반 국제사회의 3저 호황(저금리, 저유가, 저달러)에 힘입어 '단군 이래 최대의 호황'을 누리며, 86 아시안게임과 88 올림픽을 성공적으로 개최한 자신감에서 비롯된 일이다. 이후 대학생들의 배낭여행을 포함한 해외여행 붐이 일어나면서 많은 한국인들이 세계를 접할 수 있는 기회를 맞이하게 되었다.

이러한 분위기 속에서 당시 한국사회에는 세계화 국제화 바람이 불었지만 정작 그 내용이 무엇인지 알고 있는 사람은 별로 없었다. 그것을 체감하게 된 것은 중국 진출 붐이 일어난 1990년대 이후의 일이라고 할 수 있다. 한국을 떠나 중국으로 이동하는 행렬 속에 동참하면서 비로소 세계의 자본, 기술, 인재가 최적의 생산여건을 찾아 국경을 넘나드는 글로벌 현실이 눈앞에 다가왔던 것이다.

한국 내부에 머물러 있던 삶의 지도를 넓혀준 중국에는 현재 1천만 해외여행자 가운데 30% 이상이 여행지로 선택하고 있으며, 약 100만 명 정도가 도전의 무대로서 중국 곳곳에 상주하고 있으며, 4만 5천 명 이상의 유학생이 중국의 각 대학에서 공부를 하고 있다. 수출입 방면에서도 중국은 2004년에 미국을 제치고 한국의 최대 파트너가 되었다. 특히 한국인과 한국기업이 가장 많이 진출해 있는 칭다오에는 산둥성 칭다오(青島) 시가 아니라 '인천광역시 칭다오 구'라고 농담을 할 정도로 친 한국적인 환경이 조성되어 있다. 이러한 진출 붐 덕분에 과거에는 조선족 자치지역에서나 볼 수 있었던 한글과 중국어를 병기하는 간판이, 이제는 한국인이 거주하는 지역의 상징적 풍경으로 변모하였다.

이처럼 한국인의 활동 영역은 20년도 채 되지 않은 사이에 국경을 넘어 광활한 세계로 확장되었다. 마치 정착 생활을 하던 이들이 신천지를 찾아 일시에 주유하듯이 전 세계에 한국인의 발걸음이 미치지 않는 곳이 없을 정도다. 일부 계층의 사치성 여행이나 과도한 유학경비 등으로 인해 해외여행이 경상수지 적자의 원인이 되기도 하지만, 한국의 성장 동력을 세계화와 연계시켜야 하는 현 시점으로 볼 때 세계에 대한 안목을 넓혀나가는 것은 긍정적인 일이라고 할 것이다. 오히려 더 큰 문제가 되는 것은 경비 지출이 아니라, 우리가 아직 세계인들과 더불어 살아가는 데 익숙하지 않다는 점에 있다.

해방 이후 한국사회는 산업 근대화와 정치 민주화, 남북문제 등의 내부적 과제에 관심이 집중되어 있어서 국제세계에 대한 인식은 상대적으로 미약한 형편이었다. 물론 한미관계나 한일관계, 베트남전쟁, 중동 특수 등을 통해 세계의 동정을 엿볼 수 있는 기회가 있었지만, 그에 관한 정보는 주로 국가가 장악하고 있어서 민간인들에게는 먼 나라의 일에 불과했다. 그 당시 민간인에게 허용된 일은 '국민교육헌장'과 '국기에 대한 맹세'를 외우며 한국 국민으로서의 의무에 충실을 기하는 것이었다. 이러한 환경 속에서 우리는 '잘 살아보세'라는 근대화 구호를 바탕으로 국가적 응집력을 발휘하여, 세계가 '한강의 기적'이라 부르는 급속한 경제성장을 이룩할 수 있었다.

해외여행자유화는 이러한 국민적 헌신에 대한 보상이라고 할 수 있다. 때마침 세계경제가 중국을 무대로 하는 글로벌 분업시스템으로 전환되면서 한국인들이 급속도로 국제사회에 모습을 드러내기 시작하였다. 그런데 언어와 문화, 인종이 다른 세계인들을 접촉하는 과정에서 무언가 한국인들에게 결핍되어 있는 것이 발견되었다. 한국이라는 동질적인 삶의 공간에서 익숙해진 방식 그대로 국제사회에서 행동을 함으로써 문화충돌을 일으키는 경우가 많았던 것이다. 그동안 우리는 경제성장과 아울러 부단한 정치개혁을 통해 역동적이고 성숙된 시민의식을 확립했다 해도 과언이 아니다. 하지만 급박하게 직면하고 있는 글로벌 환경은 한국사회의 또 다른 약점을 노출시키며 이 시대에 걸맞는 새로운 덕목을 요청하고 있다.

사실 글로벌 분업시스템은 중국만을 무대로 이루어지는 것이 아니라 한국에서도 이미 진행되고 있는 현상이다. 현재 한국에는 중국, 몽고, 동남아, 인도, 파키스탄 등 해외에서 온 100만 명의 이주노동자가 거주하고 있다. 그들은 노동환경이 열악하여 한국인들이 기피하는 3D

업종에 종사하며 한국경제의 한 축을 담당하고 있다. 마치 6,70년대 일부의 한국인들이 미국, 유럽, 일본 등 선진국의 이주노동자가 되어 허드레 일을 하던 것과 유사한 상황이다. 이는 국가 간 경제력의 불균형에 따른 국제 분업의 한 형태인 셈이다. 이러한 국제 분업과 이주노동자가 없었다면 한국경제의 밑바닥이 무너졌을지 모를 정도로, 이들은 한국인이 힘들다고 기피하는 분야를 묵묵히 담당하고 있다.

그러나 이들이 한국에서 처한 현실은 어떠한가? 신분상으로 상당수가 불법 체류자나 산업연수생의 꼬리가 붙은 사회적 차별을 받고 있으며, 산업현장에서는 저임금에 장시간 노동, 산업재해에 무방비로 노출된 열악한 노동조건에 시달리고 있다. 무엇보다 이들을 힘들게 하는 것은 사업주나 관리자에게 받는 비인간적인 모욕과, 아무 이해관계도 없는 일반 한국인들로부터 비하적인 시선을 받는 경우라고 한다. 한국은 이미 세계인들이 출입하는 글로벌 사회로 변화하고 있지만, 근저에는 아직 세계인들을 한국사회의 한 성원으로 받아들이는 포용력이 결핍되어 있었던 것이다.

단일민족 신화를 바탕으로 한 국민적 통합력은 그동안 한국사회의 중요한 성장 동력으로 작용해온 것이 사실이다. 그러나 국민의 기준을 주로 한민족으로서의 동질성에서 찾음으로써 외국인에 대한 배타적 감정이 그늘처럼 자라나게 되었다. 특히 국내 화교에 대한 차별은 전 세계에 유래가 없을 정도이며, 2006년 하인즈 워드 열풍이 불기는 했지만 혼혈인에 대해서도 마찬가지의 차별을 가하였다. 이러한 감정은 글로벌 사회로 전환하고 있는 현재까지 이어져 외국인 이주노동자에 대한 차별로 나타나고 있다. 국민경제 시대에 긍정적인 힘으로 작용하던 것이 이제는 반성해야 될 대상이 돼버린 것이다.

이러한 문제점은 비단 국내에서만 출현하는 것이 아니다. 해외에서 일으키고 있는 문화충돌 역시 국제관계성이 결핍된 의식에서 비롯된 일이다. 한국이라는 울타리를 벗어나 국제사회의 한 성원이 된 지금, 우리는 세계인들과 더불어 살아가는 방법을 고민해야 하는 시점에 와 있다.

세계 속의 한국

글로벌 경제의 중심축으로 중국이 부상하면서 세계인들이 그곳에 모여들어 거대한 국제사회를 구성하고 있다. 중국에서 세계인들과 어울려 지내다보면 종종 이들에게 한국이 어떻게 비쳐지고 있는지 의문이 든다. 아마도 한국기업의 활약상이나 한류 열풍을 보도하는 언론의 시각에만 의지한다면 한국의 위치가 상당한 수준에 있을 것이라는 상상이 절로 들 것이다. 사실 해외에서 들려오는 '어글리 코리안'의 소란은 글로벌 사회에서 한국의 위치를 객관적으로 파악하지 못한 채 경제적 민족적 우월감을 지나치게 표출한 데서 벌어지는 경우가 많다. 그래서 국제관계성을 체득하는 일은 한국 내부의 상상에서 벗어나 현실 국제사회에서 한국의 위치가 어떠한지를 자각하는 일부터 시작해야 할 것이다.

2006년 9월 한국무역협회는 유엔, WTO, OECD, 세계은행 등의 자료를 종합하여 「208개 경제, 무역, 사회 지표로 본 대한민국 2006」이라는 보고서를 내놓았다. 이 보고서에 따르면, 한국은 국토면적이 세계 223개국 가운데 108위이고 인구가 27위인데 비해 세계경제에서의 위상은 높은 것으로 나타났다. 한국의 경제규모는 7,875억 달러로 세계

11위이고, 교역규모는 5,456억 달러로 세계 12위를 차지하였다.[1]

구체적으로 살펴보면, 세계시장 점유율 1위 품목수는 59개로 17위, 세계 100대 브랜드에 포함된 기업은 삼성, 현대, LG 세 곳으로 8위, 500대 기업에는 삼성전자, LG전자, 현대자동차 등 12곳으로 12위를 기록하였다. 산업분야별로 선박과 D램 반도체, 박막 트랜지스터 액정표시장치, 항공사 화물수송 등이 부동의 1위를 유지했고, 조강, 화학섬유, 자동차, 타이어 및 산업용 로봇 보유대수가 세계 5위권이었다. 그리고 초고속 인터넷 가입자수가 1위, 인터넷 이용자수가 6위, 인구 100명당 PC 보유대수가 54.5대로 15위를 기록하여 국가정보화 지수가 세계 3위를 차지하였다.

이러한 기록은 세계경제에서 한국의 위치가 10위권 수준에 도달해 있으며, 특히 첨단 IT 방면에서는 선두권을 형성하고 있다는 사실을 알려주고 있다. 하지만 세계에 비친 한국의 이미지와 개방성에 관계된 부문에서는 경제적 위상에 비해 낮은 순위를 기록하였다. 외국문화에 대한 수용도는 51위, 정부나 업체 상위 관리자의 국제경험은 41위, 영어수준은 93위, 외국인 투자규모는 30위, 내국인의 해외 투자규모는 27위, 관광수입은 27위를 기록하여 국제경쟁력이 41위로 밀려났다. 무엇보다 국가 이미지가 10점 만점에 6.49를 기록하여 중국(7.29)이나 일본(6.82)보다 뒤떨어진 34위를 차지하였다.

---

1 2007년 7월에 발표한 세계은행 통계에 따르면 2006년 한국의 국내총생산은 약 8,880억 달러로 세계 13위를 기록하였다. 브릭스 국가인 러시아와 브라질의 국내총생산이 증가하여 한국이 두 단계 하락한 것인데, 전체적으로 볼 때 한국의 경제규모는 2003년 이래 세계 10위권의 성적을 유지하고 있는 상태다.

경제규모는 세계 11위인데 국가 이미지는 세계 34위인 통계지표는 한국이 성장한 방식의 빛과 그림자를 잘 반영하고 있다. 그동안 한국은 국가적 응집력을 바탕으로 고속성장을 이룩하고, 한국인 특유의 '빨리 빨리' 문화의 장점을 발휘하여 IT강국의 입지를 구축하였다. 이러한 면모는 세계 상위권의 경제성적으로 나타나 있다. 국토가 좁고 자원이 부족한 한국, 게다가 6·25 전쟁의 폐허를 딛고 세계 11위의 경제 강국이 되었다는 사실은 분명 자부심을 가질 만한 일이다. 그 덕분에 7,80년대 싸구려 저가제품의 상징이었던 'made in korea'가 이제는 품질이 우수하고 디자인이 세련된 제품의 이미지로 상승하게 된 것이다.

그렇지만 한국의 국가 이미지가 경제규모에 상응하지 못하는 낮은 순위를 기록한 것은 무엇 때문일까? 국제사회에서 한 국가의 이미지는 경제수준뿐만 아니라 정치, 외교, 문화, 국제관계 등을 포괄한 종합적 평가를 통해 형성되는 것이다. 일본의 국가 이미지가 세계 2위의 경제규모에도 불구하고 중국보다 낮은 것은 주변국을 침략한 과거 역사와 국가이기주의적인 행태 등이 반영된 성적인 셈이다. 한국의 국가 이미지가 상대적으로 낮게 나타난 것 역시 북핵문제, 남북분단과 같은 안보불안 요소와 아울러 낮은 국제신임도 등이 작용한 결과라고 할 것이다.

이러한 요인들 가운데 한반도의 안보와 평화 문제는 북한 및 주변 강대국들과의 협력, 대화를 통해 장기적으로 풀어나가야 할 국제정치적 과제라 할 수 있다. 하지만 통계지표에서 순위가 낮게 나타난 외국문화에 대한 수용도나 상위 관리자의 국제경험, 영어 교육, 외국인 투자규모, 관광수입 등 국제관계성에 관련된 부문은 우리의 노력 여하에 따라 얼마든지 개선될 수 있는 영역이다. 한국의 미래를 세계화와 연계시켜 개방적 공간으로 전환할 수 있는 비전을 마련하고, 국제관계성의 덕목을 과거 '국민교육헌장'과 '국기에 대한 맹세'를 외우던 만큼 비중 있게 인식한다면, 한국의 국제신임도는 자연스레 향상될 수 있을 것이다.

브랜드 마케팅을 중시하는 세계의 흐름으로 볼 때 국가 이미지는 특히 중요하다. 저임 노동력에 의지하여 옷이나 신발 등을 하청 생산하던 시절에는 저렴한 가격이 중요했고, 철강, 조선 등 중화학공업을 육성하던 시절에는 주로 외국기업이나 국가를 고객으로 하는 수출이어서 소비자 개개인과 접촉할 필요가 없었다. 그러나 지금은 정보통신이나 서비스산업처럼 최종소비자를 직접 상대해야 하는 마케팅 시대로 접어들어 무엇보다 브랜드 이미지를 중요하게 생각한다. 완제품을 생산하는 업체는 물론이고, 심지어 컴퓨터 부속품 생산업체인 인텔이 'intel inside'라는 광고를 할 정도로, 브랜드 인지도는 기업의 사활이 걸린 문제이다. 이는 국가의 경우도 마찬가지여서 한국이라는 이미지는 단순한 국가에 대한 선호도를 넘어 바로 한국의 경쟁력 수준을 가늠하는 척도로 작용하고 있다.

현재 한국경제가 세계 10위권을 유지하고 있지만, 향후 선진국 및 신흥 경제대국 BRICS(브라질, 러시아, 인도, 중국)와의 경쟁이 더욱 치열해질 전망이다. 이러한 환경 속에서 지속적인 성장을 이루어나가려면 무엇보다 단일민족에 길들여 있는 한국사회의 체질을 개선하여 세계인들이 자유롭게 출입할 수 있는 열린 세계를 만들어야 한다. 이것은 경제적 차원만의 문제가 아니다. 투자여건이 아무리 좋다 하더라도 타자를 포용하는 의식이 결여되어 있는 곳에는 세계인들이 모여들지 않기 때문이다. 국제관계성에 대한 자각은 바로 한국사회의 미래와 직결된 새로운 도전이다.

종합국력

　사물을 바라보는 기준에 따라 그 가치가 달라지듯이 국가에 대한 평가도 무엇을 지표로 삼느냐에 따라 결과가 달라진다. 어떠한 평가든 객관적인 기준을 통해 진행되고 있는 것 같지만, 실제로는 평가를 수행하는 목적과 기준을 선정하는 방식 자체에 이미 일정한 편향성이 개입되어 있기 마련이다. 지금 세계의 신용평가는 무디스, S&P, 피치 등 미국의 3대 국제신용평가기관이 90% 이상을 점유하고 있는 상태다. 이들이 발표한 신용평가등급에 따라 세계가 민감하게 반응하고 있지만, 상대적으로 이들의 평가방식이 얼마나 공정한지에 대해서는 별다른 의문을 갖지 않는다. 그러나 이들의 평가는 서구적 가치와 경제적 기준을 중심으로 이루어지고 있어서 비서구적 발전과정을 겪고 있는 국가에게는 불리하게 작용하고 있다.

　중국은 이러한 서구 중심적인 평가방식에서 벗어나 '종합국력' 이라는 개념을 사용하여 국가의 능력을 평가하고 있다. 종합국력은 특정한 분야에 국한하지 않고 정치, 경제, 군사, 외교 등의 능력을 종합하여 국가를 평가하는 방식이다. 2006년 1월 중국정부의 싱크탱크인 사회과학원은 「2006 : 세계 정치 및 안전 보고」라는 보고서를 제출하였다. 이 보고서는 한국을 포함한 10개 '주요 대국' 의 종합국력을 기술력, 인력자본, 자본력, 정보력, 자연자원, 군사력, 국내총생산, 외교력, 정부통제력 등 9가지 기준을 종합하여 순위를 매기고 있다. 그 결과 한국은 미국, 영국, 러시아, 프랑스, 독일, 중국, 일본, 캐나다에 이어 9위를 차지하였고 인도가 10위를 기록하였다. 우리 입장에서 보면 세계 10대 대국에 선정되었다는 사실 자체가 국력신장을 뜻하는 일이지만, 평가기관이 중국정부의 싱크탱크인 것을 감안하여 수용할 필요가 있을 것이다.

그동안 중국은 세계정세에 대해 '一超多强, 多元爭極(하나의 초강대국과 다수의 강대국이 존립하고 있으며, 이러한 강대국들이 제각기 세력권을 형성하기 위해 경쟁하는 과정)' 이라고 인식해왔다. 여기서 말하는 초강대국은 미국을 의미하며, 다수의 강대국은 영국과 유럽연합, 러시아, 일본, 중국, 인도 등을 지칭한다. 중국은 유일한 초강대국으로서 미국이 지배하는 세계질서의 현실을 인정하면서도, 주요 대국들이 상호간의 힘의 균형을 통해 평화를 이루어나가는 '다극화체제' 를 바람직한 세계질서로 간주하고 있다.

중국은 이러한 다극화체제를 실현하기 위하여 주요 대국들과의 국제관계를 중시하며, 향후 미국과 대등한 수준의 종합국력에 도달할 때까지 안정적인 경제성장을 이룰 수 있는 국제환경의 조성을 목표로 삼는다. 보고서에서 나타나듯이 현재 중국(59.10)의 종합국력은 미국(90.69)에 한참 뒤떨어진 단계에 놓여 있다. 세계에서는 향후 미국의 패권에 대항할 수 있는 유일한 슈퍼파워라고 중국을 말하고 있지만, 정작 중국은 현실적인 힘의 차이로 인해 당분간 미국과의 경쟁보다는 협력을 해야 한다고 인식한다. 그래서 중국은 미국과의 관계를 가장 비중이 큰 사안으로 이해하며, 인권이나 대만문제 등을 둘러싼 갈등에도 불구하고 전략적 협력관계를 유지하기 위해 최대한의 노력을 기울이고 있는 것이다.

중국은 미국의 패권을 견제하기 위한 방법으로 직접적인 대립보다는 러시아의 카드를 활용하는 전략을 구사하고 있다. 예상 밖으로 러시아의 종합국력을 세계 3위라고 높이 평가한 것도 이러한 중국의 세계전략과 맞물린 결과라고 할 수 있다. 역사적으로 볼 때 중국과 소련은 동일한 사회주의 국가임에도 불구하고 격렬한 이념분쟁을 벌이며 오랫동안 갈등상태를 빚어왔다. 70년대 들어 중미관계가 개선된 것도 소련을 봉쇄하기 위한 전략적 협력이었으며 결국 소련을 붕괴시킨 국제적 요인으로 작용하였다. 그런데 미국이 유일한 초강대국이 된 지금은 오히려 러시아와 상하이협력기구[2]를 결성하는 등 미국의 패권을 견제하기 위한 협력관계로 선회하고 있다. 국익을 우선하는 국제관계의 현실이 냉정하게 드러나는 대목이다.

무엇보다도 이 보고서에서 눈에 띄는 것은 중국(6위)의 종합국력이 일본(7위)을 추월한 것으로 평가했다는 사실이다. 중국은 다극화체제를 위한 현 단계의 과제로 아시아에서 미국의 패권적 지위와 일본의 영향력을 견제하며 지역적 차원의 헤게모니 장악을 목표하고 있다. 일본 역시 미국과의 동맹 강화를 통해 아시아에서 중국의 영향력 확산을 경계하고 있지만, 경제관계를 앞세운 중국의 포용정책에 밀리고 있는 실정이다. 중국의 경제규모가 아직 일본의 절반 수준임에도 불구하고 종합국력이 앞선 것으로 평가한 것은 아시아에서 중국의 위치와 영향력이 일본을 뛰어넘었다는 자신감을 스스로 표출한 셈이다. 당연히 이러

---

2 상하이협력기구(上海協力機構, Shanghai Cooperation Organization;SCO)는 1996년 러시아, 중국, 카자흐스탄, 키르기스스탄, 타지키스탄 등 5개국(우즈베키스탄은 2001년 가입)이 국경지역의 군사적 신뢰구축을 목적으로 출범한 기구이다. 2005년 10월 모스크바에서 열린 SCO 총리회담은 6개 회원국뿐 아니라 인도 외무장관, 파키스탄 총리, 이란 부통령 등이 옵서버로 참석했다. 이들 3개국도 조만간 정식 회원국으로 가입될 전망이다. SCO는 미국을 견제하려는 러시아와 중국의 주도로 대미 대항세력으로 급성장하면서 아시아의 신 바르샤바 조약 기구의 성격을 지니고 있지만, 중국과 러시아 간에 중앙아시아에서 주도권 선점 경쟁이 치열하기 때문에 SCO가 나토와 같은 군사동맹으로까지 발전하기는 쉽지 않아 보인다.

한 자신감은 그동안의 아시아 전방위 외교의 성과 즉 아세안 국가와의 경제협력, 중앙아시아 국가와의 군사적 경제적 협력, 인도와의 관계 개선, 중동국가와의 에너지 협력 그리고 동북아에서의 조정자 역할 등을 통해 중국의 위상이 급상승한 데에서 생겨난 것이다.

　한국이 10대 대국에 포함된 것 역시 이러한 중국의 세계전략과 연관지어 생각할 필요가 있다. 이 보고서는 한국의 위상에 대해, 국제적 영향력이 비교적 작고 외교적 이니셔티브 능력이 부족하며, 인구가 적고 전체 경제규모도 일본의 15%에 불과해 경제 군사원조 능력도 한계가 있다고 인식한다. 그러나 아시아 특히 동북아 지역에서 일정한 영향력을 지니며 북핵 협상이나 6자회담에서 한국의 태도는 미국이 평화협상의 방식을 취하도록 하는데 중요한 작용을 한다고 본다. 또 한국은 아시아에서 일본의 군국주의와 우익세력을 경계하는 선봉으로서 일본 고위관리들의 야스쿠니 신사 참배와 역사교과서 문제에 대한 항의에 앞장서 아시아에서 한국의 영향력을 홀시할 수 없다는 견해를 밝히고 있다.

　이러한 평가로 볼 때 한국이 세계 10대 대국에 포함되어 있기는 하지만, 주로 동북아에서 일정한 국제적 영향력을 행사할 수 있는 '지역' 국가로 인식하고 있음을 알 수 있다. 그럼에도 불구하고 한국이 교역규모 면에서 일본, 미국에 이어 중국의 제3위 파트너로 부상한 점과 아울러, 중국의 현안 가운데 하나인 북미관계를 조율하고 일본의 군사대국화를 견제할 수 있는 역할을 높이 평가하여, 한국을 세계 10대 대국의 반열에 올려놓은 것이다.

　이러한 평가 속에는 분명 세계를 중국 중심적으로 바라보려는 욕망이 깔려 있다. 그러나 이에 대해 감정적으로 받아들일 필요는 없다. 어찌되었든 중국은 전 세계를 대상으로 독자적인 외교 전략을 구사하는 대국이며, 중국 입장에서 보면 한국은 중국의 구성부문의 하나인 동북아 지역에 소속된 신흥 국가이기 때문이다. 이는 국가 간의 자존심 문제가 아니라 중국 속의 한국의 위치가 어떠한지 알려주는 국제정치적 현실로 인식해야 한다. 중국은 자신들의 세계전략과 종합국력의 차원에서 한국을 바라보기 때문이다.

외국의 통계지표에는 당연히 평가주체인 외국의 입장이 개입되어 있지만 우리의 모습을 냉정히 들여다보는 거울로 기능할 수 있다. 이를 통해 한국 내부에서 상상하는 우리와 세계가 바라보는 우리 사이의 차이를 인지하고 현재의 모습을 반성하는 우회로가 될 수 있기 때문이다. 우리 일방이 아닌 상호이해의 시각을 확립할 때 비로소 우리는 세계 속의 한국의 정체성을 찾아나갈 수 있을 것이다.

글로벌 허브

전 세계가 국경을 넘어 글로벌 사회로 통합되어나감에 따라 많은 국가들이 이러한 변화를 선도할 수 있는 비전을 구상하느라 고심하고 있다. 현재 세계는 인접 국가나 지역 간의 장벽을 철폐하여 협력관계를 이루는 지역 통합의 수준에 이르고 있는데, 대표적인 곳이 유럽(EU), 북미(NAFTA) 그리고 한중일이 중심이 된 동아시아 지역이다. 향후 지역 간의 통합과 그 사이를 이어주는 정보통신의 발전이 가속되면서 전 세계가 하나의 공동생활권이 되는 시대가 도래할 것으로 보인다. 아시아와 유럽 간의 철도를 연결하는 '철의 실크로드' 사업 역시 이러한 상상을 실현하려는 공동의 노력이라 할 것이다.

이러한 세계적 변화 속에서 한국은 어떠한 비전을 가지고 있는 것일까? 최근 한국의 국가적 비전으로 가장 많이 논의되는 것이 동북아 중심, 동북아 허브, 동북아 균형자 등 동북아 속에서 한국의 미래를 찾으려는 담론들이다. 사실 70년대 초만 하더라도 동북아가 세계경제에서 차지하는 비중은 9% 정도에 불과하였으며, 그것도 일본의 비중이 압도적이어서 공동의 지역이라고 부를 만한 요인이 별로 없었다. 그러나 30여 년이 지난 지금 한국의 성장과 중국의 급부상으로 인해 세계경제에서의 비중이 약 20%로 상승하였으며, 유래가 없는 빠른 성장속도와 역동성을 보여줌으로써 향후 발전가능성이 가장 큰 지역으로 세계의 주목을 받고 있다.

한국의 입장에서 볼 때도 중국은 한국의 최대 교역국이고 일본은 제3위의 교역국인 것을 감안하면 한국경제에서 동북아가 차지하는 비중은 실로 막대하다고 할 것이다. 그런데 한국에서 동북아라는 지역개념이 정책으로 등장한 시점이, 중국이 급부상하기 시작한 노무현 정권에 와서이고, 또 국가적 관심이 일본보다는 중국에 맞추어져 있다는 점을 고려하면, 동북아 지역의 핵심에 중국이 들어서 있다 해도 과언이 아니다. 즉 글로벌 경제의 중심축이 중국으로 이동하면서 한국에 다가온 수많은 기회와 가능성을 어떻게 성장 동력으로 활용할 것인가의 문제가 바로 동북아 담론의 중심과제라는 것이다.

그렇다면 한국이 어떻게 중국과 일본이 버티고 있는 동북아에서 '중심 국가'로 나아갈 수 있을 것인가? 세계의 공장이자 시장으로 급성장한 중국과, 세계 2위의 경제대국에 자동차와 하이테크산업의 최강국인 일본, 특히 일본은 한국이나 중국이 생산하지 못하는 핵심부품 생산기술을 보유하고 있어서, 국제 분쟁이 생길 때 이를 압박 카드로 사용할 만큼 경제적 영향력이 막강한 실정이다. 이러한 세계적 강대국 사이에서 한국이 '중심 국가'가 되는 것이 가능한 일일까?

실제로 이 용어를 국정지표로 구상했던 노무현 정권은 중국의 항의 및 일본의 의도적 무관심을 받고 이를 무마하기 위하여 동북아 경제중심이란 말로 선회한 적이 있다. 한국이 그 뜻을 어떻게 사용하든 간에 '중심 국가'라는 말 자체는 동북아의 헤게모니를 잡겠다는 뜻으로 비치고 있었기 때문이다. 국내적으로 보면 이것이 민족적 자긍심을 고취시킬 수 있는 구호로 작용할 수 있겠지만, 주변 강대국의 입장에서 볼 때는 한국이 자신들의 헤게모니에 도전하려 한다는 불필요한 의심을 들게 만들 수 있다. 물론 이에 대해 강대국의 대국주의적인 간섭이라고 비판할 수 있겠지만, '중심 국가'라는 말의 사용 여부를 두고 민족적 국가적 갈등을 불러일으키기 전에, 한반도의 미래를 구상하는 데 있어 동북아 '중심 국가'가 어떠한 의미를 지니고 있는지 그리고 어떠한 과정을 통해 그것을 실현할 수 있는지 등의 문제를 먼저 물어보아야 할 것이다.

사실 헤게모니 소유자로서 '중심 국가'의 문제는 군사, 외교적인 능력을 포함한 종합국력 차원에서 논의되는 것이라 한국의 역량으로 가능한 일이 아니며, 이해관계가 복잡하게 얽혀 있는 한반도의 국제정세로 볼 때 상호간의 협력보다는 갈등을 부추길 수 있다는 점에서 바람직한 일도 아니다. '경제 중심' 국가 역시 경제적 헤게모니를 추구하는 것이라면 경제규모가 세계 2위와 4위인 국가 사이에서 당장 실현할 수 있는 목표라고 할 수는 없다. 이러한 현실에도 불구하고 '중심'이란 말을 내세운 것은 동북아 지역의 실정에 대한 고려보다는 국내 정치적인 목적이 더 크게 작용한 것으로 보인다. 그래서 진정한 의미의 국가적 비전을 만들기 위해서는 먼저 한국을 둘러싼 국제적 환경 즉 새롭게 부상하고 있는 글로벌 분업시스템 및 동북아 지역의 현실 속에서 한국의 위치를 성찰하고 그 출로가 무엇인지 탐색해야 할 것이다.

이러한 측면을 고려할 때 더욱 현실적인 비전으로 다가오는 것이 바로 '허브국가'라는 용어이다. 본래 허브(hub)는 데이터 통신에서 데이터가 하나 또는 그 이상의 방향에서 한 곳으로 모이는 장소를 지칭하며, 허브에 들어온 데이터들을 다시 하나 또는 그 이상의 방향으로 전달하는 역할을 수행한다. 이러한 허브의 이미지를 국가와 연계시키면 세계인들이 모여들어 고부가가치를 창출하고 다시 그것을 세계로 유통시키는 중추적 공간으로 상상할 수 있다. 언론에서 자주 들리는 금융허브, 물류허브, 비즈니스허브, 게임허브 등은 이러한 비전을 실현하기 위한 구체적인 방안들이다. 그렇다면 한국이 어떻게 글로벌 경제의 중추가 되는 허브국가의 역할을 수행할 수 있는 것인가?

한국기업의 해외 이전이 가속화되고 있는 지금 글로벌 기업들은 오히려 한국시장의 역동성에 주목하고 있다. 다른 나라의 추종을 불허하는 선진화된 홈쇼핑 시장, 세계 최고의 초고속 인터넷 가입률을 바탕으로 한 사이버 시장 그리고 제품의 트렌드에 민감하고 문화적 동질성을 지닌 소비자의 존재는 외국인들에게 경이로운 현상으로 인식될 정도다. 특히 이러한 소비환경을 거쳐 탄생한 카메라폰, 온라인게임 및 콘텐츠서비스 등이 열풍처럼 세계에 확산됨에 따라 한국에서 성공하면 세계시장에서도 성공한다는 평가를 받고 있다.

글로벌 기업들이 한국에서 기대하고 있는 것이 바로 이러한 역할이다. 그들은 세계시장에 신제품을 출시하기 전에 그 상품의 성공 여부를 시험할 수 있는 무대로 한국이 가장 적합한 장소라고 인식한다. 이러한 시험대를 '테스트 베드(test bed)' 혹은 '테스팅 마켓(testing market)'이라고 부른다. 현재 세계경제에서 이러한 시험대 역할을 수행하고 있는 곳은 미국이다. 세계시장을 목표로 하고 있는 기업들은 먼저 미국으로 들어와 기술, 디자인, 마케팅 등의 시험을 거친 후 다시 세계시장에 신제품을 출시한다. 이 때문에 세계의 소비패턴이 미국에서 시작된다 해도 과언이 아니다.

그런데 글로벌 기업들이 미국이 아닌 한국을 테스팅 마켓으로 주목하고 있는 이유는 한국시장의 역동성 이외에 인접한 곳에 세계시장으로서 중국이 급부상하고 있기 때문이다. 이들은 동서양의 문화적 차이 및 경제 발전상의 격차로 인해 중국에 직접 진출하는 것보다는 한국이라는 리트머스시험지를 거쳐 시장의 성패를 가늠하는 것이 리스크를 줄이는 과정으로 인식하고 있다. 물론 일본이라는 하이테크강국이 주변에 있기는 하지만, 보수적인 소비 풍토에 외국기업의 진출이 자유롭지 못해 한국과 같은 테스팅의 역동성을 지니지는 못한다. 또 홍콩, 싱가포르의 경우 한국보다 훨씬 자유로운 비즈니스 환경을 지니고 있지만 테스팅 마켓이 되기에는 소비인구가 적은 편이다. 그래서 최근 한국에 IT산업뿐만 아니라 금융, 보험, 자동차, 유통, 의료기기, 요식업 등 다양한 분야의 외국기업들이 모여들어 중국 및 세계시장으로 진출하기 위한 교두보로 삼고 있는 것이다.

그동안 우리는 IMF 위기와 이를 극복하기 위한 구조조정을 통해 선진국 못지않은 투명한 경제시스템을 구축하였다. 이 과정에서 자국기업을 보호 육성하던 국민경제 시대에는 상상도 할 수 없을 만큼 규제가 풀려 외국기업의 진출이 용이해지게 되었다. 특히 금융 부문에서는 론스타와 같은 해외 투기자본이 금융계를 혼란케 할 정도로 보호망이 사라져 한국시장에 눈독을 들이는 외국 금융사들이 늘어나는 실정이다. 이러한 경제시스템의 전환과정에서 한국은 심각한 내부진통을 겪었지만 그 대가로 글로벌 스탠더드에 상응하는 높은 개방성을 이루어 테스팅 마켓이 될 수 있는 입지조건을 형성하게 된 것이다.

한국이 허브국가로 나아갈 때 관건이 되는 부분이 바로 테스팅 마켓으로서의 성공 여부다. 가령 세계 물동량의 약 40%를 차지하는 동북아에서 부산과 광양이 허브항이 되기 위해 항만을 건설하고 있는데, 순수한 물류 운송의 기능만을 추구한다면 성공 가능성 자체가 불투명해 보인다. 한국의 물류 경쟁상대인 상하이 양산항, 홍콩, 선전 등이 가격공세를 벌여 세계적인 선박회사들이 기항지로 선택함에 따라 물동량의 하락 추세가 이어지고 있기 때문이다. 현재 부산항의 물동량은 세계 3위에서 5위로 밀려나 있으며, 이러한 상태가 지속된다면 한국의 물류 허브의 꿈은 요원한 일이 될지도 모른다.

그러나 이러한 문제를 테스팅 마켓과 연계하여 사고한다면 새로운 출로가 생기지 않을까. 한국이 세계적인 테스팅 마켓으로 활성화되면 외국기업들이 생산기지와 R&D 연구소를 한국으로 이전해 올 것이다. 그리고 생산에 필요한 원자재와 부속품을 본사에서 한국 생산기지로 수입해야 하며, 테스팅에 성공한 제품은 다시 세계시장에 출시하기 위하여 운송되어 나갈 것이다. 한국으로 진입한 기업이 많아질수록 물동량은 자연스레 늘어날 수밖에 없다. 상하이 양산항의 경우도 장강삼각주 첨단산업 생산기지가 배후에 존재하기 때문에 물동량을 지속적으로 확보할 수 있는 것이다.

물류뿐만이 아니라 금융사도 모여들 것이다. 기업의 수가 늘어날수록 자금을 조달해줄 수 있는 금융사가 그에 따라 필요하기 때문이다.

금융사는 이러한 기업 대출 기능과 아울러 한국의 높은 금융 개방도, 신용카드 시장, 정보기술력을 활용하여 새로운 금융서비스 및 상품을 개발하고 판매해봄으로써 세계시장 진출 가능성을 테스팅할 수 있을 것이다. 현재 한국에 진출해 있는 AIG생명, HSBC, 스탠다드차타드은행 등은 아웃바운드 텔레마케팅, 다이렉트 뱅킹과 같은 새로운 금융서비스와 마케팅 기법을 개발하여 테스팅을 진행하고 있다.

한국이 테스팅 마켓으로 부각되면서 대우자동차를 인수한 GM이나 한미은행을 인수한 씨티뱅크, 중외메디컬로부터 의료기 판매 대행업을 인수한 올림푸스처럼 한국기업과 제휴관계를 맺거나 인수합병을 하는 기업들이 늘어나는 추세다. 이들은 브랜드 인지도를 높이기 위해 선진적인 마케팅 기법과 대대적인 물량공세를 동원하여 한국시장을 공략하고 있다. 한국에서 성공하지 못하면 세계시장으로 확산할 수 있는 교두보를 상실하기 때문이다. 이러한 변화 속에서 테스팅 마켓은 분명 한국에게 새로운 성장기회를 제공하고 있으며 허브국가로 나아가기 위한 핵심적인 전략이 될 것으로 보인다.

하지만 허브국가로서의 비전은 국내의 정치적 욕망에 의해 실현 가능한 일이 아니다. 그것은 일국이 아닌 국제 분업 과정 속에서 만들어진 새로운 길이기 때문이다. 중국이 세계의 공장이 되기 위해 저임 노동력을 바탕으로 한 최적의 생산여건을 제공하고 있듯이, 한국이 허브국가가 되려면 창조적 개발과 역동적 소비가 가능한 최적의 국가적 여건을 갖추어야 한다. 그렇다면 한국은 어떻게 이러한 환경을 조성해나갈 것인가?

국가적 여건

사실 허브라는 말은 세계가 글로벌 시대로 전환하면서 많은 국가들이 그에 상응하는 성장전략을 구상하기 위해 사용하기 시작한 용어이다. 동아시아 지역의 경우에도 그동안 세계 물동량 1, 2위를 차지하며 실질적인 허브 역할을 수행해온 홍콩이나 싱가포르는 물론이고 중국, 일본이나 동남아 국가들도 저마다 허브 개념을 통해 국가나 지역 정책을 구상하고 있다. 그만큼 허브국가로서의 비전이 매력적이면서도 경쟁이 치열하다는 것이다.

그러나 허브국가로서의 여건만을 놓고 볼 때 한국은 경쟁국들에 비해 유리한 위치에 서 있다고 할 수는 없다. 홍콩이나 싱가포르처럼 자유무역지대로서의 높은 개방성과 선진화된 금융산업, 영어구사력 및 비즈니스 전문성을 지닌 고급인재 등의 여건을 갖추고 있는 것도 아니며, 상하이나 선쩐처럼 배후에 세계적인 생산기지와 소비시장을 가지고 있는 것도 아니다. 현재 차별화된 장점으로 테스팅 마켓의 역할이 부각되고 있지만 그것을 정착시키기 위해서는 먼저 해결해야 될 국가적 난제들이 도사리고 있다.

테스팅 마켓은 무엇보다도 신제품을 구매하여 트렌드를 창출할 수 있는 내수시장의 소비력을 지니고 있어야 한다. 한국이 삼성, 현대, LG 같은 글로벌 기업을 키워낼 수 있었던 것도 특정 상품들을 집중적으로 소비하여 단시간 내에 트렌드를 형성할 수 있는 내수시장이 존재했기에 가능한 일이었다. 그런데 이러한 한국 내수시장이 현재 갈수록 침체되어 커다란 위기를 맞고 있다. 사회 전반적으로 양극화 현상과 고용 불안정이 심해지면서 소비력이 현격하게 떨어지고 있기 때문이다.

이러한 현상이 벌어진 원인은 공교롭게도 IMF 이후 한국경제가 영미식 신자유주의 체제로 전환한 것과 밀접한 관련성이 있다. 이른바 신자유주의는 국가가 개입하여 기업의 활동을 제약하는 각종 규제를 철폐하고(탈규제), 기업의 이익을 위해 노동자를 자유롭게 해고하며(노동 유연성), 주식을 소유한 주주들이 기업을 지배하는(주주자본주의) 특징을 지닌다. 한국은 이러한 신자유주의적 개혁을 통해 기업의 효율성과 투명성이 확립되고 수출이 증가하여, IMF 위기를 극복했을 뿐 아니라 2003년 이후 경제규모가 세계 10위권에 진입하는 성과를 거두었다.

그러나 노동시장이 유연해지면서 실직자와 비정규직 노동자가 늘어나 경제성장이 소득분배로 이어지는 순환 고리가 어긋나게 되었다. 게다가 수출로 벌어들인 수익이 일자리 창출을 위한 산업자본으로 재투자되기보다는 주주들의 배당금으로 빠져나가는 비율이 높아지고, 제조업 생산기지가 중국 및 해외로 이전되면서 일자리가 감소하거나 외국인 노동자에 의해 대체되는 현상이 빚어지게 되었다. 그래서 고용 불안과 소득분배의 불균형이 확산됨에 따라 현재와 같이 소비가 위축되고 내수경기가 불안해지는 위기가 닥쳐온 것이다.

한국은 지금 딜레마에 봉착해 있다. 테스팅 마켓이 되기 위해서는 한계규모[3] 이상의 소비력을 지녀야 하는데 오히려 내수시장이 위축되고 있기 때문이다. 노동시장의 유연성은 기업하기 좋은 환경을 위해 (외국)기업들이 강조하는 요건이지만, 아이러니하게도 그것이 소비를

---

3 한계규모(Critical mass)는 특정 제품이 시장에서 소비되어 살아남을 수 있는 최소한의 시장 규모를 말한다.

감소시켜 경기가 악화되는 결과로 되돌아온 셈이다. 한국의 인구가 미국처럼 3억 정도가 되면 양극화 현상이 벌어지더라도 그 20%에 해당하는 6천만 명의 유능한 소비자로도 테스팅 마켓의 역할을 충분히 수행할 수 있다. 이 점이 소득 불균형이 세계 최고 수준임에도 불구하고 미국이 테스팅 마켓으로 각광받는 요인 가운데 하나다. 하지만 한국의 경우는 인구가 5천만 명에 불과하여 양극화 현상이 심각해지면 테스팅 마켓의 역할 자체를 수행할 수 없는 지경에 빠지게 된다.

비정규직 문제 또한 커다란 걸림돌로 작용하고 있다. 테스팅 마켓이 되려면 소비인구뿐만 아니라 제품 개발과 디자인, 생산, 마케팅 등을 담당할 수 있는 고급인력이 풍부해야 한다. 한국이 전화 기능과 엔터테인먼트 기능을 결합하여 카메라폰, MP3폰, DMB폰을 개발하고, 쌍방향의 놀이문화와 정보 제공방식을 통해 세계적인 게임과 콘텐츠 서비스를 개발한 것도 창조적 상상력이 풍부한 전문인재들 덕분에 가능한 일이었다. 또 최근 중국과 동남아에 밀려 사양길에 접어든 부산의 신발산업이 걸으면 음악과 영어문장이 나오는 뮤직신발, 운동량 비만도 등의 정보가 제공되는 인공지능신발 등 IT 기술과 웰빙 기능 그리고 기발한 상상력을 결합한 첨단신발을 개발하여 새로운 성장산업으로 탈바꿈하고 있다. 이것은 저가제품 시장을 중국에 넘겨준 경공업이나 제조업 분야에서 한국이 나아가야 할 방향이 무엇인지를 보여준 좋은 사례라 할 것이다.

이러한 신제품은 시장의 변화에 흔들리지 않고 끊임없이 기술개발을 진행하는 숙련 노동자의 손에서 탄생된 것이다. 하지만 지금처럼 단기적인 수익 여부에 따라 고용이 불안해지는 환경 하에서는 숙련 노동자가 풍부하게 양성될 가능성이 적어 보인다. 테스팅 마켓으로서 한국은 중국과 같은 저임금 비숙련 노동자를 필요로 하는 공장이 아니라 고부가가치를 생산하는 전문인재들의 연구개발센터라 할 수 있다. 다시 말하면 낮은 임금으로 경쟁을 하는 것이 아니라 획기적인 아이디어 상품 개발을 통해 고부가가치를 창출해야 한다는 뜻이다. 그럼에도 불구하고 고용 불안이 지속되어 전문인재 양성이 뒤쳐진다면 결국 인력난에 시달리는 기업들이 한국을 떠나게 될지도 모른다. 따라서 테스팅 마켓으로서의 국가적 여건을 조성하는 길은 먼저 경제성장이 소득분배로 이어지는 순환구조를 회복하고 숙련된 전문인재를 양성할 수 있는 안정된 노동환경을 만드는 일이 되어야 할 것이다.

개방전략

미국의 시사주간지 〈뉴스위크〉(2006년 10월 24일자)는 1997년 외환위기를 예고한 바 있는 맥킨지의 컨설턴트 스테펀 베어의 말을 빌어, 한국이 직면한 샌드위치 상황 즉 미국, 일본 등의 선진국을 따라잡고 중국의 추격을 뿌리쳐야 하는 난관을 극복하고 지속적인 성장을 해나가기 위해선 네덜란드 모델이 대안이 될 수 있다고 보도한 적이 있다. 주지하듯이 네덜란드에는 다국적 기업의 유럽 본사가 대부분 진출해 있으며, 경제적 문화적 차원에서 세계 최고의 개방성을 지니고 있는 나라다. 그리고 네덜란드 국민은 우수한 고등교육을 받아 영어를 유창하게 구사하여 자국뿐 아니라 외국계 다국적 기업에서 능력을 인정받고 있으며, 필립스 · 로열더치쉘 · ING 등의 네덜란드 기업은 자국의 울타리 안에 머물지 않고 전 세계를 무대로 하는 글로벌 기업으로 성장하였다.

〈뉴스위크〉에서 말하는 네덜란드 모델은 외국기업과 세계인들이 모여들 수 있는 개방적인 환경을 만들고, 고등교육을 통해 영어 구사력 및 전문 능력이 있는 인재를 풍부히 양성함으로써, 국제비즈니스를 수행할 수 있는 허브국가라고 할 수 있다. 〈뉴스위크〉는 이를 통해 국가 보호주의의 울타리에서 벗어나 개방과 탈규제가 새로운 한국의 성장 환경이 되어야 한다는 점을 주문하고 있는 것이다. 어떻게 보면 이는 IMF 이후 한국이 걸어간 신자유주의 체제의 이상적 모델이라고 할 만하다. 그래서 네덜란드 모델은 한국의 성장전략으로서 허브국가에 관한 논의를 할 때 그 사례의 하나로 늘상 거론되던 것으로 그리 생소한 얘기는 아니다.

그런데 네덜란드 모델을 언급할 때 주로 신자유주의 체제와 직결된 개방의 측면만을 부각시켜 상대적으로 잘 알려지지 않은 점이 있다. 네덜란드 역시 40%대의 국민 조세부담을 바탕으로 국가가 사회 안전을 책임지는 유럽식 복지국가라는 사실이다. 네덜란드는 세계 최고의 개방적 공간이지만, 그 근간에는 조세제도와 공공질서가 엄격히 준수되고 있고, 개방에 따른 양극화 현상이 일어나지 않도록 국가가 국민의 최저생계를 보장하는 복지시스템이 구축되어 있다. 이러한 사회안전망 덕분에 개방이 국민의 생존을 위협하는 것이 아니라 조세수입과 일자리 창출을 통해 네덜란드의 질적 성장으로 연결된다는 공감대가 형성될 수 있었고, 그에 따라 세계의 모든 사물과 문화를 차별 없이 포용하는 관용의 정신이 길러질 수 있었던 것이다. 이것이 바로 최대의 자유를 허용하면서도 사치와 문란에 빠지지 않는 자율적인 사회를 조성하고, 최대의 개방을 허용하면서도 다국적 기업 및 시장 논리에 의해 사회가 흔들리지 않는 복지국가를 만든 네덜란드의 힘이다.

현재 한국은 보호망이 사라진 금융권을 비롯하여 우량 대기업들이 대주주인 다국적 자본에 휘둘려 경영권 침탈을 겪고 있고, 인수합병한 국내기업을 성장 궤도에 올려놓기보다는 분할 매각의 방식을 통해 거액의 차익을 노리거나 수익에 대한 정당한 세금을 내지 않고 버젓이 포탈하는 등 다국적 자본의 횡포에 무기력한 모습을 보이고 있다. 어쩌면 이러한 현실을 놓고 볼 때, 한국이 네덜란드보다 더 개방된 환경으로 변화되었는지도 모를 일이다. 그러나 개방의 궁극 목적이 자국의 성장에 있는 만큼 유럽의 스웨덴, 프랑스, 스페인 등은 이러한 다국적 자본의 횡포로부터 국내기업을 보호하기 위해 황금주제도나 차등의결권[4] 등의 보호 장치를 마련하고 있다. 게다가 신자유주의의 본산인 영국도 황금주제도를 시행하고 있으며, 미국의 일부 주에서도 차등의결권이나 자본이득세를 만들어 자국의 기업을 지키고 있는 실정이다. 오히려 한국에서 이러한 제도가 글로벌 스탠더드에 맞지 않고 기업 경쟁력을 떨어뜨린다는 이유로 반대하며 신자유주의의 원칙을 충실히 따르고 있다.

하지만 개방이 한국의 성장에 어떠한 활력으로 작용하는지 그리고 그것이 국민 개개인의 삶의 질 향상으로 어떻게 연계되는지 실감하기 힘들다면 국민적 공감대를 받기가 어려워 보인다. 네덜란드에서 개방이 극대화된 것은 그 어떤 외국기업(문화)도 자국의 공공질서 안으로

---

4 황금주제도는 정부가 공기업을 민영화한 이후에도 주요 자산처분이나 경영권 변동, 합병 등 중요한 의사결정시 국가이익이나 사회후생에 반하지 않도록 거부권을 행사할 수 있는 권한을 가진 특별주를 보유하는 제도이다. 차등의결권은 주식의 종류별로 의결권 수의 차등을 두는 제도로, 스웨덴(상장사 중 55%가 사용), 덴마크(33%), 핀란드(36%) 등 북유럽에서 적대적 인수합병을 방어하는 수단으로 사용되고 있다.

통합되어 조세수입과 일자리 창출로 연결됨으로써 성장의 동력이 되었기 때문이다. 그러나 한국에서는 외국기업을 구세주처럼 여겨 그들에게 편의를 제공하는 일이 마치 개방의 전부인 듯한 분위기다. 이 때문에 외국기업이 새로운 성장 동력으로 부상하여 한국의 국내총생산이나 수출입 방면에서 차지하는 비중이 높아져가기보다는 단기 차익을 노리고 진입한 다국적 자본이 판을 치고 있는 형국이다. 한국경제로 통합되지 않는 개방은 오히려 한국의 성장 기반을 흔들리게 만드는 역작용을 일으킬 수도 있다. 그 조짐이 바로 다국적 자본의 경영권 침탈과 세금 포탈인 것이다.

한국의 이러한 사정과 달리 개방을 자국의 성장전략으로 잘 활용한 나라가 바로 중국이다. 중국의 성장전략은 동아시아 국가가 걸어온 길과는 상이한 방식이다. 일본의 경우 해외 수출을 성장전략으로 삼으면서도 외국기업에 대해서는 자국 시장의 보호를 위해 개방하지 않았다. 한국의 경우도 수출을 위주로 하면서 자국 시장은 엄격한 규제를 통해 외국기업의 진입을 허용하지 않다가 IMF 이후 신자유주의 체제로 전환하면서 비로소 외국기업의 유치에 적극 나서고 있는 상황이다. 한국과 일본은 경제개발 단계에서 개방보다는 자국 시장을 철저히 보호하는 길을 선택했지만, 중국은 개혁개방 초기부터 수출과 동시에 외국기업을 적극 유치하는 개방전략을 활용하였다.

중국은 한편으로 외국기업을 유치하기 위하여 각종 세제 및 금융 혜택을 제공하면서도, 중앙정부 발전개혁위원회의 엄격한 심사를 통해 외국기업의 투자규모와 기술이전 정도에 따라 사업 활동의 범위를 규제하였다. 또 사업 영역에 따라 외국기업 단독의 사업을 제한하고 중국기업과의 합자를 통해 사업을 하도록 규정함으로써, 중국기업이 외국기업의 기술과 경영기법 등 선진적인 요인을 가까이서 배울 수 있게 만들었다. 서구에서는 이러한 불합리한 간섭과 규제를 '후궁경제'라는 말을 사용하여, 황제인 중국이 자신의 거대시장을 무기로 외국기업을 자신의 입맛대로 끌어안음으로써 후궁 신세로 전락해버렸다고 불평을 털어놓는다. 어찌되었든 중국은 이러한 개방전략을 통해 사상 전례 없는 급성장을 이룩할 수 있었던 것이다. 그 한가운데 중국 GDP의 30%, 수출입 부문에서 50% 이상의 비중을 차지한 외국기업의 활약상이 있었다.

중국은 아직 경제개발 과정에 있기 때문에 개방전략의 성과에 대해 단언하기는 힘들지만, 신자유주의적 개방으로 인해 빈껍데기만 남은 남미와 달리 주체적 성장을 지속하고 있다는 것만은 확실하다. 중국의 저력은 1997년 아시아 금융위기의 순간에 유감없이 발휘되었다. 한국, 태국, 말레이시아, 인도네시아 등의 아시아 국가들이 금융위기로 IMF 관리를 받는 동안에도 중국은 별다른 경제위기 없이 고성장을 지속하였으며 오히려 관련 국가들이 경제적 안정을 찾을 수 있도록 국제적 영향력을 행사하였다. 이는 중국이 개방과정에서 투기자본을 철저히 차단하고 산업자본을 선별적으로 유치하여 중국의 성장 동력으로 통합할 수 있었기 때문이다. 무엇보다 세계경제에 중국이 단계적으로 진입할 수 있도록 개방의 분야와 속도를 조절한 국가전략에 그 공헌을 돌리지 않을 수 없다. 이 사건 이후 비로소 서구가 중국경제를 신뢰하기 시작했으며, 2001년 WTO 가입으로 중국은 한층 자신감을 드러내며 시장개방을 더욱 확대하고 있다.

네덜란드와 중국은 분명 한국이 처한 환경과 다르지만 개방과 세계화가 국가적 사회적 조절장치의 해제를 의미하지 않는다는 점을 알려주고 있다. 네덜란드의 경우 엄격한 공공질서가 정착되어 다국적 자본의 불법적 활동을 규제할 수 있는 감시 장치로 기능하고 있으며, 개방으로 인해 국민이 생존권을 위협받거나 양극화 현상이 벌어지지 않도록 복지시스템이 잘 구축되어 있다. 이러한 사회안전망 덕분에 네덜란드는 개방의 충격에 흔들리지 않고 국제경쟁력을 키워나감으로써 자국의 성장 동력으로 활용할 수 있었던 것이다. 한국이 네덜란드에서 배워야 할 점은 신자유주의적 탈규제의 모델이 아니라 바로 개방을 사회 내부로 통합할 수 있는 공공질서와 사회안전망의 구축이다.

중국위협론

현재 한국이 직면한 샌드위치 상황[5]은 IMF 이후 진행된 주주자본주의의 저투자 저성장 구조, 무장해제식 개방 그리고 내수시장의 침체 등이 중첩되어 벌어진 현상이라고 할 수 있다. 이것이 국내적 요인이라면 국제 경쟁 차원에서 가장 많이 언급되는 것이 바로 중국위협론이다. 최근 중국의 급성장이 피부로 다가오면서 이를 보도하는 한국 언론의 시각이 변화하고 있다. 세계 슈퍼파워, 세계의 공장, 세계의 시장 등과 같이 중국 앞에 항상 '세계'라는 말을 수식할 정도로 한국의 언론들은 일제히 중국의 위상을 격상시키고 있는 것이다. 그러면서도 중국의 산업 기술력이 조만간 한국을 추월할 것이다, 중국의 세계시장 점유율이 높

---

5 소위 샌드위치론은 선진국과 중국 사이에 끼인 한국이 5,6년 안에 신종 성장산업을 찾아내지 못하면 위험에 빠질 수 있다는 진단인데, 삼성 이건희 회장이 제기한 이후 한국경제의 위기감을 드러내는 표현으로 널리 사용되고 있다.

아지면서 한국이 설 자리를 잃고 있다, 한국의 생산공장이 중국으로 이전하여 제조업 공동화 현상이 일어나고 있다는 등의 이야기를 부각시켜, 중국이 이제 한국의 생존을 위협하는 존재로 변모되었다는 느낌을 은연중에 심어주고 있다.

그러나 이런 우려의 목소리와 달리 실제에서는 중국이 한국의 최대 교역국이자 최대 무역흑자국이며, 특히 한국이 IMF를 극복하고 흑자로 돌아서는데 일등공신이 돼주었다. 사실 중국의 압박은 한국에서만 일어나는 것이 아니다. 서구나 일본에서도 중국과의 국제경쟁 과정에서 실업자의 증가나 생산기지 이전의 문제 등이 거세게 밀려왔다. 이것은 국제경쟁이 어느 일방이 아니라 상호 작용의 과정이라는 점을 의미한다. 중국의 경우 국제경쟁이 선진국이 요구하는 글로벌 스탠더드의 준수에 대한 압박으로 다가왔다면, 동시에 상위국에게는 중국의 성장에 대응해야 하는 산업 구조조정의 압박이 가해졌다는 것이다.

한국의 경우 서구나 일본에 비해 중국과의 기술 격차가 상대적으로 적어 그 압박이 더욱 거세게 다가온 것일 뿐이다. 이는 국제경쟁 과정에서 후발국가의 추격으로 인한 불가피한 일이며, 오히려 더 중요하게 생각해야 할 것은 중국의 성장에 어떻게 대응할 것인가의 문제이다. 대응전략에 따라 중국과의 경쟁이 성장의 기회로 작용할 수 있기 때문이다. 가령 섬유산업의 본국인 영국은 후발국가와의 경쟁을 위해 인도, 파키스탄 등지에서 저임노동자를 수입하는 등 저가전략으로 이에 대응하였으나, 결국 중국의 저가공세에 밀려 생산이 중단됨에 따라 섬유산업이 사양길에 접어들고 말았다. 그러나 영국과 달리 독일은 일찌감치 저가경쟁을 포기하고 고급 소재와 기술을 개발하고 디자인에 투자하는 등 고급화 전략으로 이에 대응하여 지금도 세계 5대 섬유수출국의 자리를 지키고 있다.

　이러한 사례로 볼 때 한국이 어떠한 대응전략을 세워야 할지 자명해 보인다. 앞서 언급한 부산의 신발산업이 좋은 선례가 될 것이다. 신발산업은 여느 일용품과 마찬가지로 중국의 저가공세에 밀려 사양길에 접어들었지만, 그들은 한국 특유의 장점인 IT 기술과 웰빙문화 그리고 기발한 상상력을 결합하여 첨단신발을 연구 개발함으로써 새로운 성장산업으로 부상하게 만들었다. 저가전략을 선택한 다른 산업들이 외국의 저임노동자를 고용하거나 중국으로 생산기지를 옮기는 동안 부산의 신발산업은 장기적인 투자와 연구개발을 통해 고부가가치 제품을 만들었던 것이다. 이는 중국이 초강세를 보이는 노동집약적인 산업에서 한국이 어떠한 길을 가야 하는지 잘 알려주고 있다.

　저가경쟁을 선택하여 중국으로 생산기지를 옮긴 중소기업들은 지금 상당한 고초를 겪고 있다. 중국은 그간 외국기업을 유치하기 위해 제공했던 세제감면, 대출 등의 혜택을 첨단산업 부문에만 유지하고 노동집약적인 산업 부문에는 대폭 축소시켜버렸다. 또 중국기업의 기술추격이 상당한 수준에 도달하여 기술개발을 하지 않은 단순 제조업체들은 더 이상 비교우위를 주장할 수 없게 되었다. 이러한 중국의 정책변화는 가격상승으로 이어져 경쟁력을 떨어뜨리고 있으며, 중국의 기술향상은 중국 내 한국기업에 영향을 끼칠 뿐만 아니라 관련 분야의 대중국 수출 감소 요인으로도 작용하고 있다.

　현재 한국의 대중국 수출품목은 주로 컴퓨터부품, 무선통신기기부품, 데이터디스플레이장치, 자동차부품 등 부속품과 반제품이 차지하고 있다. 이는 중국기업 및 중국으로 생산기지를 옮긴 한국기업이 한국에서 관련 부품을 수입하여 조립생산을 하기 때문인데, 한국의 대중국

수출의 흑자는 대부분 이 과정에서 생기는 것이다. 그런데 중국의 기술이 향상되어 그동안 한국에서 수입하던 부품을 자체 개발함에 따라 한국의 수출이 감소하고 있는 상태다. 하지만 이 역시 후발국가와의 국제경쟁에서 불가피한 일로 한국이 중국의 부품 따라잡기를 빗겨갈 방법은 없어 보인다. 오히려 중국이 추격하는 동안 선진국이 보유한 핵심부품 기술을 개발하는 것이 한국의 길이었음에도 불구하고 그 일을 소홀히 한 결과 지금의 압박을 받게 된 것이다.

기술 향상과 아울러 중국이 위협적으로 느껴지는 부분이 바로 'made in China'의 세계시장 점유율이다. 이미 압도적인 강세를 보이는 일용품 시장은 물론이고 한국의 주력산업인 가전, 자동차, 조선, 철강, 컴퓨터, 휴대폰 등의 제조업 분야에서 세계시장 점유율이 높아지는 것에 대해 우려의 목소리가 커지고 있다. 하지만 이 문제를 이해하기 위해선 먼저 'made in China'의 의미가 무엇인지 생각해볼 필요가 있다.

세계시장에서 'made in China'의 점유율이 급속도로 높아지는 것을 보고, 다들 세계의 공장으로서 중국의 위력이 대단하다고 감탄한 적이 있을 것이다. 그러나 'made in China'의 개념이 중국기업과 아울러, 국적에 상관없이 중국에 공장을 두고 있는 기업이 생산한 제품을 모두 포괄하고 있다는 점은 잘 생각하지 않는다. 가령 중국에 있는 한국기업이 생산한 제품도 'made in China'로 표시되어, 한국이 아닌 중국의 시장 점유율로 환산된다. 중국에 진출한 세계 각국의 기업들이 생산한 제품이 모두 'made in China'이기 때문에, 중국의 시장 점유율은 중국만의 것이 아니라 중국 내 외국기업들과 공동으로 이룩한 성과라고 해야 할 것이다. 중국은 더 이상 하나의 국가로 해석할 수 없는 존재가 되었으며, 'made in China'는 중국이라는 글로벌 공간 속에서 활동하고 있는 주체들이 더불어 만들어낸 복합체로 보아야 한다.

실제로 2007년에 이르기까지 중국의 전체 수출과 수입에서 외국기업이 차지하는 비율은 매년 60%에 육박하고 있다. 수출과 수입에서 외국기업이 차지하는 높은 비중은, 외국기업이 본사에서 중국으로 부품을 수입하여 현지공장에서 조립한 후 완성품을 다시 세계로 수출하는, 가공무역이 새로운 국제 분업으로 정착되었다는 사실을 반영하고 있다.[6] 특히 첨단산업의 수출 분야에서는 외국기업의 비중이 더욱 크게 나타나 전자통신, 컴퓨터 및 사무기기, 자동차 등의 분야에서는 압도적인 우위를 점하고 있는 상태다.

중국에도 하이얼이나 롄상처럼 세계적인 대기업이 있기는 하지만 이들의 매출액은 주로 중국 내수시장 점유에서 비롯된 것이며 수출이 차지하는 비중은 아직 미약한 실정이다. 그래서 한국의 주력산업 부문에서 메이드 인 차이나의 세계시장 점유율은 중국기업보다 중국 내 글로벌 기업의 비중이 크다고 해야 할 것이다. 또 중저가보다 고급 시장을 표적하는 글로벌 기업의 전략이 한국의 수출전략과 유사하기 때문에 세계시장에서 한국의 주경쟁자 역시 선진국의 글로벌 기업으로 인식해야 할 것이다. 이 점을 감안한다면 한국의 중국위협론이 문제의 실체를 이해하고 있는지 의심스러워진다. 중국위협론은 메이드 인 차이나의 시장 점유율을 모두 중국의 능력으로 환산하여 그것이 중국기업과 중국 내 외국기업이 공동으로 생산한 결과라는 점을 인식하지 못하

---

6 'made in China'가 중국에서 제조한 것이 아니라 부품을 조립한 제품이라는 측면에서 볼 때 'made in China' 보다는 'processed in China'라는 용어가 더 정확해 보인다.

중관춘 전자상가

중국에서 생산된 세계적인 브랜드 제품이 한 곳에 진열되어
소비자들의 선택을 기다리고 있다.

며, 특히 첨단산업 부문의 수출에서 외국기업이 차지하는 비중이 매우 크다는 점을 고려하지 않기 때문이다.

따라서 샌드위치론의 화살을 중국위협론 쪽으로 돌리는 것은 매우 안이한 발상이다. 한국이 저투자 저성장을 반복하며 기술개발이 늦어지는 동안 중국은 끊임없이 선진기술을 모방하며 기술개발을 앞당겼기 때문이다. 중국의 기술향상과 정책변화에 따라 한국의 중국 진출 방식도 바뀌어야 한다. 그 중점을 저가경쟁을 위해 생산기지를 옮기던 방식에서 거대한 중국 내수시장을 개척하는 방향으로 전환해야 한다는 것이다. 이것이 한국의 성장전략과 중국 진출이 통합될 수 있는 방식이다. 즉 한국에서는 테스팅 마켓으로서의 장점을 극대화하여 고부가가치 제품을 연구개발하고 역동적 시장을 통해 세계화 가능성을 테스팅하며, 중국에서는 테스팅에 성공한 제품을 선진적인 마케팅을 통해 내수시장에 판매하자는 것이다.

이렇게 되려면 노동집약적인 산업의 경우 중국에서의 생산이 불가피하지만, 고부가가치 제품의 개발과 생산은 한국의 고급 인재와 숙련 노동자 그리고 역동적 소비자가 있어야 가능하다는 인식이 확산되어야 한다. 또 한국의 이러한 능력이 세계에 부각되면 중국시장에 진출하려는 외국기업이 서로 한국에 들어오려고 경쟁할 것이며, 한국은 이들의 선진적인 기술과 마케팅 기법을 배우며 국제경쟁력을 더욱 키워나갈 수 있을 것이다. 한국이 이러한 미래를 만들어나간다면 중국은 위협적인 존재가 아니라 기회와 도전의 공간으로 변모하며 샌드위치 상황을 극복할 수 있는 성장 동력으로 활용될 수 있을 것이다. 중국이 우리에게 중요한 것은 한국의 미래를 국제적 차원에서 실천할 수 있는 최적의 공간이기 때문이다.

제2장

2

중국, 근대 이전
세계 무역의 중심

실크로드

개혁개방 이후 불과 30여 년 만에 세계시장을 급속도로 점유해나가는 것을 보면 자본주의 신입생으로서 중국의 기세가 놀랍지 않을 수 없다. 더군다나 중국의 역사를 거대한 봉건제국의 이야기로만 기억하고 있던 이들에게는 그 놀라움이 더욱 컸을지 모른다. 하지만 19세기 전까지 중국이 세계 최고의 선진기술과 상품으로 세계시장을 석권했던 역사를 알게 된다면, 현재 중국의 모습은 자본주의 신입생이 아니라 세계 무대로의 부활을 꿈꾸는 복학생의 신분으로 보아야 하지 않을까. 중국이 세계사의 중심에서 활약하던 그 시간을 찾아 역사 속으로 들어가 보자.

도시국가에서 출발한 로마가 유럽과 중동, 북아프리카를 통합한 대제국을 건설하여 '팍스 로마나(Pax Romana)'를 300년 이상 유지했던 평화의 시절, '모든 길은 로마로 통한다'고 했던가. 흔히 이 말은 로마 가도 건설을 통해 제국의 네트워크를 구축한 로마의 개방정책을 상징하는데, 공교롭게도 중국 최초의 통일제국인 진나라가 만리장성으로 상징되는 폐쇄정책으로 인해 얼마 가지 않아 쇠망하게 된 것과 상반된 사례로 인용되곤 한다. 로마가도와 만리장성의 대비처럼 중국은 역사의 시초부터 폐쇄된 제국으로 탄생했던 것일까?

만리장성은 본래 유목민족의 침입을 방비하기 위해 건설한 것이지만, 문명의 중심으로서 중국을 주변의 야만국과 구별하는 문화적 경계로 해석되어 소위 중화사상이 발원하는 상징적 건축물로 인식된다. 분명 만리장성이 이러한 요소를 지니고 있는 것은 사실이지만, 자기 민족과 문화를 중심으로 세계를 차별적으로 인식하는 것은 중국 특유의 일이 아니라, 고대 문명제국의 일반적인 속성이었다. 서양인들이 서양문명의 원천이라고 자부하는 고대 그리스의 경우도 자신들이 살고 있는 땅을 'Hellas', 자기 민족을 'Helleness'라 부르고 주변민족은 'Barbaroi'라 부르며 문명과 야만의 시선으로 세계를 바라보았다. 이러한 현상은 로마제국과 대영제국 그리고 역대 세계제국 가운데 가장 민주적이라고 자칭하는 미국도 마찬가지여서, 자신의 표준(Standard)에서 벗어나는 민족과 문화에 대한 차별이 지구 밖으로 사라진 적이 없었다.

문명/야만의 시선이 자기중심성을 강화하기 위한 제국의 이데올로기로 기능한다는 점에서 볼 때, 이는 동서양의 문명적 차이를 넘어 인간이 세계를 자기화하기 위한 집단적 욕망의 산물이라고 할 수 있다. 따라서 제국의 역사를 평가할 때 주목해야 할 문제는 제국의 문명의식 자체가 아니라, 표면적으로 드러나는 배타성에도 불구하고 주변국들이 자발적으로 제국에 접근하여 얻을 수 있었던 문명적 혜택과, 야만시하던 주변들의 문화와 인재를 적극적으로 수용하여 국제적 혼성문화를 창조하는 개방성 여부가 될 것이다. 이런 맥락을 이해할 때 우리는 만리장성의 폐쇄성 너머에서, 문명교류와 개방성을 상징하는 실크로드가 중화제국의 국제적 네트워크로 작동하던 길의 역사를 만날 수 있으리라.

BC 8세기경 스키타이 민족이 중앙아시아의 초원길을 통해 동방으로 청동기문화를 전파한 이래, 중국은 서서히 북방 유목민족과 서역의 국가 그리고 유럽의 로마에 이르는 방대한 교역루트에 대해 눈을 뜨게 되었다. 일찍부터 파미르고원을 넘어 사막과 초원을 가로지르는 동서 교역루트의 상업적 중요성을 알고 있던 유목국가들은 교역과 군사적 정복의 방식을 겸용하며 중국과의 접촉을 끊임없이 시도하였다. 이에 대해 중국은 방어적 차원에서 춘추전국시대부터 명나라에 이르기까지, 서북쪽의 가욕관에서 동북쪽의 산해관에 이르는 거대한 성곽을 축조하였는데, 이것이 바로 지금의 만리장성이다.

다른 한편으로, BC 2세기경 한나라 무제가 장건을 서역에 파견하여 이 루트를 개척하기 시작한 이래, 후발주자로서 중국은 본격적으로 유목국가들과 교역의 주도권 쟁탈전을 벌이게 되었다. 마치 동양으로 가는 무역루트를 장악하기 위해 유럽 국가와 이슬람 세력이 충돌을 일으킨 것처럼, 중국과 유목국가 사이에도 이 교역루트를 둘러싸고 오랫동안 교섭과 전쟁의 역사를 반복하였다. 중국이 옥, 유리, 보석, 말 등의 서역 상품을 구매하는 대가로 비단을 지불하여 이 루트가 중국 비단을 서역으로 유통시키는 통로가 되었으며, 중국 비단에 매료된 서역 상인들이 비단을 구하기 위해 중국으로 끊임없이 몰려옴에 따라, 이 교역로의 명칭이 실크로드가 된 것이다.

지금은 실크로드가 동서 문명교류의 상징이 되어 관광명소로 각광받고 있지만, 지형적으로 볼 때 이곳은 '죽음의 사막' 이라 불리는 타클라마칸사막과 타림분지, 파미르고원, 톈산산맥, 몽고초원 등에 가로막혀 있어서 한 번 들어가면 생사를 알 수 없는 지대였다. 그러나 이러한 자연의 장벽도 당시 최고의 문명 상품이었던 실크 교역을 통해 엄청난 수익을 얻으려는 인간의 욕망을 억누르지는 못했다. 마치 거대한 소비시장을 찾아 중국으로 향하고 있는 지금의 글로벌 기업처럼, 세계 각국의 상인들이 실크를 선점하기 위해 생명의 위협을 무릅쓰고 장안으로 몰려들었던 것이다.

장안(지금의 시안)에서 실크를 구입한 상인들은 이를 세계로 유통시키기 위해 몇 갈래의 길을 개척하였다. 대개 장안을 출발한 상인들은 간쑤성 서북부의 치롄산맥과 고비사막 사이에서 복도처럼 동서로 뻗은 허시후이랑을 따라 우웨이, 장예, 주취안, 둔황 등의 오아시스 도시를 거치다가 타클라마칸사막을 맞이하게 되었다. 여기서부터는 직선으로 횡단할 수 없는 사막과 분지, 산맥, 초원이 끝없이 펼쳐진 지대여서, 타클라마칸사막 남북의 오아시스 도시를 연결한 길을 따라 대상의 행렬이 우회할 수밖에 없었다.

둔황, 허톈, 카슈가르, 사마르칸트 등으로 이어진 오아시스 남로는 인도, 서남아시아와 중국을 연결하는 길이 되었으며 둔황, 러우란, 투르판, 쿠처 등으로 이어진 오아시스 북로와 그보다 더 북쪽에 놓인 우루무치, 이닝, 탈라스, 타슈켄트 등으로 이어진 톈산북로는 중앙아시아를 거쳐 유럽의 비잔틴 제국으로 가는 길로 이용되었다. 둔황을 비롯하여 실크로드에 위치한 오아시스 도시들은 세계의 물류가 모여드는 지금의 홍콩, 싱가포르, 암스테르담 등의 허브도시처럼 중국과 서역의 물류가 집산하여 번영을 누리는 국제적인 도시로 발전하였다. 그리고 오아시스 길과는 별도로 몽골초원, 중가리아초원, 카자흐초원 등의 초원

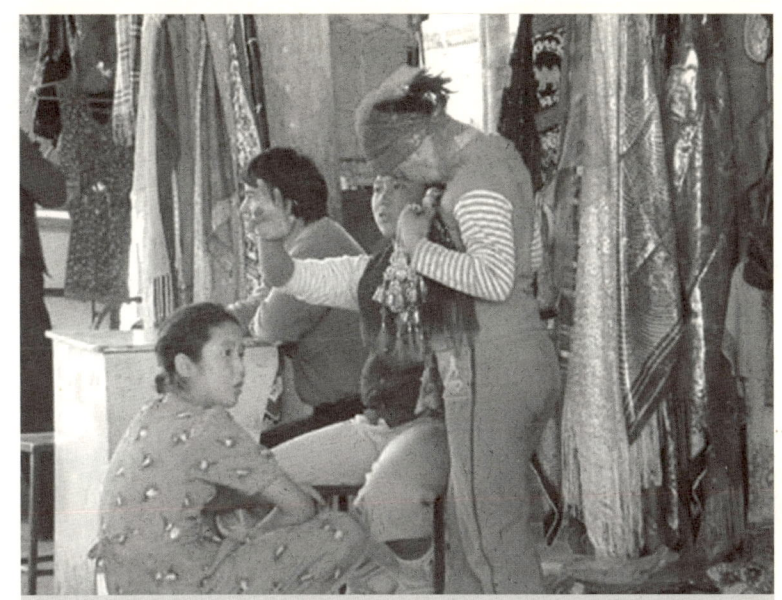

투르판의 실크 시장

길을 통해 몽고, 중앙아시아, 러시아로 가는 루트를 개척하여, 몽골제국 시기에 유라시아를 관통하는 중추적인 대로 역할을 수행하였다.

이렇게 중국은 실크로드를 통해 전 세계 곳곳으로 연결되어 있었던 것이다. 특히 실크로드 교역에 대해 가장 개방적인 정책을 쓴 당나라 수도 장안에는, 한국과 일본, 베트남, 인도, 돌궐, 위구르, 사마르칸트, 소그디아나, 부하라, 아랍, 페르시아 등 세계 각지에서 온 문물과 상인, 사절단, 지식인, 종교인으로 넘쳐흘러, 이슬람제국의 바그다드와 함께 당시 세계 최대의 국제도시로 번창하였다. 그야말로 세계의 '모든 길은 중국으로 통한다' 해도 과언이 아니었다. 오늘날의 경제특구와 같은 외국인 거주지역과 교역시장에는 중국의 선진문명을 배우거나 부를 얻기 위해 모여든 이방인들로 북적거렸으며, 그들이 가지고 온 상품, 복식, 음악, 무용, 학술, 종교 등의 이국적인 문물이 중국의 문물과 결합하여 만리장성의 벽을 넘은 국제적인 혼성문화를 창조하였다. 지금도 장안에는 당시 문화교류의 번성함을 보여주는 유적과 아울러, 중국에 정착한 서역인의 후예들이 자신들의 문화적 정체성을 지키며 살아가는 집단촌이 남아 있다.

해양 중국

중국의 문명교류의 역사를 고찰할 때 내륙의 실크로드와 더불어 중요한 물류 수송로로 기능했던 것이 바로 바닷길이다. 중국은 대륙국가라는 이미지가 워낙 강하게 박혀 있어서 바다라는 말 자체가 어색하게 들릴지도 모른다. 실제로 고대의 실크로드는 내륙의 길을 따라 형성된 것이어서 바다와 별다른 관련성이 없었다. 그렇지만 8세기 중반 이후 바닷길이 내륙의 실크로드를 대체하는 새로운 물류 수송로로 등장함에 따라, 해양국가로서 중국의 역사를 이해하지 못한다면 중국의 절반의 모습을 놓쳐버리는 셈이 될 것이다.

주지하듯이 중국이 개혁개방의 시대로 나아가기 위해 첫 관문으로 선택한 곳은 내륙의 중원이 아니라 동남부 해안의 항구도시들이었다. 지정학적 위치로 인해 이 지역은 바닷길이 열린 이래 줄곧 대외교류의 창구로 기능했을 뿐만 아니라, 해외로 이주한 화교들의 고향이기도 하다. 중국정부는 바로 이 지역이 지닌 무역항으로서의 개방적인 특성과 화교자본을 활용하여 세계를 향한 전대미문의 쾌속항해를 할 수 있었던 것이다.

역사적으로 볼 때 중국이 바닷길을 통해 세계와 교류하기 시작한 것은 한나라 때의 일이다. 반고(班固)의『한서(漢書)』[7]에는 동남아와 인도의 국가들이 중국에 조공을 바쳤다는 기록이 있는데, 무력침공을 통해 한시적인 지배를 했던 베트남 이외에 다른 국가들과도 주종관계를 형성했는지 여부는 확실치 않다. 하지만 이들이 바다거북, 상아, 코뿔소 뿔 등을 진상한 것은 분명 중국과의 교역을 위한 의례로 볼 수 있으며, 이때에 이미 바닷길을 통한 교역루트가 열려 있었다는 사실을 알 수 있다.

위진남북조 시대에는 정치적인 혼란으로 인해 바다와 근접한 양자강 이남을 지배했던 오나라 및 송·제·양·진의 남조국가들이 해상

---

7 중국 후한(後漢)의 역사가 반고(班固)의 저서로『전한서(前漢書)』『서한서(西漢書)』라고도 한다. 한나라 고조(高祖)부터 평제(平帝) 원시(元始) 5년에 이르기까지 229년간 전한(前漢)의 역사를 다룬 기전체(紀傳體) 역사서이다. 본기 12권, 표(表) 8권, 지(志) 10권, 열전(列傳) 70권으로 구성되어 있다.

교역을 주도하였다. 이들은 광주와 교주를 무역항으로 개방하여 동남아 특산품과 아울러 산호, 보석, 유리 등의 인도 상품을 귀족들의 사치품으로 수입하였으며, 불교가 흥성함에 따라 불상이나 향료, 사리함, 약재 등 불교 관련 물품의 수입이 증가하였다. 또한 인도로 구법을 떠나는 승려들이 바닷길을 이용하는 경우도 늘어나, 동진의 승려 법현은 인도에서 바닷길을 통해 광주로 귀국한 체험을 『불국기』에 기록하기도 하였다.

중국이 해양국가로서 기틀을 잡은 것은 역대 왕조 가운데 대외교류에 가장 개방적이었던 당나라 때이다. 당대에는 동남아나 인도뿐만 아니라 아랍, 페르시아 그리고 한국과 일본도 해상무역에 참여하여 그 범위가 더욱 확대되었다. 특히 광주, 교주, 천주, 명주 등의 무역항에는 각국에서 온 진귀한 상품들이 모여들어 세계적인 교역시장을 형성하였다. 당 정부는 이들 지역에 교역과 선박을 관리하는 시박사를 설치하여 관세를 거두어들였으며, 외국인 거주지역에는 고유의 생활문화와 종교활동이 보장되어 있어서 '중국 속의 세계'라 부를 만한 이국적인 풍경이 연출되었다.

동남아, 인도 및 아랍, 페르시아 상인들은 주로 남부 해안에 위치하는 광주, 교주, 천주를 거점으로 삼았으며, 한국과 일본의 상인들은 동부 해안에 위치하는 명주(지금의 닝보)를 거점으로 교역을 진행하였다. 신라의 장보고가 해상왕으로 활약하던 9세기 초반은 바로 당나라의 대외개방정책으로 아시아 각국의 무역선이 중국으로 몰려드는 시절이었다. 장보고는 명주와 청해진을 거점으로 삼아 해적들로부터 무역선을 보호했을 뿐 아니라 아시아 무역상들과의 중계무역을 통해 막대한 이익을 올렸던 것이다.

하지만 이 시기에 중국을 포함한 아시아 해상무역을 주도하던 세력은 단연 아랍, 페르시아의 이슬람 상인들이었다. 이들은 8세기 중반 이후 중국과 인도를 오가며 중계무역을 하던 동남아, 인도 상인들을 제치고 새로운 해상세력으로 급부상하게 되었다. 이들의 등장으로 교역범위가 더욱 넓혀져 중동에서 인도, 동남아, 중국, 일본, 한국에 이르는 아시아 해상무역 네트워크가 비로소 형성될 수 있었다. 이러한 장거리 해상무역이 가능했던 것은 이슬람 상인들이 역풍이 불어도 전진할 수 있는 삼각돛을 단 대형 선박(다우선)과 선진적인 항해술을 지니고 있었기 때문이다.

이슬람의 다우선이 아시아의 바다를 횡단하기 시작하면서 그간 동서 물류 수송로로 기능하던 오아시스 길이 상대적인 쇠퇴기를 맞이하게 되었다. 8세기 중엽 이전만 하더라도 당나라는 오아시스 길의 요충지를 장악하여 동서의 물류가 안정적으로 수송될 수 있는 제국의 힘을 지니고 있었다. 이러한 보호망 덕분에 실크로드가 최전성기를 누리며 둔황을 비롯한 오아시스 도시들이 국제적 물류거점으로 번영할 수 있었던 것이다. 그러나 실크로드의 패권을 놓고 이슬람 아바스 왕조와 벌인 탈라스 전쟁(751년)에서 고선지 장군이 이끄는 당나라 군대가 패함으로써 그 주도권을 상실하였다. 이후 안사의 난(755~763년)이 이어지고 위구르, 티벳이 성장하여 중앙아시아를 차지하면서 당이 주도하던 실크로드의 찬란한 역사는 서서히 모래바람 속으로 사라지게 되었다.

이러한 정세변화 속에서 당은 영향력을 상실한 오아시스 길보다는 새롭게 부상하고 있는 바닷길로 관심을 돌리기 시작하였다. 당의 경제 중심이 중원의 장안에서 양자강 이남으로 옮겨옴에 따라 거리가 먼 오아시스 길보다는 바닷길이 용이한 수송로가 되었고, 대외교역이 늘어나면서 낙타 대상보다는 수송량과 안정성이 탁월한 선박이 각광을 받게 되었던 것이다. 당은 이러한 시대흐름 속에서 시박사를 통해 관세를 거두어들이는 것 이외에 조선소를 설립하여 선박을 건조하고, 해상무역을 주도하던 이슬람 상인으로부터 선진적인 조선술과 항해술을 습득하여 발전시킴으로써, 향후 중국 정크선의 시대를 열어나가는 기틀을 마련하였다.

중국의 호수

후발 해양국가로서 출발한 중국이 선두주자였던 이슬람과 동남아, 인도를 따라잡고 아시아의 바다를 장악하기 시작한 것은 송원대의 일이다. 송은 건국 초부터 서북방 지역이 요와 금에 의해 가로막히고 몽고와 이슬람 세력이 중앙아시아를 차지함에 따라 실크로드로 나아가는 출구가 봉쇄되어 있었다. 이들 국가의 요구에 의해 변경지대에 국제 시장에 해당하는 호시를 열어 교역을 하였지만 조공을 바치는 처지에 몰려 있어서 상당한 손실을 감당해야 했다. 이러한 상황에서 부족한 세입을 충당할 수 있는 곳이 바로 해상무역이었다.

송 정부는 해상무역을 장려하여 중동, 아프리카, 인도, 동남아, 고려, 일본 등에서 온 상인과 사절단이 끊이지 않았으며 광주, 명주, 천주, 항주 등의 항구도시에 시박사를 설치하고 수입품에 관세를 부가하여 막대한 세입을 올릴 수 있었다. 또한 민간 상인들의 해외진출을 적극 지원하여 외국의 선박보다 규모가 큰 정크선을 대량 건조하였다. 이러한 국가적 지원을 통해 중국 상단은 외국 상선들이 담당하던 물류운송을 대체하고, 직접 해외에 진출하여 교역을 진행함으로써 훨씬 많은 이익을 얻을 수 있었다. 서서히 중국의 정크선이 이슬람의 다우선을 제치고 아시아의 바다를 지배해 나갔으며, 이 과정에서 동남아로 이주하여 중국과 인도, 중동을 오가며 중계무역을 하는 상인들이 늘어났다.

송대에 특히 해상무역이 급증했던 것은 새로운 수출품으로서 도자기가 해외에서 각광을 받았기 때문이다. 중국 도자기가 해외에 알려지기 시작한 것은 9세기 때의 일이다. 그 이전까지 중국의 대표적 상품은 단연 비단이었다. 중국은 비단 수출을 국가적 사업으로 인식하여 양잠술과 견직술의 유출을 철저히 차단하였다. 하지만 후한대에 제조법이 새어나가 6세기 중엽에는 유럽까지 전파되기에 이르렀다. 그래서 세계 최고급 제품이었던 중국 비단이 많은 나라에서 모방 생산됨에 따라 그 희소성이 약해지게 된 것이다.

중국 도자기가 세계에 알려진 9세기 당시 도자기를 생산할 수 있는 나라는 중국이 유일하였다. 도자기는 품질이 좋은 고령토에 유약을 발라 가마 속에서 1200도 이상의 고온으로 굽는 제품인데, 중국 이외의 지역에서는 진흙으로 빚은 그릇을 낮은 온도에서 구운 도기나 토기를 사용하고 있었다. 그야말로 중국의 도자기는 토기나 도기의 기술력으로는 상상도 할 수 없는 최첨단 제품이었던 것이다. 도자기를 처음 본 외국인들은 이에 매료되어 험난한 바다를 건너 중국으로 몰려들었는데, 마치 중국 비단을 구하기 위해 사막에 실크로드가 생겨났던 시절과 유사하였다.

9세기 이후 중국은 당나라 월주요의 청자와 형요의 백자에서 송나라 용천요의 청자, 경덕진의 청자, 정요의 백자, 건요의 다완, 마르코폴로에 의해 포셀린이라고 알려진 원나라 경덕진의 청화백자, 그리고 17~18세기 유럽에 중국 모방 풍조인 쉬누아즈리[8] 열풍을 일으킨 명청대의 청화백자와 채색도기 등에 이르기까지, 수많은 명품 도자기를 세계로 수출하였다. 특히 송대에는 청자 생산기술이 절정에 이르렀을 뿐 아니라 관요와 민간요에서 대량생산이 가능해져, 도자기가 비단을 앞선 중국 최고의 수출품목으로 자리잡게 되었다.

수출품과 아울러 수입품의 다변화도 해상무역의 증가에 일익을 담당하였다. 송대에 이르러 남북 대운하가 개통되고 교역이 활성화되면서 물류 운송의 요충지에 상품시장이 형성된 도시가 발달하였다. 이에 따라 도시로 인구가 몰려들어 대규모의 소비자층이 형성되고, 상품생산을 통해 유통과 소비가 이루어지는 상업경제가 확대되었다. 송대의 이러한 변화는 18세기 유럽의 산업혁명보다 몇 세기 앞선 획기적인 상업혁명으로 평가되기도 하는데, 이 과정을 통해 도시 시민이 새로운 소비주체로 등장하기 시작했다. 이로 인해 그간 수입품의 주종을 이룬 산호, 비취, 상아, 코뿔소 뿔 등 귀족들의 사치품에서 벗어나 후추, 육두구, 정향 등의 향료와 미곡과 같은 일용품이 대량 수입되어 도시민의 삶의 질을 높여주었다.

중국의 해상교역은 유라시아에 걸친 광대한 제국을 건설한 원대 (1260~1368년)에 이르러 내륙의 실크로드와 통합되어 소위 세계경제 시대로 나아가는 관문을 열어놓았다. 원은 동서를 관통하는 초원길을

---

8 17C 포르투갈의 산투스, 프랑스 베르사유, 오스트리아 쇤부른, 독일 산스시, 샤르텐부르크 궁전에는 중국자기나 타일로 장식한 방이 있는데, 유럽의 황제들은 이곳에서 중국식 다회나 가면극을 열고, 전통의상을 걸쳤으며, 병풍과 침대에 중국인들의 모습을 그려 넣었다. 그들에게 중국은 동경의 대상이었고, 신비한 자기를 만드는 선진국가였다. 이러한 분위기 속에서 중국문화를 소유하고 모방하려는 열풍이 일어났는데 이러한 문화취미를 쉬누아즈리(chinoiserie)라고 부른다.

새롭게 개척하여 국지적으로 분산되어 있던 각 지역의 교역망을 하나로 연결했을 뿐 아니라, 유목국가임에도 불구하고 해상무역의 중요성을 인식하여 해상의 제해권을 장악함과 동시에 포용적인 개방정책을 사용하였다. 이는 해상무역에서 얻을 수 있는 막대한 이익과 이미 대체할 수 없는 주 교역로로서 바닷길의 지위를 알고 있었기 때문이다.

원은 동남아에 대한 무력원정 및 이슬람 해상무역망의 재편성을 통해 중국 해안에서 동남아, 인도양을 거쳐 페르시아 만 연안에 이르는 아시아의 바다를 장악하였다. 그러면서 천주, 광주, 온주, 항주, 경원, 상해, 감포, 영파, 정해 등의 항구를 개방하고 시박사를 설치하여, 세계 각국에서 중국으로 오는 바닷길을 환히 열어주었다. 이러한 개방정책으로 인해 무역선의 항해가 더욱 빈번해지면서, 중국뿐 아니라 한국의 제포·부산포·염포, 일본의 나하·보노쓰·히라도·하카도, 동남아의 참파, 수마트라, 말라카, 팔렘방, 자바, 인도의 벵골·캘리컷·코친·퀼론, 중동의 호르무즈·시라즈, 무스카트·모카 그리고 아프리카 동안의 알렉산드리아 및 지중해의 베네치아·제노바·피사 등 바닷길 연안에 위치한 항구도시들이 실크로드 위에 번성한 오아시스 도시처럼 전성기를 맞이하게 되었다.

바닷길을 통해 세계적인 교역망이 형성됨에 따라 당시 이슬람 경제권에서 통용되던 은이 국제통화로 기능하게 되어 각 지역 간의 교역이 더욱 활발해지게 되었다. 이러한 은 본위 세계경제가 가능했던 것은 원제국의 군사적 우위가 바탕이 되기는 했지만, 경제적으로 볼 때 세계 최고 수출품의 생산지이자 전 세계 상품의 소비시장으로서 중국이 압도적인 부강함을 지니고 있었기 때문이다. 송대 이후 중국 최고의 수출품이 되었던 도자기가 경덕진 요에서 한층 세련된 청화백자를 생산했고, 소주를 비롯한 강남 지역에서는 고급 비단을 만들었으며, 선성의 종이, 무석의 활판 인쇄물, 운남의 동과 은 등이 국제적인 각광을 받았다. 이러한 상품을 생산하던 지역에 근접한 도시들은 국내 및 국제 교역을 통해 상업적인 대도시로 성장하였다. 특히 마르코폴로가 '하늘의 도시 퀸사이'라 불렀던 항주는 매일 수레 43대 분량의 후추를 소비했을 정도로 국제적인 대도시가 되었으며, 천주는 세계 각지에서 온 대형 선박이 끊임없이 오가는 동아시아 최대의 무역항으로 발전하였다.

유목국가인 원이 이렇게 해상제국으로 성장할 수 있었던 것은 해상무역에 종사하던 이슬람 상인(색목인)을 관리로 대거 준용했기 때문이다. 원 정부는 이들을 몽고인 다음으로 우대하며 국제무역에 관한 일을 맡김으로써 자신들이 지니고 있던 경제적인 약점을 극복하였다. 대표적 색목인인 포수경[9]은 복건행성의 장관에 임명되어 국제교역의 책임자로 활약했으며, 그의 아들 및 손자 역시 시박사의 관리자로 역임되어 원의 해상무역에 중추적인 역할을 수행하였다. 또한 발전된 조선술과

---

9 포수경(蒲壽庚)은 송나라 말, 원나라 초에 복건에서 남해무역에 세력을 떨친 호족으로 선조는 아라비아인 혹은 페르시아인이라고 알려져 있다. 6대조 포맹종(蒲孟宗)이 사천에서 광주로 이사하여, 송나라 신종(神宗)의 상서좌승(尙書左丞)이 된 이후에 명문이 되었다. 아버지 포인빈(蒲仁賓)이 천주로 이사하였고, 1250년경 수경은 형 수성(壽成)과 함께 해적 토벌에 큰 공을 세웠다. 그 후 송나라 관리로 등용되어 천주의 무역사무를 관리하는 장관 제거시박(提擧市舶)을 오래 지냈고, 해상무역으로 거부가 되었다. 1274년 형과 다시 해적을 평정하여 복건안무(福建安撫)·연해도제치사(沿海都制置使)의 벼슬을 더 받았다. 1276년 원군(元軍)에 쫓긴 송나라 유신이 단종(端宗)을 모시고 천주로 왔으나 이를 돕지 않았고, 원나라도 그의 조력을 요구하였으나 이에도 응하지 않았다. 그러나 남송군(南宋軍)이 그의 선박과 군자(軍資)를 강제징발하자, 이에 분노하여 원나라에 항복한 후 남송토벌에 큰 공을 세웠다. 1278년 원나라로부터 복건 행성중서승(行省中書丞)에 임명되어 해상무역을 관장하였다.

항해술을 바탕으로 민간상단을 지원하여 정크선이 아시아의 바다를 누비며 교역의 주도권을 잡을 수 있게 만들었다. 이때 해상교역에 종사하던 중국 상인들 가운데 동남아나 인도 등지로 이주하는 이들이 증가했는데, 중동까지 세력을 확장한 중국의 원거리 해상교역은 이들 덕분에 가능한 일이었다. 『대당서역구법고승전』을 쓴 승려 의정이 671년 광주를 떠나 인도로 구법여행을 할 때는 페르시아 선박을 이용했지만, 이븐 바투타[10]가 중국으로 오기 위해 캘커타에서 정크선을 타는 1345년 즈음에는 이미 아시아의 바다가 '중국의 호수'로 변해 있었다.

세계 무역의 시대

해양제국으로 발돋움한 원대에 이어 명청대에는 아시아를 넘어 유럽과 아메리카 대륙이 합류하는 전 지구적인 무역의 시대가 열리기 시작하였다. 송원대에는 세계 무역이 주로 아시아의 양대 축인 중국과 이슬람을 중심으로 진행되고 있었으며, 유럽은 중동의 오스만 투르크 제국에 막혀 세계로부터 고립된 상태에 놓여 있었다. 1492년 콜럼버스가 아메리카를 발견하고 1498년 바스코 다 가마가 캘커타에 도착했을 때

---

10 이븐 바투타는 모로코 탕헤르에서 태어나 1325년 이집트·시리아를 거쳐 메카로 성지순례를 하였고, 이어서 이라크·페르시아·중앙아시아·인도를 여행하였다. 1345년 중국 취안저우(泉州)를 거쳐 베이징(北京)에 이르렀고 1349년 바그다드·메카·이집트를 거쳐 돌아갔다. 그 뒤 사하라 사막을 여행, 나이저 강(江)에 이르렀으며, 30년에 걸친 여행거리 12만km의 여행기 『도시들의 진기함, 여행의 경이 등에 대하여 보는 사람들에게 주는 선물』(1356년)을 남겼다. 인도의 콰디(법관)로 있었고 각지의 학자·수도사와 친분을 나누었기 때문에 그의 기록은 매우 풍부할 뿐 아니라 14세기 중엽의 이슬람사회를 잘 부각시켜 사료로서의 가치도 크다.

는, 이미 아시아의 바다에는 정크선과 다우선이 수세기 전부터 동서의 문물을 싣고 쉬임없이 오가던 시절이었다.

훗날 콜럼버스가 애독하며 항해의 꿈을 키웠던 마르코폴로의 『동방견문록』이 출간될 때만 하더라도, 유럽인들은 이를 허황된 이야기라 여기며 믿지 않았다. 『동방견문록』은 마르코폴로가 1271~1295년 동안 동방 여행을 한 경험을 기록한 것인데, 다소 과장된 측면이 있기는 하지만 허풍쟁이로 몰릴 만큼 황당한 내용은 아니다. 특히 항주, 천주 등의 대도시나 포셀린이라고 부른 도자기에 관한 이야기는 중국의 발전상을 알려주는 중요한 사료적 가치를 지님에도 불구하고, 유럽인들은 동시대에 그렇게 부강한 나라가 있으리라고는 상상하지 못했던 것이다. 당시 유럽의 귀족들조차 후추는 값이 비싸 구하기 힘들었을 뿐 아니라, 식탁에서는 주석 그릇과 유리잔을 사용하고 있어서 도자기를 접해본 적이 없었기 때문이다. 유럽인들이 마르코폴로의 이야기가 허풍이 아니었다는 사실을 안 것은 그로부터 200여 년이 지난 16세기의 일이었다.

유럽인들이 고립되어 있는 동안, 명나라 '정화(鄭和)'는 콜럼버스의 항해보다 80여 년 앞선 1405년 가을, 황제 영락제의 영을 받아 200여 척의 함대에 2만 7천 명 규모의 선원들을 이끌고 해상 원정길에 나섰다. 그는 1433년까지 7차에 걸쳐 참파-자바-팔렘방-말라카-실론-캘커타를 거쳐 호르무즈 해협과 아프리카 동안에 이르는 대항해를 진행하였다. 심지어 영국 해군 장교 출신인 개빈 멘지스는 『1421 중국, 세계를 발견하다』에서 정화가 1421년에 아메리카 대륙을 발견했을 뿐 아니라 마젤란보다 100년 먼저 바닷길로 세계를 일주했다고 주장한다. 최근 들어 '해상왕' 정화에 대한 관심이 증폭되고 있는데, 이는 서구 중심적인 세계사 서술을 비판하고 망각되어 온 중국의 항해 기록과 그 역사적 의미를 밝히기 위한 반성인 셈이다.

그렇지만 정화의 해상 원정이 역사적인 대사건인 것은 분명하지만, 관심이 정화 개인의 위대성에 집중되어서는 안 된다. 사실 정화가 항해한 루트는 그리 새로운 길이 아니라, 중국-동남아-인도-이슬람 선단에 의한 지역 간의 단거리 교역 및 중국, 이슬람 선단에 의한 아시아 장거리 교역을 통해 상당 부분 이미 알려진 길이라 할 수 있다. 항해에 있어서도 그간 발전된 항해술과 지리 정보가 밑받침되어 성공을 거둘 수 있었으며, 정화 자신 역시 송원대에 해상무역의 관리자로 중용되었던 이슬람의 후손이었다. 또한 정화의 항해에 138미터에 달하는 대형 선박 60여 척을 포함하여 200여 척의 선박이 동원되었는데, 이는 콜럼버스의 첫 번째 원정대가 초라한 범선 3척인 것에 비하면 대단한 규모였지만, 송원대에 이미 아시아의 바다를 누비던 대형 정크선이 존재했다는 점을 잊어서는 안 될 것이다.

정화의 원정은 바로 이러한 해상교역의 경험이 축적되어 있었기에 가능한 일이었다. 다만 대규모 항해를 장기적으로 진행했던 것은 특별한 국제정치적인 목적이 있었던 것으로 보인다. 원나라의 몽고 정부는 유라시아 대륙을 통합했을 뿐 아니라 바다에서도 제국으로서의 패권을 구축하였다. 한족 국가인 명은 유라시아의 바다를 '몽고의 호수'로 만든 원을 물리친 이후 정통 중국 국가로서의 정체성을 전 세계에 표방할 필요가 있었다. 그래서 정화는 원이 지배하고 있던 바닷길을 따라 항해를 하며 명 중심의 새로운 해상질서의 재편성을 우선적인 과제로 삼았던 것이다. 이 과정을 통해 명은 중국 중심의 조공체제를 확립했을 뿐 아니라 해상무역의 활로를 지속적으로 열어둘 수 있었다. 정화의 대항해가 끝난 지 60여 년 후, 바스코 다 가마를 비롯한 유럽인들은 바로 정화가 정비해놓은 바닷길을 따라 아시아로 몰려오게 된다.

유럽 국가 가운데 아시아 무역에 가장 먼저 합류한 나라는 포르투갈이다. 포르투갈은 1510년 바스코 다 가마가 개척한 항로를 따라 인도의 캘커타에 도착한 후 상권을 장악하고 있던 이슬람 상인들을 몰아내고, 1511년에는 동서 간의 중계무역을 통해 해상왕국의 전성기를 구가하던 말라카를 무력 점령하였다. 그리고 1513년에 광동 해안에 도착하여 중국과 정식 교역을 위한 사절단을 파견하는 등 조공무역의 형식을 갖추려했지만, 문화적 차이로 인한 갈등과 아울러 중국의 관심을 끌 만한 특별한 상품이 없어 성사되지 못하였다. 그래서 그들은 밀무역을 통해 동남아와 인도에서 가져온 상품을 중국 상품과 교환하고 이를 다시 동남아, 인도에 되파는 중계무역의 방식으로 이익을 취할 수밖에 없었다. 이는 과거 아시아 상인들이 담당하던 역할이었는데 후발주자로 합류한 포르투갈이 무력행사를 통해 그 이권을 가로챈 셈이다. 또 유럽-아시아 간의 장거리 교역을 통해 그간 유럽에 아시아 상품을 독점적으로 공급하던 베네치아와 이슬람의 영향권에서 벗어남으로써 막대한 이익을 얻을 수 있었다. 1557년에는 명 정부를 도와 해적 소탕에 참여하여 그 대가로 마카오 자치권을 얻어 1999년 중국으로 반환되기까지 아시아 무역의 거점도시로 활용하였다.

포르투갈에 이어 아시아 무역에 가세한 나라는 스페인이다. 스페인은 포르투갈이 아시아 무역을 선점하고 있는 사이 아메리카 대륙을 식민 지배하여 당시 세계 최대의 매장량을 보유하고 있던 페루 포토시의 은 광산을 개발하였다. 스페인은 아메리카 은을 본국으로 대량 운송했을 뿐 아니라 포르투갈이 독점하고 있던 아시아 무역에 뛰어들어 수입

대금으로 사용하였다. 스페인은 포르투갈과의 충돌을 피하기 위해 1571년 필리핀 마닐라를 점령하여 거점도시로 만든 다음, 동남아와 인도의 향료, 보석을 구매하고 나아가 도자기, 비단, 생사 등을 싣고 온 중국 상인들과 교역을 하였다. 여기서 구매한 아시아 상품들은 유럽뿐 아니라 태평양 건너 아메리카로 운송되었다. 이로 인해 마닐라는 유럽과 아시아 그리고 아시아와 아메리카를 잇는 국제도시로 발전하여, 아시아 무역이 전 지구적인 무역 네트워크로 확장되는데 중추적인 역할을 수행하였다.

스페인에 이어 세 번째로 아시아에 진출한 나라는 네덜란드이다. 1595년 아시아로 항해를 시작한 네덜란드는 아시아 무역을 관장하기 위해 동인도회사를 설립하고, 1619년에는 인도네시아 자카르타에 바타비아라는 거점도시를 만들었으며, 1627년에는 대만을 강점하여 젤란트 성을 세우고 중국 무역을 위한 근거지로 삼았다. 특히 도자기 무역에 심취하여 1614년 갤러랜드 선박회사는 궁정에서 사용할 도자기를 중국에 직접 주문 생산했는데 그 액수가 100만 달러에 이르는 엄청난 규모였다. 또 명청 교체기인 1659년에는 전쟁에 휩쓸려 중국과의 교역이 힘들어지자, 일본에 56,700개의 도자기를 주문하여 유럽시장에 대량으로 공급하였다. 이로 인해 17세기 암스테르담은 아시아 상품이 대규모로 거래되는 국제시장으로 부상하였다.

이후 프랑스, 영국 등이 진출하여 각축전을 벌였으나 영국이 경쟁 국가들과의 전쟁에서 승리를 거둔 후 아시아 무역의 주도권을 장악하였다. 유럽 국가 가운데 후발주자로 뛰어든 영국은 1612년 인도 수라트에 동인도회사를 설치하여 교두보를 마련한 다음 1757년에는 프랑스와의 플라시 전투에서 승리하여 인도 전역을 통치하게 되었다. 인도양

무역의 독점적 지위를 차지한 영국은 18세기 말에 말레이 반도에 진출하여 동서 중계무역의 요충지를 확보하고, 나아가 중국과의 교역을 위해 여러 차례 사절단을 파견하지만 뜻을 이루지 못하다가 1840년 아편전쟁을 통해 중국을 반식민지 상태로 전락하게 만들었다. 18세기 이후 영국은 미국이 급부상하는 20세기 초반까지 대영제국의 시대를 이어가며 세계패권을 쥐게 되었다.

유럽의 중국 따라잡기

유럽은 이러한 아시아 무역 붐 덕분에 16세기 이후 고립된 상태에서 벗어나 마르코폴로가 이야기하던 중국의 선진 문물을 접할 수 있었다. 이제 아시아 무역 네트워크는 유럽 국가들과 그들을 매개로 한 아메리카 대륙까지 접속되어 가히 세계 무역의 시대라 부를 만한 규모로 확장되었던 것이다. 그렇다면 교통통신이 발달하지 않은 명·청대에 어떻게 이러한 세계 무역이 가능했던 것일까? 아마도 그 해답은 17~18세기 쉬누아즈리 열풍을 일으키며 중국문화에 매료되어 있던 유럽인들이 더 잘 알고 있을 것이다.

흔히들 명·청대라 하면 중화문명을 화려하게 꽃피운 당송대에 비해 전반적으로 폐쇄적이면서 쇠락기로 접어든 시대일거라는 선입견을 지니고 있다. 이는 중국 내부로 볼 때 유교 이념에 의한 전제주의 및 사상문화적 통제가 강화되어 결국 청말에 중화제국이 몰락했다는 점과 아울러, 대외적으로 유럽의 대항해 및 산업혁명으로 인해 세계사의 주도권이 서양으로 넘어가는 시기라는 점이 맞물린 결과라 할 것이다. 대외교역 측면에서 볼 때도 개방적인 무역정책을 쓴 당·송·원에 비해

명·청 정부는 해상교역을 금지하는 해금령 및 무역통제 정책을 사용하였다. 이러한 상황에서 중국이 어떻게 세계 무역의 중추적인 역할을 수행했던 것일까?

명·청 정부는 정치적인 안정을 확립하기 위해 변경 및 해상을 통제하고, 공식적인 대외교역은 조공무역과 감합무역의 틀 내에서 제한적으로 허용하였다. 그러나 당시 대외교역의 수요는 사무역이 범람할 정도로 넘쳐나 이미 조공무역의 통제를 벗어나 있었다. 특히 유럽과 아메리카의 가세는 중국 입장에서 볼 때 새로운 상품시장의 확대를 의미하는 것이었다. 중국 상품에 대한 수요가 폭증하는 상황에서 해금령은 통하지 않았으며, 오히려 유럽 상인과 일본 상인(왜구)의 격렬한 저항을 불러일으키고 밀무역이 기승을 부리게 만들었다. 그리고 중국 내부에서도 향료, 미곡, 목재 및 보석 등의 수입상품에 대한 수요가 일상화되어 있어서 통제로 해결할 수 있는 상황이 아니었다.

국가적 차원에서 볼 때도 명대에 이르러 전쟁경비와 변경수비, 부역 등에 필요한 재정 문제를 해결하기 위해 농민의 공납을 은으로 받는 일조편법이 시행되어 은의 수요가 급증하였다. 그래서 결제대금을 아메리카 은으로 지불하는 유럽 국가나 때마침 은 광산을 개발하기 시작한 일본과 이해관계가 맞아 대외교역이 더욱 확장되었다. 이러한 추세 속에서 조공사절단을 가장한 외국 상인들이 출현하기도 하고, 중국 상인들은 지방 관리와 결탁하여 밀무역을 행하거나 근거지를 아예 동남아로 옮기는 등 다양한 방식으로 교역이 진행되었다. 중국정부도 이러한 현실을 인정하지 않을 수 없어서, 명대에는 1567년 해금정책을 해제하여 복건성 장주항에서의 무역을 허용하였으며, 청대에는 1684년 대외교역을 공식 재개하여 무역의 규모가 급속도로 증가하였다.

그래서 명청대의 중국이 폐쇄적인 상태에 빠져 있었다는 생각은 통제정책에만 근거한 표면적인 해석에 불과하다. 실제에서는 중국 상품을 구매하기 위하여 전 세계의 상인들이 몰려오고 있었던 것이다. 이러한 사실은 한국, 일본, 동남아, 인도, 중동 등의 아시아뿐만 아니라 유럽, 아프리카 그리고 태평양 너머 아메리카에서 발견되는 중국 도자기 유물이 잘 증명하고 있다. 특히 유럽은 단순한 구매를 넘어 소비자의 요구에 따라 찻잔이나 커피 잔, 접시 등을 주문 생산하는 단계에 이르고 있었다. 중국 상품의 수입 덕분에 유럽은 17세기까지 손으로 식사를 하던 습관에서 벗어나, 음식에 따라 그릇을 바꾸며 나이프와 포크를 사용하는 현재와 같은 식탁문화를 형성할 수 있었던 것이다.

하지만 향료나 보석과 같은 특산품이 있는 동남아, 인도와 달리 산업혁명 이전 유럽은 딱히 내세울 만한 상품이 없어 아메리카의 은에 의지할 수밖에 없었다. 17~18세기 동안 유럽에 들어온 중국 도자기는 무려 7천만 점에 이르렀는데, 그 지불 대금으로 라틴 아메리카에서 유입된 은의 상당 부분이 다시 중국으로 흘러들어갔다. 이 때문에 유럽의 무역적자는 영국의 사상가 사무엘 존슨이 중국을 '도자기를 앞세운 착취자' 라 비평할 정도로 심각한 수준이었다.

당시 유럽은 아시아 무역의 후발주자였을 뿐 아니라 상품 생산과 기술력 면에 있어서도 후진적인 상태에 처해 있었다. 아시아 무역에 합류하여 유럽이 할 수 있었던 일은 무역의 요충지를 점령하여 아시아 상인이 담당하던 중계무역의 이익을 가로채는 것과 유럽, 아메리카와 아시아 간의 장거리 교역을 통해 아시아에 은을 공급하는 일이었다. 18세기에 유럽은 중국을 미개한 봉건국가라고 비하하며 유럽 중심적인 우월의식을 지니고 있었지만, 실제에서는 중국 상품을 경쟁적으로 선호하여 중국문화 모방풍조인 쉬누아즈리 열풍이 일어날 정도로 양면적인 모습을 지니고 있었다.

르네상스와 산업혁명을 거치며 근대국가로 발돋움하는 18세기에도 유럽은 대등하게 교역할 만한 상품을 개발하지 못했다. 18세기에 고가의 중국 도자기를 대체하기 위해 유럽 최초의 도자기인 마이센 자기를 개발하고, 인도 목면에 대항하기 위해 아메리카의 신품종을 기계로 방직한 면제품을 개발했으나, 아직 아시아의 상품을 뛰어넘을 만한 고품질은 아니었다. 산업혁명에 성공하며 제국으로서 위세를 떨치던 영국의 경우도 중국과의 무역적자를 해소하기 위해 공산품이 아닌 인도산 아편수출을 택한 것을 보면 기술격차가 어느 정도였는지 짐작할 수 있을 것이다. 19세기에 이르러 영국은 비로소 중국과의 무역적자를 역전하기 시작했는데 그 중요한 공로를 한 것이 아편수출이었다는 점을 부인하기는 힘들다.

19세기 이후 산업혁명과 대량생산을 통해 중국을 따라잡은 유럽과 달리, 중국은 1840년 아편전쟁에 패하면서 서구 제국주의의 반식민지 상태로 전락하였다. 이로 인해 전 세계 상품생산의 약 25%를 차지하며 선진 상품을 공급하던 중국의 지위가 낙후된 후진국으로 전환되어 서구 근대사회를 따라가야 하는 처지로 내몰리게 되었다. 특별한 경쟁자 없이 세계 무역을 독점하던 중국은 후발주자로서 유럽, 미국, 일본이 산업화를 통해 기술을 개발하고 근대국가를 건설하는 동안, 이러한 세계변화를 등한시한 채 선진국으로서의 우위를 유지해나가기 위한 자기개발에 뒤처졌기 때문이다.

제2차 세계대전 이후 중화인민공화국을 세운 중국은, 서구사회가 과학기술을 발전시켜 산업경쟁력을 키워나가는 동안, 이상적 평등사회 건설을 위해 자본주의 세계로부터 고립의 길을 선택하였다. 이러한 과정을 거치면서 중국과 서구의 격차는 더욱더 벌어져 중국 스스로 자신의 선택을 포기해야 하는 극단적인 상황에 몰리게 되었다. 고립의 긴 터널을 빠져나와 세계로 항해를 시작한 중세의 유럽처럼 중국은 1978년 개혁개방의 배를 타고 다시 세계의 바다로 항해를 시작하였다. 항해를 개시한 지 불과 30여 년 만에 중국은 세계의 공장과 시장의 지위를 회복하여 전 세계의 기업들이 경쟁적으로 몰려오고 있다. 마치 19세기 이전 중국의 선진 상품을 구입하기 위해 전 세계의 상인들이 경쟁하던 시절로 돌아온 듯하다. 앞으로 중국의 대항해는 어디로 나아갈 것인지, 그 과정에서 세계를 어떻게 바꾸어 놓을 것인지 그리고 중국의 성장은 한국에게 어떠한 가능성으로 다가올 것인지, 우리는 새로운 세계사의 길목에 서 있다.

제3장 **3**

개혁개방 이후
중국 성장의 비밀

글로벌 쇼핑몰

중국의 도심 속을 거닐다 보면 이곳이 중국인지 착각이 들 정도로 세계적인 기업의 야외 광고판이 눈길을 끈다. 미국의 코카콜라, KFC, 맥도널드, GM, 월마트에서 유럽의 노키아, 필립스, 지멘스, 폭스바겐, 까르프, 일본의 소니, 마쓰시다. 도요타, 혼다, 화교계의 캉스프, 러고우, 통이 그리고 한국의 삼성, 현대, LG에 이르기까지, 마치 글로벌 쇼핑몰에 들어온 듯한 느낌이다. 세계 500대 기업 가운데 450여 개의 기업이 중국에 진출해 있으며, 약 30만 개의 외국기업이 중국에서 활동하고 있는 점을 떠올린다면 이러한 인상이 과장된 것만은 아니리라.

더욱이 한국의 할인마트에서 쉽게 접할 수 있는 메이드 인 차이나의 저가제품 생산공장이나, 여행 가이드북에 소개되어 있는 화장실에 문이 없는 낙후된 지역으로 중국을 상상하던 이들에게는 눈앞의 현실이 선뜻 믿기지 않을지도 모른다. 이는 물론 개혁개방 이후 경제성장을 이룩한 대도시에 해당되는 이야기지만 그 수혜의 폭이 내륙으로 확장되어가는 추세로 볼 때 머지않아 중국 전역에서 이러한 풍경을 목도할 수 있을 것이다.

중국인 가운데 한국의 현대 드라마를 시청했거나 직접 방문해본 이들의 수가 늘어나면서 그들의 눈에 비친 한국사회의 풍경에 관한 글이 많이 소개되고 있다. 그 가운데 주된 관심사로 등장하는 것이 한국이 급속하게 경제성장을 이루게 된 동력과, 한국인의 현대적 생활에 대한 이야기다. 샤오캉(小康)시대에서 한창 물질적 풍요의 꿈을 실현하고 있는 그들에게, 한발 앞서 현대적 생활을 향유하고 있는 한국인의 삶이 흥미로운 것은 당연한 일일 것이다.

그런데 중국인의 눈에 경이롭게 비치는 풍경이 있는데 바로 대부분의 한국인들이 국산품을 애용하고 있다는 점이다. 거리를 달리는 자동차 가운데 외제차를 찾아보기 힘들며, 백화점 가전제품 코너에 진열되어 있는 상품은 한국 브랜드 일색이며, 한국인의 가정을 방문해보아도 국산품만으로 실내를 장식하는 등, 한국 전체가 온통 한국제품으로 가득 차 있다는 것이다. 이러한 풍경을 목도한 중국인 상당수는 이를 한국인 특유의 애국심과 연결지어 한국이 단기간에 부강하게 된 동력 가운데 하나라고 해석한다.

이는 분명 국산품의 질이 향상되어 굳이 외제를 쓸 필요가 없는 한국의 경제적 성장을 인정하는 얘기다. 하지만 수입품에 대한 고관세 부가를 통해 국산품 사용을 유도하는 국가정책이나 명품 브랜드에 현혹되어 과소비를 조장하는 일부 계층을 생각하면, 이를 애국심이라고 부각시키는 중국인의 눈이 오히려 당혹스럽기까지 하다. 이것은 한국사회를 표면적으로 관찰한 결과이기도 하겠지만, 중국사회를 들여다보면 그들이 이렇게 생각할 수밖에 없는 생활환경의 차이를 느낄 수 있다.

현재 마이카 시대로 접어들고 있는 중국에서 거리를 달리고 있는 주인공은 대부분 외국 브랜드의 자동차다. 중국은 생산기술이 떨어지는 자국의 자동차산업을 보호하기 위해 외국기업의 독자 진출을 허용하지 않고 중국기업과의 합자(合資) 방식으로 자동차를 생산하고 있다. 가령 상하이 자동차회사는 폭스바겐과 합자하여 산타나를 그리고 GM과 합자하여 뷰익을 생산하고 있으며, 제일 자동차회사는 폭스바겐과 합자하여 제타, 골프, 아우디를, 뚱펑 자동차회사는 시트로엥과 합자하여 시트로엥을, 텐진 자동차회사는 다이하츠와 합자하여 샤리를, 광저우 자동차회사는 혼다와 합자하여 아코드를, 그리고 베이징 자동차회사는 한국의 현대자동차와 합자하여 아반떼, 소나타 등을 생산하고 있다. 게다가 BMW, 벤츠, 캐딜락 등 세계 최고급 브랜드도 중국기업과의 합자를 통해 중국에 진출한 상태다.

이러한 환경 덕분에 중국인들은 홍치(紅旗)나 푸캉(富康) 같은 중국 브랜드가 있기는 하지만, 성능 면에서 훨씬 우수한 외국 브랜드를 선호하고 있다. 이 점이 바로 브랜드만을 놓고 보면 세계 최대의 자동차 시장인 미국을 무색케 할 정도로, 외국 브랜드의 자동차들이 중국 도심을 질주하고 있는 이유이다.

이러한 풍경은 이미 중국의 일상생활이 되어 있다. 가전제품 마트에 가보면 하이얼이나 춘란, 창홍, 창웨이 등의 중국기업에서 만든 제품과 아울러 소니, 파이오니어, 필립스, 삼성, LG 등의 외국기업에서 만든 제품이 동시에 진열되어 있다. PC, 노트북 매장에 가보면 렌상, 팡펑, 창청 등의 중국제품이 시장을 점유하고 있는 가운데 IBM, HP, 델, 도시바, 삼성 등 외국 브랜드가 선전을 펼치고 있다. 또 할인마트에 가보면 월마트, 까르프, 메트로, 로손, 이마트 등 외국 유통업체가 진출하여 민룬, 화룬, 통이, 러고우, 화롄 등 중국계 유통업체와 치열한 경쟁을 벌이고 있다. 그야말로 세계의 시장이라는 말이 실감이 날 만큼, 일용품에서 첨단 디지털제품에 이르기까지 가격대가 천차만별인 각종 브랜드들이 중국 소비자의 선택을 기다리고 있는 것이다.

이러한 생활환경으로 인해 중국의 중상층 가정을 방문해보면 외국 브랜드의 제품으로 실내가 장식되어 있는 경우가 많다. 우리의 눈으로 보면 너무 외제를 선호하는 것이 아닌가 하는 생각도 들지만, 중국인들은 외국 브랜드에 대해 특별한 거부감을 가지고 있지는 않다. 중국의 개혁개방의 역사가 외국자본과 기술 도입을 통해 시작되었듯이, 외국 브랜드는 자신의 소비능력에 따라 선택할 수 있는 제품 중의 하나라고 인식한다.

한국을 방문한 중국인들이 한국인의 국산품 애용을 경이롭게 생각하는 것도 바로 자신들의 이러한 소비태도와 비견되기 때문이다. 중국인들이 볼 때, 소비능력이 있는 사람이라면 우수한 외국 제품을 구매하는 것이 당연한 일인데도, 많은 한국인들이 외제보다 국산품을 애용하는 것은 무언가 특별한 이유가 있을 것이라고 생각한다. 그래서 이를 자신의 욕망보다 국가의 경제를 먼저 생각하는 애국심과 연결지어, 한국이 단기간에 지금처럼 부강하게 된 국민적 힘으로 해석하는 것이다.

한국인의 소비태도를 애국적이라고 여길 만큼 중국에는 확연히 개방적인 소비환경이 조성되어 있다. 개혁개방 전후만 하더라도 아시아 경제의 후미에 위치하며 가난의 굴레에 갇혀 있던 중국이, 지금은 어떻게 전 세계인들이 모여들어 치열한 경제 올림픽을 벌이는 글로벌 공간으로 변모한 것일까?

부자의 꿈

1981년 중국이 세계를 향해 선전, 주하이, 샤먼, 산터우를 경제특구로 개방했을 때, 이 지역은 국제적 대도시 홍콩에 인접한 가난하고 낙후한 작은 촌락에 불과했다. 거리상으로 볼 때 선전과 홍콩은 차로 1시간도 걸리지 않는 근방에 위치하고 있지만, 생활수준에서는 선전의 1인당 연간 소득이 홍콩의 10분의 1에도 미치지 못하는 격차가 있었다. 이러한 사정은 20세기 초 '동양의 파리'라 불리며 국제적 번영을 누리던 상하이의 경우도 마찬가지여서, 1949년 신중국 건설 이후 상하이는 과거의 영예를 홍콩에 넘겨준 채 쇠락의 길을 걷고 있었다. 이는 중국이 농업과 균등분배를 중심으로 한 관념적인 계획경제를 추진하여, 극도의 저생산과 비효율이 지배하는 정체된 사회에 머물러 있었기 때문이다.

개혁개방 이전 중국은 소위 따궈판(大鍋飯)과 톄판완(鐵飯碗)으로 상징되는 사회체제를 유지하고 있었다. 따궈판은 큰 솥에 담긴 밥이라는 뜻으로 개개인의 능력이나 실적에 상관없이 큰 솥의 밥을 공평하게 나누어 먹는다는 균등분배 제도를 지칭하며, 톄판완은 철밥통이라는 뜻으로 한 번 취업하면 깨어지지 않는 철밥통처럼 평생 고용이 보장되는 제도를 지칭한다. 중국정부는 이러한 제도를 바탕으로 종신 직장이라 할 수 있는 단웨이(單位)에 국민들을 배치하여, 노동에 대한 임금뿐만 아니라 사회복리에 관련된 물품과 비용을 지원하였다. 그렇지만 이러한 평등주의적 사회제도는 결국 개개인의 노동생산의 동기를 상실케 함으로써 국가 전체가 빈곤의 악순환에 허덕이게 만들었다.

중국은 이러한 상태에서 벗어나기 위하여 먼저 인구의 80%가 몰려 있던 농촌을 개혁하기 시작했다. 당시 농촌은 집단 경작을 통해 국가가 정한 생산량을 달성하는 인민공사 체제에 편제되어 있어서 생산성보다는 무사안일의 태도가 지배하고 있었다. 그래서 이를 책임 생산제의 방식으로 변경하여 할당된 양 이외의 농산물을 시장에 내다 팔 수 있게 함으로써 농민들의 생산의욕을 고취시켰다. 이로 인해 농촌의 생산력이 급격하게 향상되어 시장에 농산물이 넘쳐나는 사태가 벌어졌다.

또 농촌 인근 지역에 지방정부와 농민들이 합자하여 일용품을 생산하는 향진기업[11]을 건설함으로써 농촌의 공업화가 동시에 진행되었다. 이러한 변화에 따라 잉여 농산물 판매를 통해 고소득을 올리거나 향진기업을 효율적으로 운영하여 부자가 된 농민들이 늘어나 농촌에 개혁개방의 청신호가 울리기 시작하였다.

소위 완위안후(萬元戶)라 하여 당시에 거금으로 통하던 만 위안의 소득을 올리는 가정이 등장하여 지금의 백만장자에 비견될 만한 부의 상징어가 되었다. 부자의 꿈을 실현한 완위안후가 유행처럼 번지면서 농민들 가운데 농사를 그만두고 기업 활동에 종사하거나 아예 도시로 이주하는 이들이 증가하였다. 이렇게 급변하는 농촌의 현실을 풍자라도 하듯, 90년대 초 중국 관영방송의 음력 설 오락프로그램에서는 부자가 된 농민 출신의 기업가를 상표도 떼지 않은 고급양복에 비싼 운동화

---

11 향진기업은 중국의 개혁개방운동에 따라 1978년부터 각 지역 특색에 맞게 육성되기 시작한 소규모 농촌기업으로, 우리의 읍면에 해당하는 향진(鄕鎭) 소속 주민들이 중소기업을 세워 경영과 생산 및 판매를 자율적으로 결정하였다. 이 향진기업은 마을 주민들이 공장을 공동소유하고 재투자액을 제외한 모든 이윤을 마을 주민들에게 분배하며, 균등임금을 지불하는 국영기업과는 달리 고급 기술인력과 경영 관리자에게 더 많은 배당을 주고 기술자들도 능력에 따라 차등 임금을 받았다.

를 신고 커다란 핸드폰을 들고 큰 소리로 떠들어대는 인물로 묘사하여 한바탕 웃음을 자아내었다.

농촌에서 시장경제의 실험이 일정한 성과를 거둔 후 개혁개방의 흐름이 도시로 이어졌다. 도시에는 중국경제를 정체하게 만든 국유기업이 대거 몰려 있어서 이에 대한 개혁이 우선적인 대상으로 인식되었다. 하지만 급격한 개혁은 대규모의 실업에 사회 불안정을 불러올 수 있었기 때문에 섣불리 건드릴 수 없는 난제 가운데 하나였다. 이 때문에 도시에서 시장경제로의 변화를 실감할 수 있었던 것은 민간부문의 경제활동을 공식 허용한 일이었다.

개혁개방 초기 도시에는 문화대혁명 시기에 농촌이나 오지로 하방당했다 돌아온 젊은이들로 넘쳐났다. 이들은 일자리가 없어 실업자 신세로 전락했는데 중국정부는 이들에게 조그마한 점포를 열어 장사를 할 수 있도록 허락해주었다. 이러한 사람들을 거티후(個體戶, 자영업자)라고 부르는데, 이후 거티후의 수가 폭발적으로 늘어나 도시의 새로운 활력이 되었다.

거티후 가운데 장사가 잘 되어 종업원을 고용하는 이들도 생겨나 종업원이 8명 이상인 거티후를 사영기업[12]이라고 불렀다. 이들은 당시 정보통신이 발달하지 않은 환경을 틈타 지역 간의 상품 교역과 시세 차이를 통해 수익을 올리거나 직접 현대화된 생산공장을 차려 물품을 공급하는 등 다양한 상술로 부를 축적하였다. 이러한 사회적 분위기 속에

---

12 개혁개방 이후 중국의 기업형태는 소유 주체에 따라 국가가 소유하는 국유기업, 지방정부가 소유하는 집체기업, 개인이 소유하는 사영기업 그리고 외국인이 합작, 합자, 단독의 방식으로 소유에 관계하는 삼자(三資)기업으로 구성되어 있다.

서 국유기업이나 정부기관 등 안정된 일자리에 종사하던 사람들이 오히려 직장을 그만두고 창업을 하거나 사영기업에 취직하는 '샤하이(下海)' 붐이 일어났다.

민간부문의 경제활동이 활발해지자 중국정부는 거티후를 포함한 사영기업의 필요성을 승인하여 전국적으로 민영경제의 전성시대가 열리기 시작했다. 중국 자본주의의 꽃으로 불리는 사영기업은 대부분 국가나 지방정부가 독점하던 공유재산을 민영화하는 과정에 발빠르게 참여하여 성장을 위한 기틀을 마련하였다. 이들은 개혁개방 초기에 사회제도가 정비되지 않은 공백을 틈타 폭리를 취하거나 권력자에 접근하여 특혜를 얻는 방법을 통해 부를 축적할 수 있었다.

그 대표적인 사례가 쌍궤제(雙軌制)를 이용하거나 부동산 개발의 특혜를 받은 경우이다. 쌍궤제는 중국정부가 계획경제 부문과 시장경제 부문을 공존시킴에 따라 계획경제 부문의 제품 가격이 시장경제 부문보다 훨씬 낮아 이중적인 가격체제가 존재하는 상황을 말한다. 개혁개방 초기 시장경제 부문은 한정된 생산능력으로 인해 공급이 부족하여 제품 가격이 상대적으로 높았다. 그런데 쌍궤제를 이용한 기업들은 계획경제 부문에서 생산재료와 중간재를 싼값으로 조달하여 시장에 내다팔아 폭리를 취할 수 있었다. 당시 이러한 제도의 허점을 이용하여 벌어들인 차액이 최소한 6,000억 위안에 달하는 것으로 추정되고 있다.

무엇보다 사영기업의 급성장에 공헌을 한 것은 부동산업이라고 할 수 있다. 중국의 부동산은 국가가 소유권을 지니고 있어서 개발을 희망하는 업체가 토지개발계획서를 정부에 제출하여 사용허가권을 획득하는 과정을 거쳐야 한다. 개혁개방 이전에는 부동산업이 성행하지 않아 특별한 경쟁자가 없었을 뿐 아니라 정부도 개발을 촉진하기 위해 부동산 투자를 권장함에 따라 사영기업의 진출이 용이하였다. 사영기업들은 이러한 개발 붐에 편승하여 입지가 좋은 땅의 사용허가권을 얻어내거나 저가로 사용허가권을 매입하고, 또 사용허가권을 담보로 은행에서 투자자본을 대출을 받는 특혜를 통해 막대한 개발 차익을 얻을 수 있었다. 물론 이것은 부동산개발 안목이 있어야 가능한 일이지만 급속한 도시화와 거대한 주택 수요 그리고 각종 개발구 건설에 편승한 사영기업이 정부와의 공식 비공식적인 협력관계를 통해 특혜를 누렸던 것이다.

개혁개방 초기 제도상의 공백과 특혜를 통해 사영기업이 성장한 것은 사실이지만, 중국이 세계의 공장으로 성장하는 90년대에는 저임 노동력을 바탕으로 일용품을 생산하거나 교역을 통해 성장하는 기업들이 급증하기 시작했다. 특히 개혁개방 이후 가장 부자지역으로 성장한 저장성에는 수십만 개의 사영기업이 활약하며 중국 국내뿐 아니라 세계 각지로 상권을 확장하고 있다. 이들은 저장성 특유의 상인기질을 발휘하여 부를 축적하고 있는데, 그중 경제수도인 상하이를 장악하고 있는 닝보 상인, 중국의 유대상인으로 불리며 일용품 시장을 석권하고 있는 원저우 상인, 세계적 도매시장을 형성한 이우 상인, 실크상과 차상의 메카인 항저우 상인 등이 중국 대표급 상인으로 부상하였다.

저장성 이외에도 그 지역의 비즈니스 환경과 상술 그리고 저임노동 등을 융합하여 독자적인 상권을 구축한 이들이 등장하였다. 경제특구의 활기를 타고난 장사꾼 재능으로 승화시킨 광둥 상인, 20대 청년 사장들이 상권을 주도하는 푸젠 상인, 품질이 좋고 가격이 저렴한 가짜 상품의 천국을 만든 후베이 상인, 신용과 명예를 중시하여 최상의 품질을 보장하는 쓰촨 상인, 진상의 후예로서 금융과 회계 업무에 탁월한

저장성 이우 시

80년대 한적한 소도시에 불과했던 이우 시는
현재 세계 최대의 소상품 시장으로 성장했는데 그 주요 요인 가운데
하나가 제품의 품질을 중시하고 신용을 준수하는 상인정신에 있다.

산시 상인 등등, 중국 어디를 가나 부자의 꿈을 실현하기 위해 각 지역의 상인들이 활기차게 움직이고 있다.

이들 지역 상인들이 일용품을 중심으로 상업경제를 활성화시켰다면, 대학과 연구소의 젊은 인재 및 해외 유학생은 IT산업을 중심으로 벤처기업의 창업 붐을 조성하였다. 중국의 마이크로소프트사라 불리는 렌상은 1984년 류촨즈를 비롯한 11명의 젊은이들이 모여 창업한 벤처기업으로 처음에는 독자기술이 없어 컴퓨터 수리나 수입 컴퓨터 판매를 주로 하였다. 그러나 90년대에 들어 펜티엄 탑재기기를 개발하고 컴퓨터를 대량으로 조립생산하면서 중국시장 점유율 1위를 기록하였고, 2000년대에는 IBM PC 사업부를 인수하고 레노버라는 브랜드로 세계 컴퓨터 시장을 공략하여 중국 신세대 벤처창업의 성공신화를 열어놓았다.

렌상에 이어 한자 입력 소프트웨어를 최초로 개발한 창청이 1986년에 창업하여 컴퓨터뿐만 아니라 광대역통신망 사업에 진출하여 시장점유율을 확장하고 있으며, 베이징대학에서 출자하여 창업한 베이따팡정은 미디어 및 상업 출판 편집시스템을 개발하여 중국어권 시장을 대부분 장악하고 있으며, 푸단대학생 차오즈강이 창업한 푸단진스다는 금융업계의 소프트웨어를 개발하여 이 분야의 항공모함으로 불리고 있다. 이 외에 튀푸, 랑차오, 왕이, 안자 등 젊은 인재들이 창업한 벤처기업이 대기업으로 성장하면서 IT산업의 창업 열기를 확산시켜나가고 있다.

철밥통 깨뜨리기

전국적인 상업경제의 활성화와 벤처기업의 창업 열기를 통해 민영경제가 성장의 중요한 축으로 떠오르자, 중국정부는 이를 바탕으로 국유기업을 개혁하기 시작했다. 국유기업의 개혁은 두 가지 방향으로 진행되었는데, 하나는 부실한 중소 국유기업을 민영화하는 것이고 다른 하나는 국민경제의 관건이 되는 대기업의 경우 국유기업의 신분을 유지시키면서 현대적 기업으로 혁신하는 것이었다. 개혁개방 초기 대부분의 생산부문을 차지하며 비효율성과 적자를 양산하던 국유기업은 중국경제가 신속히 시장경제로 전환하지 못하게 만든 주범으로 알려져 있다. 하지만 계획경제를 바탕으로 시장경제를 접목시키고 있는 중국적 특수성을 고려할 때, 국유기업의 개혁과정을 이해하고 있어야 민영경제의 성장과 아울러 중국이 급성장하게 된 내부 요인을 살펴볼 수 있을 것이다.

현재 중국경제의 성장 동력이 되고 있는 가전, 자동차, 철강, 석유화학, 조선, 이동통신 등의 분야에서 성공신화를 창조한 기업은 대부분 순수 민간기업이 아니라 국유기업이거나 국유기업에서 민영화된 기업이다. 특히 가전부문에서는 민영화된 기업의 활약이 눈부신데, 대표적인 경우가 하이얼이다. '중국의 마쓰시다'로 불리며 가전업계의 세계적 대기업으로 성장한 하이얼은 1984년 파산 직전의 국유기업을 합병하여 칭다오 냉장고 공장으로 출발하였다. 그러나 장뤼민 회장의 혁신적 경영 하에 성장을 시작하여, 91년 에어컨, 농동기 공장을 흡수통합하고 92년 12월 현재의 하이얼 그룹으로 출범하였다.

하이얼은 독일의 리페르(Liebherr)사의 냉장고 기술과 생산라인을

하이얼 매장

민영화된 이후 중국 가전제품 점유율 1위를 기록하고 있는
하이얼 제품의 전시 매장

도입하여 고품질 기업의 이미지를 형성하였고, 97년 18개 기업을 인수 합병하여 에어컨, 세탁기, TV 등을 생산하는 종합가전업체로 성장하였으며, 2000년에 들어서는 세계 수출시장을 개척하고 컴퓨터 및 휴대폰 사업에 진출하는 등 다각화 전략을 추진하고 있다. 그리하여 84년 이후 연평균 80%에 가까운 성장률을 보이며 중국 제1위의 가전기업으로 성장하게 되었다. 하이얼의 성장과정에는 중국이 세계의 공장으로 급성장하는 한 방식이 잘 응축되어 있다. 즉 부실한 국영기업이나 집체기업을 인수한 민영기업이 기업경영을 혁신시키고, 정부의 지원과 인수합병을 통해 대규모로 사업을 확장하며, 외국기업과의 제휴나 협력을 통해 기술수준을 향상시키고, 나아가 대량생산과 저가전략을 통해 국내시장을 석권하는 과정이 바로 그러하다.

하이얼과 함께 중국 4대 가전기업으로 꼽히는 하이신, TCL, 거란스도 이와 유사한 성장과정을 겪었다. 하이신은 산둥 출신의 저우허젠이 국유기업 칭다오무선을 인수하여 혁신경영 체제를 이룩하고 트랜지스터 생산에서 텔레비전, 에어컨, 휴대전화, 냉장고 등으로 제조영역을 확장하였으며, 가전제품에서 시작해 휴대전화 판매 1위로 뛰어오른 TCL은 광둥성 후이저우 시 정부가 출자한 기업 후이양지구전자공업회사에서 출발하여 통신설비, 유선전화, 텔레비전, 에어컨을 생산하다 이동통신 분야에 진출하여 놀라운 성장세를 기록하고 있으며 거란스는 광둥성 순더 시 정부가 출자한 섬유회사에서 출발하여 가전제품 제조공장으로 성장하였는데 특히 전자레인지 분야에서 압도적인 시장 점유율을 차지하고 있다. 이 외에도 창훙, 캉자, 메이더, 춘란 등 중국의 대표적인 가전기업들 역시 국유기업이나 지방정부가 출자한 기업을 민영화하여 성공한 사례들이다.

중국정부는 국유기업의 민영화를 진행하는 한편, 중국경제의 중추가 되는 금융, 에너지, 중화학, 자동차, 조선 등의 기간산업 부문에서는 국가의 독점적 소유권을 유지하며 기업경영을 현대화하였다. 이것은 국유기업의 개혁속도를 조절함으로써 대량실업사태 및 무분별한 개방을 막아 안정적인 경제 환경을 유지하려는 선택이었다. 이러한 계획경제로 인해 국유기업의 개혁이 늦어지면서 정부의 재정부담이 가중되는 문제가 발생하기도 했지만, 대외적으로 볼 때 아시아 외환위기나 위안화 절상 압력과 같은 난관이 있었음에도 불구하고 중국이 별다른 경제위기 없이 지속적으로 성장해나갈 수 있는 저력으로 작용하였다.

중국은 이러한 개혁정책을 통해 2005년 〈포춘〉지가 선정한 글로벌 500대 기업(매출액 기준) 가운데 15개의 기업이 선정되었다. 95년에 3개 기업이 선정된 이래 꾸준한 증가세를 보이고 있는데, 주목할 만한 점은 가장 높은 순위를 기록한 중국석유화학에서부터 국가전력, 중국석유, 중국생명보험, 중국이동통신, 중국은행, 공상은행, 건설은행, 농업은행, 중국전신, 중국화공, 바오강철강, 남방전망, 중량집단, 제일자동차에 이르기까지 15개 기업이 모두 중국의 대표적인 국유기업이라는 사실이다. 하이얼이나 렌상처럼 국제적 브랜드 이미지가 높은 민영기업이 있기는 하지만, 이들은 기업의 규모와 매출 면에서 아직 500대 글로벌 기업의 수준에는 미치지 못하는 실정이다.

2005년 중국기업가협회의 발표에 따르면 중국의 대기업(종업원 2천 명 이상, 매출액 3억 위안 이상, 자산 총액 4억 위안 이상의 기업)은 2,134개에 이르는데, 이 가운데 국유 및 집체를 포함한 공유제 기업이 전체의 57%를 차지한다고 한다. 세부 산업별로 볼 때 개혁개방 이후 민간의 벤처기업이 주도한 전기전자 분야는 국가자본의 비율이 5~12%

로 매우 낮게 나타난 반면, 개혁개방 이전부터 국가가 주도한 철강, 기계, 자동차, 조선 등의 분야에서는 국가자본이 차지하는 비율이 압도적이었다.

또 2007년 중국기업연합회와 중국기업가협회가 발표한 「2007년 중국 500대 기업 리스트」에 따르면 이 기업들이 전체 중국 GDP의 84%를 담당하고 있는데, 그중 국유기업이 70%를 차지한다고 한다. 이러한 점들은 개혁개방 이후 민영경제가 활성화되어 그 비중이 높아져가고 있지만, 중국경제의 중추적 역할을 수행하는 것은 여전히 국유부문이라는 사실을 알려주고 있다.

중국정부는 시장경제의 활력을 접목시켜 국유기업의 체질을 개선하면서도 분야별로 그 완급을 조절함으로써 중국경제가 장기적으로 성장해나갈 방향을 '계획'하고 있었던 것이다. 2005년 2월 국무원이 발표한 「비공유 경제발전 시행 의견」에서는 한 단계 더 나아가 그간 국가가 독점했던 철도, 전력, 전신, 항공, 은행, 군수산업 부문에서도 민간자본의 참여를 적극 허용하였다. 이에 따라 중국경제의 성장축이 한층 민영경제로 옮아갈 뿐 아니라 국유기업의 개혁속도도 더욱 빨라질 것으로 보인다.

생산의 효율성 면에서 국유기업은 아직 민영기업의 수준에 이르지 못하고 있지만 개혁에 성공한 국유 대기업이 중국의 성장 동력으로 탈바꿈하고 있다는 사실은 시사하는 바가 크다. 일반적으로 신자유주의적 시각에 근거하여 국유기업이 중국의 성장을 장애하는 주범으로 인식하고 있지만, 실제에서는 현대화된 국유기업이 공공부문의 영역에서 사회적 역할을 수행함으로써 안정적인 성장을 지속할 수 있는 힘으로 작용했던 것이다. 바로 철밥통 깨뜨리기 전략 속에 산업경쟁력을 키워나가는 중국의 저력이 숨겨 있었던 셈이다.

산업예비군

90년대 중반 이후 중국이 높은 성장률을 기록하며 세계의 공장으로 급부상하고 있을 때, 생산현장에서는 중국의 노동자들이 몇 년 동안 변함없는 저임금을 받으며 제품을 생산하고 있었다. 세계의 모든 할인마트에 메이드 인 차이나가 진열되어 사상 유례없는 물질적 풍요를 누리고 있을 때, 전 세계의 소비자들은 자신들이 구매하는 가격으로 어떻게 제품이 생산될 수 있는지 궁금해하였다. 그러나 중국의 노동자는 일자리에 만족해하며 자신이 만든 제품이 자신의 임금보다 얼마나 비싼 가격으로 전 세계에 팔리고 있는지 관심을 두지 않았다. 이것이 바로 중국이 세계를 유혹한 최적의 생산여건이다.

중국의 풍부한 저임 노동력의 주인공은 대부분 농촌에서 도시로 이주한 농민들이다. 개혁개방 초기 농촌은 잉여 농산물을 시장에 내다 팔 수 있게 함으로써 빈곤 해소에 상당한 활력이 되었지만, 이후 농산물이 과잉생산되어 가격이 급락하면서 농민들은 다시 빈곤상태에 빠져들었다. 게다가 90년대에 도시의 산업화가 가속화되면서 농촌과의 소득격차가 벌어지자 돈을 벌기 위해 도시로 이주하는 농민들의 수가 급증하기 시작했다. 이들을 농민공(農民工)이라 부르는데, 한국이 산업근대화를 시작하던 70년대 농촌에서 도시의 공단으로 이주하여 저임금에 시달리던 '공돌이' '공순이'와 인생역정이 유사한 이들이다.

농민공은 도시에 거주할 수 있는 후커우(戶口)[13]가 없어 도시민에 비해 불공평한 임금을 받고 타 지역 출신이라는 불신과 차별을 겪으며,

무엇보다 가족과 헤어져 지내야 하는 고통을 감수하고 있다. 이들이 최저 생활비에도 못 미치는 저임금을 받으면서도 도시로 몰려드는 이유는 그나마도 농촌의 소득수준에 비하면 훨씬 나은 편이며, 돈을 벌면 고향으로 돌아가 좋은 집을 짓고 가족과 행복하게 살려는 미래의 꿈을 간직하고 있기 때문이다. 게다가 매달 일정금액을 고향에 송금하고 있으니 이들은 정말 우리로서는 상상하기 힘든 비용으로 생활을 하고 있는 것이다.

현재 농민공의 수는 약 2억 명에 달하는 것으로 추정되고 있다. 여기에다 90년대 중반 이후 국유기업의 구조조정으로 인해 실업 및 잠재실업상태(下崗)[14]에 처한 4천만 명 이상의 도시 노동자, 매년 새롭게 사회에 진출하는 대학생 6백만 명 그리고 농촌에 있는 실업인구 약 1억 2

---

13 1958년 발표된 '후커우등기조례'에 따라 실시되기 시작한 중국의 후커우 제도는 전 국민을 크게 농민 후커우와 비농업거주 후커우로 구분해 태어날 때 부모와 동일한 후커우를 부여받도록 하고 있다. 따라서 농민 후커우를 가진 주민은 극히 예외적인 경우를 제외하고는 평생 도시 후커우를 가질 수 없어 농업인구의 도시 진입이 차단되고, 거주이전 및 직업선택의 자유가 박탈되고, 도농 간 소득격차가 확대되는 등의 문제를 낳았다. 개혁개방 이후 곤궁한 농촌생활에서 벗어나려는 농민들의 도시행이 끊임없이 이어지면서 후커우 제도가 사실상 농촌 출신자들을 차별하는 족쇄에 불과하다는 불만이 점차 커져왔다. 후커우 제도가 현대판 신분제라는 비판이 일어남에 따라 허베이, 랴오닝, 저장성 등의 지역에서는 후커우 제도를 폐지하여 농촌 출신자들이 취업 등에서 차별을 받는 일이 없게 만들었다.

14 국유기업의 민영화와 구조조정 과정에서 대량의 노동자가 잠재적 실업상태인 샤깡을 당하게 되었는데, 샤깡은 완전한 해고와 달리 회사에 소속은 살아 있어서 일정 기간 동안 출근하지 않아도 최소한의 급여는 나오지만 정해진 기간 내에 복직이 되지 않으면 그때 완전히 해고되는 제도이다. 샤깡 노동자와 실업자는 대체로 35세 이상인데 가족 부양의 책임을 지고 있는 시기라 이들의 해고가 가족 전체의 빈곤으로 이어지고 있다. 또 그들은 대부분 중등 교육을 받은 단순 기술자여서 현재 새롭게 창출되고 있는 전문직에 재취업될 가능성도 거의 없다는 점에서 커다란 사회 문제가 되고 있다.

천만 명을 합한다면 중국은 전 세계 어느 나라도 따라갈 수 없는 풍부한 산업예비군을 보유하고 있는 셈이다. 중국은 이러한 노동력을 바탕으로 의류, 완구, 신발, 가방, 모자 등 일용품을 생산하는 노동집약적인 산업에서 일찍이 세계시장을 석권하였으며, 나아가 가전, 컴퓨터, 휴대폰 등의 제조업 분야에서도 선진국을 위협하는 수준에 도달해 있다.

유럽과 미국의 뒤를 이은 후발 자본주의 국가로서 아시아의 성장과정을 볼 때, 저임 노동력을 바탕으로 산업화를 이룩하고 가격경쟁을 통해 수출을 증대하는 방식은, 중국만의 특수성이 아니라 일본, 한국, 대만, 홍콩, 싱가포르, 동남아 국가의 공통된 특징이라고 할 수 있다. 일본의 경우 경제개발을 시작한 50년대 선진국인 미국, 유럽에 비해 낮은 임금과 저가제품으로 수출시장을 확대하였고, 7,80년대 아시아의 사소룡(四小龍, 한국, 대만, 홍콩, 싱가포르) 역시 동일한 방식으로 일본이 장악하고 있던 시장을 점유하였으며, 90년대 동남아도 저가경쟁을 통해 사소룡이 차지하고 있던 시장을 잠식하였다. 그리고 후발주자에게 저가 시장을 내준 상위 국가들은 산업고도화를 통해 고부가가치 산업을 육성하여 세계시장과 후발국가의 신흥시장을 공략하였다.

그런데 중국의 등장으로 기러기 행렬 모식으로 상징되던 아시아경제 및 통상적인 세계경제의 분업구조가 커다란 도전에 직면하게 되었다. 세계경제에 문호를 개방한 지 30년이 되는 현재 중국은 국내총생산(GDP)이 미국, 일본, 독일에 이어 세계 4위 국가로 성장하였다. 그러나 임금수준은 선진국과 비교할 때 그 상승폭이 미미한 편이며, 제조업 분야의 임금 수준은 10년 늦게 경제개방을 시작한 인도보다 오히려 10%가 낮은 상태다. 일본의 경우 경제개발을 시작한 30년 후인 80년대에 미국과 임금이 대등한 수준으로 상승했으며, 사소룡의 경우도 30년이 지난 오늘날 동일한 상황에 처해 있다는 점을 감안한다면. 중국은 아직도 저임금의 상태에 머물러 있다고 해야 할 것이다.

이는 중국이 저임 노동력의 장점을 발휘할 수 있는 엄청난 규모의 산업예비군을 지니고 있기 때문이다. 이러한 장점이 얼마나 지속될지 예측할 수 없을 정도로, 중국이라는 거대한 기러기는 아직도 양 날개를 완전히 펼치지 않은 채 비상하고 있는 것이다. 이 거대한 기러기는 세계경제의 판도를 자신의 품안으로 끌어들일 수 있는 규모와 속도를 지니고 있고, 위협적으로 추적해오는 기러기가 없는 실정이어서 머지않아 앞서가는 기러기를 따라잡을 것으로 보인다.

게다가 중국은 선진국을 추격하기 위해 이미 산업고도화 정책을 통해 성장 동력을 첨단산업 중심으로 전환하고 있으며, 대학과 연구소에서 배출한 전문인재 및 해외 유학생 등의 고급인력이 그것을 뒷받침할 수 있을 정도로 풍부히 양성되어 있는 상태다. 이들 고급인력 역시 선진국에 비해 임금이 매우 낮은 수준이어서 인력 방면으로 볼 때 중국은 앞으로도 상당기간 성장을 지속할 수 있는 힘을 비축한 셈이다.

이 점은 다른 후발 자본주의 국가가 지니지 못한 중국만의 특성으로 지속적 성장을 가능케 하는 힘으로 작용하고 있다. 그렇지만 산업예비군은 잠재적 실업상태에 놓여 있기 때문에 그대로 방치할 경우 사회적 위협이 되기에 충분하다. 이들을 경제주체로 활용하기 위해선 반드시 그에 상응하는 일자리가 창출되어야 한다. 그렇게 되려면 고도성장을 지속적으로 추진해야 하는데 그에 따른 국가재정과 경기과열의 문제를 해결해야 하며, 또 산업고도화 정책을 시행하면 상대적으로 저임 노동자의 일자리가 없어지기 마련인데 그에 따른 실업사태와 사회복지 문제를 해결해야 하는 난제가 도사리고 있다. 이러한 난제를 극복하는 일이 향후 중국의 최대 과제로서, 거대한 기러기의 비상은 바로 제 몸무게를 견딜 수 있는 양 날개의 활력을 어떻게 지속시켜나가느냐에 달려 있다고 할 것이다.[15]

늑대와 함께 춤을

2001년 11월 중국이 WTO에 가입했을 때 중국 언론에서는 일제히 '늑대가 몰려온다(狼來了)'는 기사를 타진하였다. 여기서 늑대는 중국 시장이 개방되면서 밀려올 외국기업을 뜻하는데, WTO 가입에 대한 기쁨과 아울러 보호장벽 없이 외국기업과 경쟁해야 하는 일에 대한 두려움을 표출한 것이다. 이러한 분위기 속에서 당시 가장 유행했던 말이 '늑대와 함께 춤을'이라는 표현이었다. 캐빈 코스트너 주연의 영화 제목을 패러디한 이 말은 외국기업과 공생할 수 있도록 경쟁력을 키우자는 의지를 드러내고 있다.

그렇지만 중국의 개혁개방의 과정을 자세히 들여다보면 외국기업에 대해 우려하는 것과 달리, 오히려 외국기업을 적극 유치하여 성장의 동력으로 활용하고 있다는 사실을 알 수 있다. 심지어 중국정부는 헌법

---

15 중국은 이 문제를 해결하기 위해 도시화 발전전략을 취하고 있다. 이것은 농업 잉여 노동력을 질서 있게 도시로 이전하여 산업구조를 고도화한다는 소극적인 성격을 넘어, 실업문제, 내수시장 확대, 지역격차 해소, 산업구조 조정, 지역개발, 법치와 인구소양의 제고, 사회적 불평등의 완화, 지속가능한 발전 등의 문제와 연계되어 있다. 실제로 중국은 현대화된 국가를 만들기 위해 2050년까지 도시화율을 70~80% 끌어올리려 하고 있는데, 도시를 어떻게 재편할 것인가의 문제는 중국의 산업정책과 사회정책의 중요한 요소로 등장했고 구체적으로는 종합적 도시 발전전략, 최적 도시문제, 도시 혁신 문제가 중요한 고려사항이 되고 있다.

제18조에 "중화인민공화국은 외국의 기업과 경제기구 또는 개인이 중화인민공화국 법률의 규정에 의한 중국에서의 투자를 허용하고, 그들과 중국 내 기업 및 경제기구와의 각종 형식의 경제협력을 허용한다. 중국 내에서 외국기업 및 합자기업은 중화인민공화국의 법률을 준수해야 한다. 그 합법적인 권리와 수익은 중화인민공화국 법률의 보호를 받는다"는 '외국기업 투자유치 장려 조항'을 만들어, 세계 어느 나라의 헌법에도 없는 사항을 명시하고 있을 정도다.

중국의 이러한 개방성은 인접한 동아시아 국가의 성장방식과는 상이하다. 중국은 성장전략의 구호로 개혁과 개방이라는 말을 동시적으로 사용하는데, 개혁은 내부에서 성장을 장애하는 요인을 혁신하겠다는 것이고 개방은 외부에서 선진적인 요인을 흡수하여 성장을 추진하겠다는 의미이다. 중국이 외국기업의 유치를 중시하는 것은 바로 이러한 개방전략에서 비롯된 일이다. 그러나 일본의 경우 해외 수출을 성장전략으로 삼으면서도 외국기업에 대해서는 자국시장의 보호를 위해 개방하지 않고 있으며, 한국의 경우도 엄격한 규제를 통해 외국기업의 진입을 허용하지 않다가 IMF 이후 신자유주의 체제로 전환하면서 비로소 외국기업의 유치에 적극적으로 나서고 있다. 그만큼 경제개발 단계에서는 자국의 시장과 기업을 보호하는 것이 개방보다 우선하는 일로 인식되었다는 얘기다.

그렇다면 중국은 왜 개혁개방 초기부터 늑대와 함께 춤을 춘 것일까? 중국이 자본주의 세계에 등장하기 이전, 세계는 국가가 하나의 단위가 되어 생산을 진행하는 국민경제의 시대였다. 한국의 경우에도 구미 산업공단이나 마산 창원 수출자유지역과 같은 국내 경제특구에서 생산한 제품을 외국으로 수출하는 방식을 통해 근대 산업화의 신화를 이룩한 것이었다. 한국의 공단에는 외국기업이 존재하지 않았다. 그러나 중국이 등장한 이후 이러한 국민경제의 시대가 변모되기 시작하였다. 중국이 값싼 노동력과 최적의 생산여건으로 세계를 유혹하면서 한국가 내에 머물러 있던 기업들이 중국으로 생산기지를 이전했기 때문이다. 이제 세계경제는 일국에서 생산을 완성하는 시스템에서 벗어나, 본국에서 수입한 부속품을 중국 생산기지에서 조립 가공하여, 그 완성품을 세계로 수출하는 새로운 국제 분업의 시대를 맞이하게 된 것이다.

개혁개방 초기에는 주로 홍콩, 대만 및 동남아의 화교기업들이 중국에 진출하기 시작했지만, 90년대에 들어 미국, 유럽, 일본, 한국의 기업들이 대거 몰려들어오면서, 중국을 정점으로 하는 가공 조립생산의 방식이 새로운 세계경제 시스템으로 정착하게 되었다. 그 결과 유례가 없는 빠른 속도로 중국이라는 세계의 공장이 탄생하게 된 것이다. 지금 한국의 이마트를 비롯한 세계 각국의 할인마트에서 판매되는 메이드 인 차이나의 제품은 모두 이러한 국제 분업의 성과물인 셈이다.

앞서 언급했듯이 중국에 진출한 세계 각국의 기업들이 생산한 제품이 모두 'made in China'이기 때문에, 중국의 시장 점유율은 중국만의 것이 아니라 중국 속의 외국기업들과 공동으로 이룩한 성과라고 해야 할 것이다

실제로 2003년 기준으로 중국의 전체 수출에서 외국기업이 차지하는 비율이 54.8%에 달하며, 수입의 비중은 56.2%를 차지하고 있다. 수출과 수입에서 외국기업이 차지하는 높은 비중은, 외국기업이 본사에서 중국으로 부품을 수입하여 현지공장에서 조립한 후 완성품을 다시 세계로 수출하는, 가공무역이 새로운 국제 분업으로 정착되었다는 사실을 반영하고 있다. 특히 첨단산업의 수출 분야에서 외국기업의 비중

이 더욱 크게 나타나, 컴퓨터 및 사무기기의 경우 97.3%를, 전자통신 분야의 경우 87.3%를, 그리고 중국이 강세를 보이는 가전 분야에서도 74.3%를 차지하고 있다.

GDP 기준으로 볼 때도 외국기업이 전체의 약 30% 비중을 차지하고 있는 지금, 중국은 더 이상 하나의 국가로 해석할 수 없는 존재가 되었다. 중국의 급성장은 중국 단독으로 이룬 것이 아니라, 중국이라는 글로벌 공간 속에서 활동하고 있는 주체들이 공동으로 만들어낸 복합체라고 해야 할 것이다. 중국이 급속도로 경제올림픽 스타디움으로 변모한 것은 바로 개혁개방 초기부터 늑대와 함께 춤을 추며 세계화의 이점을 적극적으로 활용했기 때문이다.

제4장

4

주식회사
글로벌 차이나

제4장 주식회사 글로벌 차이나

4

주식회사
글로벌 차이나

화교 네트워크

중국 대학에서 공부를 하다보면 생김새는 중국인인데 말은 어딘가 서툴고 국적도 다른 이들을 종종 만날 수 있다. 이들은 대부분 세계 각국에서 온 화교의 후예로 모국의 언어와 문화를 배우러 온 이들이다. 화교 가운데 상당수가 동남아 출신인데다가 화교에 대한 한국의 뿌리깊은 차별의식까지 가세하여, 그들을 만나면 왠지 거리감이 느껴지는 경우가 많다. 그러나 이러한 편견에서 벗어나 중국이 글로벌 차이나로 성장하는 과정에서 화교가 수행한 지대한 공헌을 이해한다면, 이들과 친밀한 네트워크를 형성할 수 있도록 많은 노력을 기울여야 할 것이다.

지금은 외국기업들이 본사를 이전해 올 정도로 중국을 글로벌 경영의 중심지로 인식하고 있지만, 1989년 톈안먼 사태 전후만 하더라도 중국사회에 대한 불신 때문에 투자를 꺼리던 기업이 많았다. 이러한 난관에도 불구하고 오늘날과 같은 급성장을 이룩한 것은 화교 네트워크에 그 공을 돌리지 않을 수 없다. 현재 중국에 진출한 외국기업 가운데 70%가 화교기업이며, 외국인 총 투자액 가운데 60% 이상이 화교자본이며, 상위 20대 수출기업 가운데 8개 기업이 화교기업이라는 통계 (2005년)를 보면 화교의 역할이 어떠했는지 분명하게 알 수 있을 것이다. 가령 90년대 초 용산 전자상가처럼 컴퓨터 조립과 부속품 판매 업체가 운집해 있던 베이징 중관춘이 단시간 내에 중국의 실리콘밸리로 성장한 데에는 화교자본이 든든한 투자자로 기능했기 때문이다.

흔히 유대상인과 비견되는 화교의 자본력은 중국 전체 GDP의 두 배가 넘는 2~3조 달러 정도로 알려져 있으며 미국, 유럽연합에 이은 세계 제3위의 경제세력으로 평가받고 있다. 우리는 일반적으로 화교라 부르지만, 중국에서는 대만, 홍콩, 마카오 지역에 거주하고 있는 중국인을 (이 지역을 국외의 범주로 인정하지 않기 때문에) 대만동포, 홍콩동포, 마카오동포라고 부르며, 해외에서 거주하더라도 중국 국적을 가지고 있는 중국인에 대해서는 '중국 공민(公民)'으로 간주하여 화교라고 칭하며, 거주국의 국적을 취득한 중국인을 화인(華人)이라고 구별하여 부른다. 세계적으로 화교는 80% 이상이 집중되어 있는 홍콩, 대만, 마카오, 동남아를 비롯하여 168개국에 8,700만 명이 거주하는 것으로 추정된다. 그중 홍콩과 대만의 화교가 경제력의 중심에 서 있으며, 동남아 화교는 거주국에서 막강한 경제권을 형성하여 개혁개방뿐만 아니라 중국과 동남아의 FTA 체결에 있어서도 지대한 공헌을 하고 있다.

전 세계에 이와 같이 화교가 널리 거주하게 된 데는 오랜 역사적 원인이 있다. 근대 이전에는 해상교역에 종사하다 해외에 정착하거나 전쟁과 재난을 피해 이주한 경우가 많았다. 아편전쟁 이후에는 자본주의적 인력 송출을 통해 세계 각국으로 퍼져나갔으며, 신중국 성립 전후에는 정치적 박해를 피해 해외로 이주하는 이들이 많았다. 이들은 대부분 해상교역의 경험이 풍부한 광둥성, 푸젠성 출신으로, 특유의 성실성,

신용, 동질성을 바탕으로 다양한 네트워크를 구성하여 막대한 부를 축적하였다. 개혁개방 초기 덩샤오핑이 화교의 고향인 선쩐, 주하이, 샤먼 등에 경제특구를 건설하고 이들의 자본력을 끌어들여 성장 기틀을 마련했던 것도 바로 화교의 특성을 잘 이해하고 있었기 때문이다.[16]

화교 네트워크 가운데 홍콩, 대만의 기업들은 주로 선쩐, 샤먼 등의 주강삼각주 지역에 제조업 생산기지를 건설하여 가공무역을 하다가, 점차 상하이, 장쑤성, 저장성 등 장강삼각주 지역으로 확장하여 첨단산업, 유통 서비스, 부동산, 금융 등의 분야에 투자를 하고 있다. 싱가포르 화교는 수저우 산업단지 개발을 맡아 중국 최고의 전자공업도시를 조성하여 세계적인 기업들을 불러들였으며 최근에는 랴오닝성 창싱다오 공업도시 개발 프로젝트를 진행하고 있다. 인도네시아 화교는 푸젠성과 베이징 등지에 산업공단을 조성하거나 금융, 부동산, 건설업 등에 참여하고 있으며, 필리핀 화교는 푸젠성을 중심으로 중소기업을 운영하고 있으며, 태국 화교는 농작물, 통신, 기계, 부동산 등에 투자를 하고 있다. 지역적으로 볼 때 이들은 서구기업이 베이징과 상하이와 같은 대도시를 중심으로 투자를 하는 것과 달리, 출신지역인 주강삼각주 도시를 중심으로 사업을 전개하다 점차 장강삼각주 지역과 베이징으로 확장하는 방식을 취하고 있다.

---

16 개혁개방 초기에 덩샤오핑은 중국 시장경제를 이끌 인물로 '붉은 자본가' 라 불리는 룽이런을 기용하여 화교자본을 유입할 수 있는 방안을 모색케 하였다. 1979년 룽이런은 외자와 해외기술, 설비를 유치하기 위해 중국국제신탁투자공사(CITIC)를 설립하여, 1년 만에 대만과 홍콩을 비롯한 해외 40개국의 화교기업인을 끌어들여 투자협상을 진행함으로써 개혁개방이 정착될 수 있는 성공적인 토대를 마련하였다. 룽이런은 세계 각지를 돌아다니며 '차이나 펀드' 를 끌어모았는데 CITIC가 구축한 화교 네트워크가 없었더라면 중국의 개혁개방이 그처럼 빨리 진행되지는 못했을 것이다.

WTO 가입 이후에는 금융, 서비스, 유통, 인프라 시설 등으로 투자 영역을 확충하여 중국 전역에 네트워크를 구축하고 있을 뿐 아니라, 중국기업의 수출시장 개척 및 해외진출에도 중개역할[17]을 담당하고 있다. 또 태국의 화교기업 CP그룹이 미국의 컨티넨털그레인과 합작한 사례처럼, 중국에 진출하려는 외국기업의 동반자역할을 수행하여 많은 외국자본을 끌어들이고 있다. 외국기업이 단독으로 진출한 경우에도, 중국과 해당국의 문화적 특성을 모두 이해하는 장점을 활용하여 사업 관리를 담당하는 화교들이 많다. 모토롤라의 량녠젠, 노키아의 허칭위앤, 마이크로소프트의 천용쩽, 시스코의 두자빈이 그러하며, 한국기업 가운데 SK차이나의 셰청, 베이징 현대자동차의 설영홍 등이 모두 화교 출신이다.

화교는 개혁개방 초기부터 가장 먼저 중국에 진출하여 자신들이 지니고 있는 자본, 기술력 그리고 인맥을 통해 중국 전역에 든든한 네트워크를 구축하였으며, 나아가 대중화경제권이라 불리는 세계 화교경제 네트워크를 가능케 한 밑바탕이 되었던 것이다. 겉으로 보면 미국, 유럽, 일본 그리고 한국의 글로벌 기업들의 브랜드 이미지 때문에 이들이 중국경제에서 차지하는 비중이 높은 듯하지만, 실제로는 자그마한 점포에서 고층 빌딩 그리고 사회 기반시설 등에 이르기까지 화교 네트

---

17 가령 세계 일용품 시장을 장악하고 있는 원저우 출신 화교는 대략 50만 명으로 이들은 이탈리아, 프랑스, 미국, 파나마, 남미 등에 골고루 퍼져 있다. 원저우 화교가 가장 많은 뉴욕의 경우 약 10만 명에 달하는 것으로 알려져 있다. 이탈리아의 경우 재화산업의 절반 이상을 원저우 화교가 장악하고 있는데, 이들은 원저우 사람들에게 강력한 해외 유통망 구실을 하고 있다. 혈연 및 지연 성향이 강한 원저우 화교들은 원저우 제품을 해외에 뿌리고 있다. '아시아의 유대인'이라는 원저우인들의 독특한 비즈니스 노하우가 해외로 뻗어나가고 있는 것이다.

워크의 손이 미치지 않는 곳이 없을 정도로 중국의 성장과정과 긴밀히 연계되어 있다. 특히 유통 서비스 시장이 개방되고 있는 지금, 그 어느 때보다도 중국 내부의 사정에 밝고 복잡한 유통망을 연결할 수 있는 협력 파트너가 절실히 요청되고 있어서 화교 네트워크를 바라보는 눈이 더욱 각별해질 전망이다.

미국과 유럽

개혁개방을 시작하던 당시 세계경제를 주도하고 있던 미국과 유럽 국가들은 중국이라는 신입 회원의 정체에 대해 불안한 눈길을 보내고 있었다. 냉전시기 죽의 장막 속에 가려 있던 중국이 자본주의의 길로 전환하려는 본심이 무엇인지 의심스러웠던 것이다. 그리고 서구세계와 확연히 다른 언어문화와 관습 그리고 이념 갈등 때문에 서구기업의 중국 진출 자체가 쉽지 않은 일이었다. 게다가 중국정부도 자본주의에 익숙하지 않아서 기업의 판촉행위를 사회를 문란케 하는 불순한 일[18]로 바라보거나 사업상의 규제를 심하게 함으로써, 상호 불신의 벽이 좀처럼 허물어지지 않았다.

화교들이 속속 귀환하여 성장의 기틀을 다지던 80년대 중반이 되어서야 서구기업들도 조심스럽게 중국 진출을 탐색하기 시작하였다. 우

---

18 1982년 초 비교적 일찍 중국에 진출한 코카콜라는 베이징에서 판촉활동을 벌였다. 당시 1병은 외환권을 가진 사람만 살 수 있었고, 상점에서 1병당 3위안 정도에 팔렸다. 코카콜라는 판매촉진을 위해 거리에서 1병당 0.3위안에 팔았다. 콜라를 사는 사람에게는 풍선, 나무젓가락 등의 경품도 제공했다. 그런데 중국언론들은 이에 대해 코카콜라가 중국에 자본주의를 이식시키려 한다고 흥분했고, 코카콜라는 결국 내수판매 정지처분을 받아야 했다.

리가 익히 알고 있는 코카콜라, 노키아, HP, 에릭슨, 필립스, 인텔, 폭스바겐 등 다국적 기업들이 그 주인공으로, 낯선 중국정부의 시책과 시장 환경을 조사하며 본격적인 진출 가능성을 타진하였다. 하지만 대부분 중국에 사무실을 개설하고 제한적인 생산시설을 갖추기는 했지만, 장기적 기획 하에 대규모 자본을 투자하는 수준은 아니었다. 그나마도 89년 톈안먼 사건이 일어나자 일시에 중국을 빠져나가버렸다.

92년 덩샤오핑의 남순강화를 통해 외국기업의 중국 진출을 정책적으로 보장한 이후에야 비로소 서구기업들이 본격적인 투자를 진행하였다. 그들은 중국의 불투명한 투자환경에 대해서는 불안해하면서도 무한한 시장잠재력에 대해서는 의심하지 않았다. 공교롭게도 세계경제의 침체 속에서 외국기업이 중국이라는 거대시장을 필요로 했던 것은 중국이 외국기업의 자본과 기술을 요구하는 수준 이상이었다. 중국은 이러한 유리한 국제정세를 활용하여 서구기업으로부터 성장에 필요한 요인을 흡수할 수 있었다. 그 후 90년대를 중국 진출의 폭발기라고 부를 정도로 수많은 서구기업들이 몰려들어와, 중국은 그야말로 전 지구적 차원의 경쟁이 벌어지는 무대로 변화되었다.

중국은 외국기업을 적극 유치하면서도 중앙정부 발전개혁위원회의 엄격한 심사를 통해 외국기업의 투자규모와 기술이전 정도에 따라 사업 활동 범위를 규제하였다. 또 사업 영역에 따라 외국기업 단독의 사업을 제한하고 중국기업과의 합자를 통해 사업을 하도록 규정함으로써, 중국기업이 외국기업의 기술과 경영기법 등 선진적인 요인을 가까이서 배울 수 있게 만들었다. 서구기업은 서구적 환경과는 다른 불합리한 간섭과 규제로 인해 많은 불편을 겪으면서도 향후 중국의 성장 가능성을 기대하며 이질적인 환경에 적응해나갔다. 그들에게 또 다른 동기로 작용한 것은, 단기간에 수익을 내지 못하더라도 중국 진출 자체가 주가 상승의 호재로 이어져 주식시장에서 충분한 보상을 받을 수 있다는 점이었다.

중국은 서구국가와 오랜 이념 대립, 텐안먼 사건 무력 진압으로 인한 인권 문제, 민주적 가치 등을 둘러싸고 국제정치적 갈등이 지속되어 온 상태였다. 그래서 민감한 사안이 불거져 나올 때마다 상호 규제 및 무역 보복으로 이어져 안정적인 비즈니스 환경이 조성되기 쉽지 않았다. 이 때문에 중국 진출 붐에도 불구하고, 세계적인 마케팅 전략을 지니고 있는 코카콜라, KFC, 맥도널드와 같은 다국적 기업과, 중국이 기술 도입을 위해 전략적인 혜택을 제공한 위성통신, 디지털, 자동차, 항공, 에너지 등 첨단산업 분야의 기업을 제외하고는, 안정적인 사업기반을 만드는 것 자체가 불투명하였다. 나름대로 정착한 기업들도 대부분 중국에서 이미 사업을 벌여 광범위한 인맥과 조직력을 지니고 있던 화교기업과의 합작을 통해 진출한 경우라고 할 수 있다.

중국에 진출한 서구기업 가운데 가장 모범적인 사례는 폭스바겐, 지멘스, 헨켈과 같은 독일 기업이었다. 중국과의 관계에 있어서 미국이 정치적 문제와 경제적 문제를 연계시켜 갈등을 유발한 것과 달리, 독일은 민감한 정치적 사안에 대해서는 갈등을 최소화하기 위하여 대화의 방법을 선택하였다. 또 진출 전략 면에 있어서도 다른 서구기업들이 하위기술을 이전하거나 자국 시장에서 재고로 남은 제품을 판매한 것과 달리, 독일 기업들은 선진기술과 제품으로 중국에 진출하여 커다란 성공을 거두었다. 이러한 방식을 통해 독일은 중국과 우호적인 관계를 유지했을 뿐 아니라 선진기술을 도입하려는 중국의 목적에도 부합하여, 상호 협력과 수익이라는 두 가지 과제를 동시에 이루었던 것이다.

중국과 서구 사이의 상호 불신으로 인해 서구에서는 자국 기업의 중국 진출에도 불구하고, 중국을 저가 생산공장으로 바라보거나 심지어 중국이 사회혼란으로 인해 붕괴될 것이라고 비난하는 시각이 주류를 이루었다. 이러한 시각에 변화가 나타난 것은 1997년 아시아 금융위기 이후의 일이다. 한국, 태국, 말레이시아, 인도네시아 등의 아시아 국가들이 금융위기로 IMF 관리를 받는 동안에도 중국은 별다른 경제위기 없이 고성장을 지속하였으며 오히려 관련 국가들이 경제적 안정을 찾을 수 있도록 국제적 영향력을 행사함으로써 중국경제의 저력을 세계에 과시했던 것이다. 이 사건 이후 비로소 서구가 중국경제를 신뢰하기 시작했으며 2001년 WTO 가입으로 규제가 완화되고 시장개방이 확대되면서 중국의 중요성이 급부상하게 되었다.

외국의 중국 투자 가운데 서구가 차지하는 비중은, 미국의 경우 1995년에 8.2%, 2000년에는 10.8%, 2005년에는 4.2%를, 유럽의 경우는 1995년에 5.7%, 2000년에는 10.9%, 2005년에는 7.2%를 기록하여, 각각 평균 7~8%의 비중을 차지하고 있다. 특히 주목할 사항은, 서구의 다국적 기업들이 과거 중국을 단순한 조립생산기지로 인식하는 데서 벗어나 세계시장을 공략하는 글로벌 전략의 중심축으로 이해하기 시작했다는 점이다. 그래서 홍콩이나 싱가포르에 있던 아시아 본부를 중국으로 이전하여 생산, 유통, 연구개발, 서비스 등을 통합한 새로운 비즈니스 시스템을 구축하고 그에 부응하는 대규모 투자를 진행하고 있다. 또 유통 서비스 시장이 개방됨에 따라 월마트, 까르푸, 메트로 등 세계적인 유통업체들이 중국 각 지역에 매장을 확장하며 치열한 각축전을 벌이고 있는 상태다. 이제 중국은 이데올로기적 불신의 대상에서 벗어나 서구의 대표기업들이 모여 제품 경쟁을 펼치는 글로벌 공간으로 변모하고 있다.

일본

중국이 본격적인 성장 궤도에 오르기 이전인 80년대만 하더라도 아시아 경제는 일본을 필두로 한국, 대만, 홍콩, 싱가포르의 사소룡이 그 뒤를 따르고, 다음으로 말레이시아, 태국, 인도네시아 등의 아세안 국가와 중동 국가, 맨 뒤에는 중국, 인도, 베트남 등의 후진국이 따라오는 기러기행렬(雁行) 구조를 지니고 있었다. 그러나 90년대에 이르러 일본이 '잃어버린 10년' 이라 불리는 극심한 침체기를 겪는 사이, 중국은 세계의 공장으로 급성장하면서 기러기행렬의 순서가 바뀌기 시작하였다.

중국은 사소룡뿐만 아니라 아세안 국가와의 교역을 활성화하여 2010년까지 FTA를 체결할 예정이며, 중앙아시아 국가와는 실크로드의 역사를 복원하여 긴밀한 관계를 형성하고 있으며, 인도 파키스탄 및 중동 국가와도 전에 없는 활발한 교역을 진행하고 있다. 현재 중국이 아시아 국가의 든든한 교역 파트너로 새로이 등장함에 따라 일본의 위상이 위협받고 있는 실정이다. 아직은 중국의 경제규모가 일본의 절반 정도에 불과하지만 성장속도로 볼 때 머지않아 일본을 추월할 것으로 전망된다.

한국보다 20년이나 앞선 1972년 중국과 수교한 일본은 일찍부터 중국에 진출하여 교역을 진행하고 있었다. 하지만 그때는 소련을 봉쇄하려는 미국의 세계전략 차원에서 이루어진 일이어서 별다른 성과가 없었으며, 본격적인 경제교류는 개혁개방 이후부터 시작되었다고 할 수 있다. 현재까지 2만여 개의 일본기업이 중국에 진출하고 있는데, 그동안 세 차례의 중국 투자 붐이 일어났다. 첫 번째는 87~89년 사이이며, 두 번째는 93~95년 사이이고, 세 번째는 2000년 이후의 일이다.

첫 번째 시기에는 경제특구인 광둥성, 푸젠성을 중심으로 전기, 전자, 정밀기계 등의 제조업이 진출했는데, 다른 외국기업과 마찬가지로 중국에 생산기지를 이전하여 조립생산한 제품을 수출하는 것이 주목적이었다. 89년 톈안먼 사태가 벌어진 이후에는 투자가 잠시 주춤하였으며, 중국이 본격적으로 외국기업을 유치하여 전 세계의 기업이 중국으로 몰려오는 시기인 93년에 두 번째 투자 붐이 일어나기 시작했다. 이때는 광둥성, 푸젠성을 넘어 상하이, 저장성, 장쑤성 등 장강 삼각주와 베이징, 다롄 등으로 진출지역이 확대되었으며, 가공무역과 아울러 내수시장을 점유하기 위한 기업들도 진출하였다. 중국에 진출한 일본기업 가운데 80% 이상이 90년대에 진출한 것이다. 95년에 중국 투자의 정점을 이룬 이래 90년대 후반까지 홍콩 다음으로 최대 투자국이 되었다.

하지만 일본의 중국 진출은 그다지 성공적이었다고 할 수가 없다. 2002년 무역흑자를 기록하기 전까지 지속적으로 무역적자에 시달렸으며, 90년대 후반으로 갈수록 오히려 투자가 감소하여 미국, 유럽 및 한국에 추월당하는 처지에 놓였던 것이다. 일본이 이렇게 된 데에는 10년간의 국내경기 침체와 해외투자 위축에서 비롯되기도 하지만 중국 진출 전략 자체에 커다란 문제점이 있었기 때문이다.

일본은 기본적으로 중국시장을 신뢰하지 않아 주로 제조업 생산기지로서 중국을 활용하였다. 그러나 생산기지 이전으로 인한 산업공동화와 기술이전의 우려, 중국의 불투명한 사업 환경과 낮은 생산성 등으로 인해, 일본은 과감한 투자를 하지 못하고 낮은 수익성에 허덕이게 되었다. 내수시장에 진출한 기업들도 경영의 현지화가 늦어져 시장의 변화를 따라잡지 못하였다. 그래서 급성장하던 중국기업의 치열한 가격경쟁이나 서구 및 한국 기업의 현지화 전략에 대처하지 못하여 시장에서 밀려나고 말았던 것이다. 특히 중국의 주력산업인 가전제품이나 컴퓨터 등의 분야에 중복 진출하여 중국기업과 극심한 경쟁을 벌임으로써 시장 점유율이 떨어질 수밖에 없었다. 중국 진출 전략과 현지화의 실패 그리고 과감한 투자의 부족으로 인해 일본은 지속적인 적자를 기록하며 수세적 위치에 몰리게 되었던 것이다.

그러나 세 번째 투자 붐이 일어난 2000년대에 들어서 중국에 대한 일본의 접근방식이 달라지기 시작하였다. 무엇보다 90년대를 지배하던 중국에 대한 불신이나 위협론적인 사고가 물러나고, 일본의 경기침체를 탈피하기 위하여 세계시장으로서 중국 특수를 활용하자는 긍정적인 시선들이 전면에 등장하였다. 일본기업들 역시 90년대 중국 진출이 실패한 원인에 대해 자성하며, 하이테크산업과 자동차산업을 중심으로 대규모 투자를 진행하고 현지화 경영전략을 추구하는 등 변화된 진출 양상을 보이고 있다.

실제로 외국의 중국 투자 가운데 일본이 차지하는 비중이 1995년에 8.3%였다가 2000년에는 7.2%로 하락하였으나 2005년에는 다시 9.0%로 상승하였다. 2002년에는 처음으로 중국과의 만성적인 적자에서 벗어나 35억 7천만 달러의 흑자를 기록하였으며, 2003년에는 대중 수출이 873억 8,700만 달러에 달해 일본의 전 세계 수출 증가율의 80%를 중국에서 올리게 되었다. 그 해에 일본은 90년대의 마이너스 성장에서 벗어나 드디어 1.4%의 플러스 성장률을 기록했는데 중국이 일본 경제의 구세주 역할을 담당했던 셈이다. 2004년에는 일본의 최대 무역국으로 미국을 제치고 중국이 부상하였으며, 2007년에는 중국의 최대 무역국으로 미국을 제치고 일본이 부상할 전망이다. 당분간 중국과 일본은 정치 역사 방면의 갈등을 조절하여 상호 성장을 위한 경제협력관계를 더욱 다져나갈 것으로 보인다.

한국

중국이 개혁개방을 통해 자본주의 세계에 등장하기 이전, 한국은 저임 노동력을 무기로 저가제품을 생산하는 단계에 머물러 있었다. 지금은 세계시장에서 저가제품의 대명사가 메이드 인 차이나로 인식되고 있지만, 7,80년대만 해도 메이드 인 코리아가 유사한 이미지를 대변하고 있었다. 중국의 출현으로 한국은 저가 생산공장의 지위를 후발주자에게 물려주고, 그 대신 고부가가치 산업을 육성하여 자동차 및 디지털 산업 강국이라는 새로운 이미지를 구축하게 되었다.

1992년 한중수교는 대한제국 멸망으로 공식 외교관계가 끊어진 지 근 100년 만에 새롭게 외교관계를 수립한 정치적인 사건이다. 하지만 경제적으로 볼 때는 한국이 중국을 무대로 하는 글로벌 분업시스템에 공식회원으로 참여하게 되었다는 사실을 의미한다. 즉 한국이 내부에서 생산을 완성하는 국민경제의 틀에서 벗어나 최적의 생산기지를 찾아 자본, 기술, 인력이 국경을 넘어가는 국제 분업의 시대로 본격 진입했다는 것이다.

수교 이후 한국의 기업들, 특히 노동집약적인 제조업을 운영하던 중소기업들은 대거 저임 노동력이 풍부한 중국으로 생산기지를 이전하였다. 그들은 한국에서 부속품과 반제품을 수입하여 중국의 생산기지에서 조립생산을 한 후 다시 한국 및 세계시장으로 수출을 하였다. 한국의 중소기업이 진출한 지역을 보면 칭다오·웨이하이·옌타이 등의 산둥성과 선양·다롄 등의 랴오닝성과 같은 동북해안에 집중되어 있는데, 이것은 이들 지역이 인건비가 저렴할 뿐 아니라 한국과의 거리가 인접하여 물류유통에 유리한 곳이기 때문이다.

90년대 중반 이후에는 대기업이 중심이 되어 하이테크산업 생산기지를 상하이, 수저우 등의 장강삼각주 지역이나 베이징, 톈진 그리고 선전, 둥관, 샤먼 등의 주강삼각주 지역으로 이전하였다. 대기업은 가공무역을 위한 조립생산뿐만 아니라 중국 내수시장을 개척하기 위한 투자를 동시에 진행하여 중국기업 및 중국에 진출한 외국기업과 치열한 경쟁을 벌이고 있다. 그리고 중국이 WTO에 가입한 이후에는 벤처기업, 서비스기업, 금융기관 등이 활발히 진출하여, 초기의 가공무역 위주에서 벗어나 점차 내수시장을 점유하기 위한 방향으로 전환하고 있는 상태다.

현재 중국에는 약 4만 3천여 개의 한국기업이 진출해 있다. 그리고 외국 투자 가운데 한국이 차지하는 비중은 1995년에 2.8%, 2000년에 3.7% 수준이다가 2003년에 8.4%, 2004년에 10.3%, 2005년에 8.6%를 기록하여 2000년 이후 평균 7~10%대의 비중을 차지하고 있다. 그렇지만 전체적으로 볼 때 아직 가공무역 위주의 진출방식에서 벗어나지 못하여, 한국의 10대 대중국 수출품이 컴퓨터부품, 무선통신기기부품, 데이터디스플레이장치, 자동차부품, 메모리반도체 등의 부속품과 반제품이 차지하고 있는 실정이다.

한중 간의 교역은 수교 이후 끊임없이 증가하여 한국이 IMF 위기를 극복하고 흑자로 돌아서는 데 있어 중국이 일등공신이 돼주었다. 한국은 2002년에 103억 달러, 2003년에 150억 달러, 2004년에 294억 달러, 2005년에 232억 달러의 흑자를 기록했는데, 이러한 흑자의 밑바탕에는 대중 무역수지 흑자가 자리하고 있었던 것이다. 대중 무역수지는 2002년에 64억 달러, 2003년에 132억 달러, 2004년에 202억 달러, 2005년에는 233억 달러에 달하였으며, 2004년에는 중국이 미국을 제치고 한국의 최대 교역국으로 부상하였다.

이러한 대중국 무역수지 흑자에도 불구하고 현재 한국은 중국 진출의 중대한 고비를 맞고 있다. 중국의 기술향상으로 그간 한국에서 수입하던 부품을 대체 생산함에 따라 관련 분야의 수출이 감소하고 있기 때문이다. 중국이 끊임없이 선진기술을 모방하며 기술개발을 서두르는 동안, 한국은 선진국이 보유한 핵심부품의 기술개발에 뒤처져 중국과의 격차가 신속히 좁혀졌던 것이다. 중국의 기술 추격이 일정 수준에 도달함으로써 기술개발을 등한시한 단순 제조업체들은 더 이상 중국에서의 비교우위를 주장할 수 없는 처지가 돼버렸다.

게다가 중국의 정책변화로 인해 그동안 외국기업을 유치하기 위해 제공했던 세제감면, 저렴한 토지 등의 혜택이 첨단산업 부문에만 유지되고 노동집약적인 산업 부문에는 대폭 축소되면서 관련 업체들에게는 생산여건이 악화되는 불리한 상황을 맞고 있다. 특히 한국처럼 저임노동력에 이끌려 가공무역 방식으로 진출한 중소기업이 많은 경우에는 상당한 타격을 입을 가능성이 크다. 그만큼 중국은 노동집약적인 부문의 산업경쟁력이 극대화되어 더 이상 외국기업의 유치가 불필요하다는 자신감을 표출한 것이다.

중국의 기술향상과 더불어 한국을 압박하고 있는 것이 중국의 주력산업이 노동집약적인 경공업에서 가전, 컴퓨터, 휴대폰, 자동차, 철강, 조선, 반도체 등의 산업으로 고도화되고 있다는 점이다. 이는 한국의 대기업이 이끄는 주력산업과 겹쳐지는 부분으로 중국 내수시장 뿐만 아니라 세계시장에서의 경쟁이 불가피해지고 있다. 특히 중국이 급성장한 가전, 컴퓨터, 휴대폰 등의 전기전자 분야에서 경쟁이 더욱 치열한데, 한국은 서구 일본과 중국 사이에서 선전을 펼치고 있는 상태다. 시장 점유 상황만을 놓고 보면, 중국이 중저가 시장을 압도하고 있는 가운데, 한국은 표적시장이 유사한 서구 일본과 경쟁관계에 놓여 있다고 할 것이다. 그렇지만 지속적인 기술향상으로 중국제품은 품질이 우수하면서도 가격이 합리적이라는 브랜드 이미지가 구축되면서 한국제품의 차별성이 갈수록 약해지고 있는 실정이다. 한국은 고급제품을 개발하여 브랜드 이미지를 높여나가든지 아니면 중국기업과의 합작을 통해 실용시장을 개척하는 등 차별화된 포지셔닝을 구축해야 하는 압박에 직면해 있다.

하지만 이러한 압박 속에서도 한국의 중국 투자는 지속적으로 증가하는 추세에 있다. 중국 내부의 글로벌 분업시스템이 고도화되면서 압박과 아울러 새로운 성장의 기회가 창출되고 있기 때문이다. 현재 중국을 최종 조립생산기지로 활용하는 세계적 제조업체들의 수가 급증함에 따라 이들에게 원자재 및 부품소재를 공급하는 기업의 수요가 늘어나고 있는 상태다. 특히 중국이 아직 따라오지 못한 전자통신, 자동차, 석유화학 등 자본 기술집약적인 산업분야의 매출이 늘어나고 있는데, 한국이 글로벌 분업시스템에서 상위공정에 위치할 수 있도록 기술개발을 지속한다면 압박이 오히려 성장 동기로 작용할 수 있을 전망이다.

또 새롭게 열린 진출방식 중의 하나가 WTO 가입 이후 개방되기 시작한 중국 유통 서비스 시장을 개척하는 일이다. 하지만 현재 한국의 투자 현황을 보면 제조업이 80% 이상을 차지하고 있고 유통 서비스 분야는 10%에도 미치지 못하는 실정이다. 이것은 브랜드 파워를 지니고 있는 대기업의 경우 내수시장에 접근하기가 용이하지만, 그렇지 않은 대부분의 중소기업은 내수시장을 개척하는 일이 매우 어려울 뿐 아니라 이미 선점하고 있는 중국기업과의 경쟁이 커다란 부담으로 작용하고 있기 때문이다. 아울러 이러한 현상은 한국의 서비스산업 수준이 이미 세계적 수준에 올라와있는 제조업과 달리 전반적으로 떨어지고 있다는 점과도 밀착되어 있다. 따라서 중국 내수시장 개척을 위해선 무엇보다 한국기업의 브랜드 파워를 높이는 일과 테스팅 마켓으로서 한국의 서비스 산업의 고도화가 선행되어야 할 것이다.

이러한 상황으로 볼 때 한국이 부품소재 산업의 기술력을 향상시키고 서비스산업의 수준을 선진화하는 등의 과정을 통해 글로벌 분업시스템의 상위단계의 위치를 지켜나간다면, 중국의 비즈니스 환경의 변화가 오히려 한국에게는 새로운 성장기회로 작용할 수 있을 전망이다. 이것이 바로 주식회사 글로벌 차이나의 대주주로서 한국이 자신의 지분을 넓히는 길이 될 것이다.

중국의 현 단계와 고민

중국이 개혁개방 초기 낙후한 촌락에서 전 세계 대표기업들이 모여들어 경제올림픽을 벌이는 공간으로 상전벽해한 것은, 중국 내부의 개혁과 아울러 화교 네트워크, 미국, 유럽, 일본, 한국 등 외국의 자본과 기술 그리고 인력이 있었기에 가능한 일이었다. 중국은 개방과 세계화의 이점을 성장의 동력으로 활용함으로써 전 세계 유례없는 급성장을 이룩할 수 있었던 것이다.

그런데 한국을 비롯한 세계에서 중국의 급성장을 찬탄하는 것과 달리, 중국 내부에서는 오히려 이러한 평가를 조심스럽게 받아들이고 있다. 중국이 진정한 의미의 세계의 공장이나 시장이 되기에는 아직 부족한 점이 많다는 것이다. 이는 물론 중국이 과대평가되어 세계의 견제를 받는 것에 대해 경계하는 측면도 있겠지만, 중국의 급성장 속에 내포되어 있는 '위기'를 직시하는 시선이기도 하다. 중국의 급성장 가운데 세계가 가장 경이롭게 생각하는 첨단산업을 통해 그 속사정을 한번 들여다보자.

중국의 첨단산업 중에서 가장 괄목할 만한 성과를 거두고 있는 부문은 컴퓨터다. 겉으로 보면 컴퓨터는 전자산업 총 수출 가운데 약 40%를 차지하고 있고, 외국기업과 치열한 경쟁을 펼치고 있는 내수시장에서도 중국기업 렌상(레노버)이 점유율 1위를 기록하고 있다. 그러나 중국은 컴퓨터 생산량은 세계적이지만 그 생산방식은 아직 부품 조립의 단계에 머물러 진정한 의미의 컴퓨터 강국이라고 부르기는 힘들다. 즉 대만기업이 생산한 부속품과, 인텔 등 서구기업에서 수입한 CPU, 한국기업에서 생산한 모니터 등을 최종 조립하여 생산하는 역할을 중국기업이 담당한다는 것이다. 그래서 저가공세를 통해 시장 점유율을 높인다 하더라도, 결국 고급부품의 구입비용을 제외하고나면 수익성이 낮게 나타날 수밖에 없다. 또한 수출방면에 있어서도 외국기업이 90% 이상을 차지하고 있어서 중국기업의 활약은 거의 미미한 실정이다.

렌상과 아울러 세계 500대 기업 브랜드에 선정된 하이얼의 경우도

중국의 컴퓨터 생산량은 세계적이지만 생산방식은 부품 조립의 단계에 머물러 있고, 내수시장은 중국기업 롄상이 1위를 점유하고 있지만 수출은 외국기업이 90% 이상을 차지해 진정한 의미의 컴퓨터 강국이라고 부르기는 힘들다.

마찬가지다. 중국 내에서 차별화된 브랜드 이미지와 최고의 매출 신장세를 기록하고 있지만, 90년대 중반 이후 가전제품의 소비가격이 매년 하락하여 수익성이 점점 떨어지고 있다. 또 수출 부문에 있어서도 우리는 하이얼이 세계시장을 석권한 기업으로 생각하고 있지만, 실제로 수출이 차지하는 비중은 2002년 5.2%, 2003년 6.1%, 2004년 8.3% 정도로 아직 낮은 수준에 머물러 있다. 결국 하이얼이 매출액 면에서 세계적 대기업 반열에 오른 것은 높은 수익성이나 수출 덕분이 아니라, 중저가의 가격과 대량생산을 통해 중국 내수시장을 선점한 데서 비롯된 결과라고 해야 할 것이다.

휴대폰의 경우에도 유사한 현상이 벌어지고 있다. 노키아, 모토롤라, 삼성 등 외국기업이 주도하고 있던 휴대폰 시장은, 후발주자로서 뛰어든 중국의 버드, TCL, 아모이 등의 기업이 급성장하면서 전 세계 휴대폰의 80% 정도를 생산하고 있다. 그러나 컴퓨터와 마찬가지로 부품의 조립생산 단계에 머물러 있어서 고부가가치를 얻고 있지 못하며, 60여 개의 기업이 과잉생산과 치열한 가격경쟁을 벌임에 따라 향후 20~30%의 기업이 퇴출될 것이라는 예상이다. 또한 중국기업은 내수시장에 집중되어 있어서 수출은 거의 외국기업에 의해 이루어지고 있는 형편이다.

중국이 차세대 성장산업으로 집중육성하고 있는 반도체의 경우는, 상하이의 반도체 하청제조공장인 SMIC가 2001년 생산을 시작한 이래 불과 4년 만에 세계 3대 규모의 업체로 성장하였다. SMIC 이외에 화홍, NEC, 홍리 등 300여 개의 각종 반도체 공정업체가 활약하고 있는데, 서구가 40년 걸린 성과를 단 4년 만에 이룩했다는 평가를 듣고 있다. 하지만 그 속도에 비해 중국의 반도체산업은 조립과 테스트를 전문으로 하는 과정에 놓여 있으며, 자급률도 20% 이하인 것으로 추정된다. 이 점이 바로 중국기업 가운데 아직 삼성, 모토롤라, NEC와 같은 종합 반도체 회사가 출현하지 못하고, 기술력이 선진 반도체산업의 하위공정을 담당하고 있는 이유이다.

이렇게 볼 때, 중국은 선진기술의 모방과 중저가제품의 대량생산 그리고 내수시장 점유를 통해 급성장을 이루었지만, 중국의 산업수준은 아직 선진기업의 부품을 가공 조립하거나 첨단기술의 하위공정을 담당하는 단계라고 할 것이다. 중국이 아직 진정한 의미의 세계의 공장에 도달하지 못했다는 내부의 목소리처럼, 중국의 현 단계는 글로벌 분업시스템의 중심이 아닌 하위공정의 역할을 수행하고 있으며, 수출 역시 첨단산업 부문에서는 외국기업이 차지하는 비중이 매우 높은 상황이다.

현재 중국의 고민은 여기에 와 있다. 지금까지는 후발주자로서의 생산여건 덕분에 경이적인 성장속도를 기록할 수 있었지만, 앞으로 어떻게 글로벌 분업시스템의 하위공정에서 탈피하여 선진적인 기술과 브랜드를 개발할 것인지, 이것이 중국의 최대고민이다. 그래서 중국은 새로운 성장단계로 진입하기 위하여 무엇보다 전문인재의 양성을 우선하고 있다.

개혁개방 초기부터 중국은 전문인재를 양성하기 위하여 해외에 유학생들을 파견하였다. 과거 러시아 일변도'에서 벗어나 미국과 유럽, 일본, 호주 등 선진 자본주의 국가로의 유학을 선호하고 있으며, 최근 한중관계가 급속히 진전됨에 따라 한국으로 유학을 오는 학생들도 늘어나고 있다. 최근까지 70만 명이 넘는 이들이 유학을 떠났으며 그중 20만 명 이상이 귀국한 상태이다. 귀국한 유학생들을 중국어로 '하이구이(海歸)'라고 부르는데, '하이구이(海龜)'와 발음이 같아 '바다거북이'라는 별명으로 불리기도 한다.

중국 유학생의 대부분은 이공계와 경상계열에서 실용적인 전공을 공부하고 있다. 우수한 명문대 학생일수록 1학년 때부터 해외 유학을 결정하여 대학수업보다는 토플이나 GMAT 등의 시험 준비를 하는 과열현상이 벌어질 정도다. 이러한 유학열풍은 상대적으로 낮은 교육수준에서 비롯된 것이기도 하지만, 글로벌 국가로 성장하기 위한 중국의 장기적 인재 양성 정책이 투영된 결과라고 할 수 있다.

이들 유학파들은 세계 각국에서 배운 선진적인 기술과 경영능력을 바탕으로 현재 각 방면의 개혁주체로 활약하고 있다. 대학의 경우 한국보다 훨씬 빠른 속도로 교육개혁을 진행하고 있는데 그 중심에 서 있는 총장의 78%가 유학생 출신이다. 그들은 세계 인류대학으로의 도약을 목표로, 대학 통폐합과 중점대학 육성, 대학 및 교수 평가제, 산학연계 시스템과 대학기업 육성 등 획기적인 구조조정을 단행하여, 글로벌 인재 양성을 위한 교육환경을 조성하고 있다.

또 외국대학과 '중외합자 스쿨'을 설립하여 중국에서 선진적인 교육을 직접 받을 수 있는 기회를 제공하고 있다. 중외합자 스쿨에서는 외국의 저명한 교수를 파격적인 대우로 초빙하여, 유학을 하지 않더라도 글로벌 학문을 배울 수 있는 환경을 마련하고 있다. 그중 가장 많이 설립된 것이 MBA 과정인데, 현재 중국에는 상하이의 CEIBS(中歐國際工商學院), 북경대 광화관리학원, 칭화대 경제관리학원과 같이 국제화된 MBA 스쿨이 약 90여 개에 달한다. 매년 2만 명의 경영전문가가 배출되어 정부, 기업, 금융 등 각 방면에서 글로벌 경영을 실천하고 있는 셈이다.

중국은 특히 IT 관련 분야의 유학생들이 창업할 수 있도록 '유학생 창업센터'를 설립하여, 금융, 세제, 주택, 교육 등 파격적인 혜택을 제공하고 있다. 이로 인해 외국의 회사에서 활약하고 있는 우수한 연구자나 대학을 졸업한 석·박사 전공자들이 귀국하여 벤처기업을 창업하는 움직임이 활발해지고 있다. 이들에게 3년간 영업세와 소득세를 면제하고 소비세를 감면하는 등의 지원정책이 실시되어, 이미 수많은 기업이 창업하여 실적을 올리고 있다. 중국 대학을 방문해보면, 한국의 대학주변에 유흥시설이 가득한 것과 달리, 대학과 학생들이 창립한 기업, 연구소 등이 주변을 둘러싸고 있는 풍경을 목도할 수 있는데, 이러한 인재 양성 정책의 성과라고 할 것이다.

현재 중국은 글로벌 분업시스템의 하위단계에 머물러 있고 선진 자본주의 국가들이 상위단계를 차지하고 있지만, 이러한 전문인재들이 풍부하게 양성됨에 따라 현 단계를 넘어설 가능성이 무한하다고 할 것이다. 또 중국은 신속한 기술발전을 위해 직접 외국의 선진기업을 인수 합병하여 기술이전을 촉진하는 등 새로운 정책을 사용하고 있는데, 무엇보다 전 세계인들이 참여하는 경제올림픽을 통해 선진적인 기술과 경영능력을 지속적으로 배워나갈 수 있는 글로벌 환경이 있다는 것이 중국의 최고 가능성이라고 할 수 있다.

제5장

5

세계화의 그늘

어느 세계인들의 저녁식사

　필자는 2001년 한 해 동안 베이징의 모 대학에 머물 기회가 있었다. 주지하듯이 2001년은 중국의 숙원이었던 2008년 올림픽 유치, 월드컵 본선 진출, WTO 가입 등 국가적인 과업이 동시에 완수되는 한 해였다. 역사적인 사건에 대한 실감이라는 차원에서 볼 때 그러한 기념비적인 시간에 현장에 있었다는 것 자체가 필자로서는 굉장한 행운이었다. 그러나 개인적으로 볼 때 그 무엇보다도 소중한 체험은 베이징에서 만난 세계의 '민간인' 친구들과의 대화의 시간이었다.

　중국의 대학에서는 한국에 비해 세계인들을 접촉할 수 있는 기회가 비교적 풍부한 편이다. 이것은 '21세기는 중국의 세기'라는 말을 공감이라도 하듯 전 세계에서 교환학생(교수) 및 어학 연수생들이 몰려들어 대학 캠퍼스가 국제적 공간으로 기능하고 있기 때문이다. 중국 대학의 이러한 성격으로 인해 캠퍼스 곳곳에서 세계인들이 모여 사는 일상과 그 문화에 대한 풍경들을 쉽게 목도할 수 있다. 그러나 이러한 객관적인 측면 이외에 세계인들과의 접촉이 용이한 다른 요인을 꼽으라면 필자는 주저 없이 중국인과 외국인의 숙소를 분리하는 중국 대학의 특수성을 들 것이다.

사실 누구나 유학을 갈 때는 그 나라 친구들과 함께 거주하는 일상 생활을 통해 그 나라 및 국민에 대해 실감할 수 있기를 바랄 것이다. 하지만 외국인만의 거주공간이 만들어져 있는 중국 대학에서는 그러한 평범한 희망을 실현하기가 쉽지 않으며 그 대신 외국인과 접촉할 수 있는 기회가 주어져 있다고 할 만하다. 물론 그 가운데는 적극적으로 제한된 환경을 탈피하여 중국인 속으로 들어가는 이들도 있지만 정상적인(?) 생활을 하는 경우라면 대체로 분리된 공간에 서서히 익숙해지며 이러한 일상이 주는 곤혹스런 즐거움을 향유해 나가게 된다.

필자에게 이러한 즐거움은 무료함의 형식으로 다가왔다. 이것은 학위취득과 같은 부담감이 없는데다가 한국의 삶의 속도와 다른 중국의 느린 일상 덕분이었다. 주로 저녁 무렵에 이러한 무료함이 밀려왔으며 그럴 때마다 대학 안에 있는 중국인이 운영하는 식당에 가곤 했다. 이러한 일이 지속되면서 중국인 사장과 절친한 사이가 되었고 비슷한 처지에 놓여 있는 이들이 하나둘 모여들어 종종 '세계인들의 저녁식사'를 연출하기도 했다.

우리는 이러한 자리를 통해 자신이 중국에 온 이유나 중국에 관한 제반 문제를 토론했을 뿐만 아니라 나아가 상대방의 국가 및 역사 문화에 대해 관심을 가지게 되었다. 그러나 대화를 거듭할수록 우리들의 관심 영역은 글로벌적이지만 서로를 바라보는 눈이 소통적이지 못하여 쉽게 '문명충돌'에 빠지게 되었다. 이러한 현상은 소위 동양인과 서양인 사이에서만 벌어진 것은 아니었다. 동양인으로서 중국, 일본, 한국의 친구들 사이에서도 어떠한 문화적 동질성보다는 현실적인 이질감을 발견할 수 있었고, 서양인으로서 미국과 유럽의 친구들 사이에서도 미묘한 대립감을 느낄 수 있었다(다른 국가의 친구들도 이 자리에 참가하였다면 상호 낯설음이 더욱 심해졌을 것이다). 특히 역사문제가 현안이 될 때는 갈등이 더욱 고조되었다.

가령 일본의 교과서 문제가 불거져 나왔을 때 중국인 친구와 일본인 친구 사이에 남경사변 문제로 논쟁이 붙은 적이 있었다. 중국인 친구는 30만 명 민간인 학살설을 근거로 일본의 비인간적 행위에 분노했으며 일본인 친구는 그러한 학살설은 중국이 유포한 허위적 사실이며 일본은 서구 제국주의 지배로부터 중국을 구원하기 위한 행위를 한 것이라고 반박하였다. 동일한 사건을 바라보는 시각이 왜 이렇게 상이한지에 대해 당황하면서도 서로 상대의 논리를 이해하기에 앞서 자기 논리를 감정적으로 웅변하였다. 이러한 분쟁 속에서 우리들은 돌연 국경을 초월한 친구 사이에서 자국의 입장을 호소하는 대변인으로 변모하였으며, 그간 쌓아온 세계인으로서의 우정보다는 국민으로서의 의무감에 더욱 충실하게 되었다. 이러한 사건을 겪고 나면서 서로를 바라보는 눈이 편치 않았으며 가급적 충돌이 될 만한 문제들은 끄집어내지 않았다. 그리고 하나둘씩 귀국함에 따라 우리들의 저녁식사는 이렇게 파장을 고하고 말았다.

우리들의 저녁식사는 축제로 끝나지는 못했지만 국제관계의 현실이 어떠한지를 사고할 수 있는 소중한 경험이 되었다. 우리들 사이에는 저녁식사만으로 해결할 수 없는, 상호이해를 방해하는 거대한 '장벽'이 가로놓여 있었다. 우리들은 상대 국가와 민족에 대한 지식이 편협했을 뿐만 아니라 자국의 일상생활 속에서 이미 형성된 '눈'을 통해 상대를 바라보고 있었다. 우리는 이 시대를 세계화·정보화 시대라고 부르지만 역사적으로 볼 때 개별 국가와 민족 사이에는 상호이해와 연대의 경험이 부족한 실정이었으며, 이러한 사회적 조건이 우리의 눈을 국가 속에 가두어놓고 말았던 것이다. 이러한 자국 중심주의적인 눈은 경제적 세계화만으로 해소될 수 없었으며 오히려 자국의 현재적 관심에 따라 새로운 방식으로 끊임없이 재생산되고 있었다.

이러한 측면에서 볼 때 우리들의 '문명충돌'은 국가 사이의 관계가 민간사회에서 어떻게 나타날 수 있는가를 보여주는 일례라고 할 수 있다. 우리들의 저녁식사는 우리 내부의 '눈'과 이러한 '눈'을 재생산하는 국가적·문화적 장치들에 대한 반성 없이는 다양성과 차이가 공존하는 진정한 의미의 세계화가 이루어질 수 없다는 사실을 일깨워 주었다. 당시에 우리들은 그저 '난쟁이의 눈을 지닌 거인'일 뿐이었다.

세계를 보는 눈

인간은 순수한 자신의 생각과 감정에 따라 사물을 바라보는 것 같지만, 사실은 인간의 의식에 앞서 존재하는 어떠한 선입견에 지배당하는 경우가 많다. 어쩌면 인간이 만들어가는 역사 속에서 살아가는 이상 이것은 불가피한 일인지도 모른다. 그러나 사물을 공정하게 바라보며 소통적 관계를 만들기 위해서는 이러한 선입견을 바로잡아나가는 일이 필수적이다.

가령 지도가 객관적인 지리를 표시하는 것 같지만 사실은 그 속에 세계를 바라보는 '눈'이 개입되어 있어서 그에 따라 세계를 재구성한다. 그 눈 속에는 세계를 자기중심적으로 해석하고 싶은 욕망이 감추어져 있는 것이다. 자신의 지도에 익숙한 이들은 지구가 둥글다는 사실을 잊고, 자신이 서 있는 곳이 세계의 중심이며 타인의 공간은 중심에서 떨어져 있는 주변부라고 생각하기 십상이다. 단순한 시각상의 차이에서 그런 것이라면 별 문제가 되지 않을 수 있지만, 실제 세계가 그렇게 이루어져 있다고 상상하며 타인에게 우월자로서 자신의 입장을 강요하는 경우라면 문제는 달라지지 않을까?

세계인 사이를 가로막고 있는 이러한 선입견 가운데 가장 먼저 걷어내야 할 것이 바로 동양과 서양을 이분법적으로 대비하며 서양 중심적으로 사유하는 방식이다. 한국과 중국이 소속되어 있는 동양, 한국이 IT산업 세계 최강국으로 성장하고 있고 중국이 세계의 시장으로 급부상하고 있는 오늘날에도, 대학 신입생을 대상으로 동양과 서양에 대한 이미지를 조사해보면, 본인들조차 의아해하는 결과가 나오고 있다.

서양을 생각할 때 떠오르는 이미지는 합리, 과학, 민주, 평등, 진보, 이성 등과 연관된 문명적이고 근대적인 것인 반면, 동양을 생각할 때 떠오르는 이미지는 형식, 미신, 허위, 권위, 보수, 감정 등과 연관된 야만적이고 전근대적인 것이기 때문이다. 서양과 동양을 문명/야만, 근대/전근대의 눈으로 차별화하는 관념은 본래 서양이 세계의 무대에 등장하여 동양을 식민화하는 과정에서 만든 서양 중심적인 사유방식이다. 소위 오리엔탈리즘[19]이라 불리는 이 관념은 동양에 대한 식민 지배

---

19 오리엔탈리즘(Orientalism)은 동양을 바라보는 서구인들의 시각을 가리키는 말로, 에드워드 사이드에 의해 현 시대의 중요한 저항담론으로 떠올랐다. 오리엔탈리즘은 서구 중심의 보편주의에 따라 서구는 우수하고 비서구는 열등하다는 논리를 이데올로기화하여 동양을 열등한 타자로 본다. 동양인들을 모두 게으르고 수동적이고 감각적이고 비논리적으로 보는 이러한 관점은 동양이 서구의 지배를 받아 마땅하다는 논리를 함축하고 있다. 사이드의 오리엔탈리즘은 1980년대 후반 들어 포스트식민주의라는 좀더 체계적인 이론으로 확대 발전되어, 오늘날 포스트식민주의 이론을 지원하는 가장 통찰력 있는 이론이 되었다.

를 문명국가인 서양이 야만국가인 동양을 문명화시키는 행위로 미화하기 위한 것이었다.

서구적 가치가 동양사회를 지배해나감에 따라 오리엔탈리즘은 서양 내부를 넘어, 동양인 스스로도 진보하기 위해서는 서양을 뒤따라야 한다는 생각을 지니게 만들었다. 한국사회의 경우에도 근대 자본주의 세계에 편입된 이래 지금의 글로벌 시대에 이르기까지 서구사회를 발전모델로 삼는 경향이 지배적이었다. 특히 정부의 근대화 정책이나 방송매체의 서구적 콘텐츠와 광고, 일상생활의 서구화, 서구 중심주의적 시각에서 서술된 교과서, 영어의 위력과 서구사회로의 유학 선호도 등 현실적이고 유력한 경로를 통해, 한국인의 내면에도 이미 오리엔탈리즘이 깊숙이 뿌리박혀 있다고 할 것이다.

근대화 콤플렉스에 시달렸던 기성세대의 경우는 충분히 개연성이 있는 일이지만, 풍요의 시대에 태어나 21세기를 꿈꾸는 젊은 영혼 안에, 18세기에 만들어진 유령이 달라붙어 있다는 것은 실로 충격적인 일이 아닐 수 없다. 물론 이는 한국사회에 서구적 가치가 압도적 지위를 차지하고 있다는 점을 반증하는 현상이다. 하지만 세계의 흐름이 아시아 지역을 향해 다가오는 이 시점에서, 서양인들에게 주눅들지 않는 당당한 주체로 성장하기 위해선, 오리엔탈리즘에 오염되지 않은 세계사의 실정을 새롭게 인식할 필요가 있을 것이다.

세계의 중심에 서양이 있었는가

1992년에 거행된 제25회 올림픽을 개최하기 위하여 유럽 국가들이 치열한 각축전을 벌인 적이 있었다. 일반적인 올림픽 개최의 영예를 넘어 무언가 유럽 국가들 사이의 자존심 싸움을 하는 듯했다. 도대체 1992년이 유럽인들에게 어떠한 의미가 있기에 양보할 수 없는 한판 승부를 벌인 것인가? 그 답은 콜럼버스가 쥐고 있었다. 1992년은 바로 신대륙을 발견한 콜럼버스의 항해 500주년이 되는 해이기 때문이다. 유럽인들은 1492년을 근대 유럽의 서막을 열어 세계의 리더로 도약하는 기념비적인 해로 인식한다. 그래서 그들에게는 500주년 기념 올림픽을 개최한다는 사실 자체가 무한한 영광이었던 것이다. 올림푸스의 신은 '무적함대' 스페인 바로셀로나의 손을 들어주었다.

콜럼버스의 대항해 이후 포르투갈, 스페인, 네덜란드, 영국 등의 유럽 국가들이 경쟁적으로 동양을 향해 항해를 시작하였다. 그즈음 동양에서는 어떠한 일들이 벌어지고 있었던 것일까? 영국의 소설가 다니엘 디포가 1719년에 발표한 소설 『로빈슨 크루소』에서는, 무인도를 표류하다 빠져나온 로빈슨 크루소가 다시 아시아로 항해하는 도중 중국을 방문했을 때, 전제군주가 통치하는 낙후되고 야만적인 곳으로 중국을 묘사하고 있는데[20], 과연 그러한 상태에 빠져 있었던 것일까?

지금은 IT산업이 세계경제의 중심에 서 있지만 당시는 인도산 후추, 동남아산 향료 그리고 중국산 도자기와 비단이 세계 문명을 이끌어가는 선진적인 상품이었다. 특히 고기를 주식으로 하는 유럽인들에게

---

20 『로빈슨 크루소』는 2부로 구성되어 있는데, 1부는 로빈슨 크루소가 항해를 하다 무인도에 표류하여 모험을 벌이는 이야기를 쓴 것이고, 2부는 무인도에서 탈출한 로빈슨 크루소가 다시 아시아로 항해를 시작하여 인도, 동남아, 중국, 러시아를 거쳐 유럽으로 귀향하는 이야기를 쓴 것이다. 한국에 소개된 『로빈슨 크루소』는 주로 1부의 이야기만을 번역한 것이며, 만화 영화로 만들어진 『로빈슨 크루소』 역시 무인도의 모험 이야기만을 다루고 있다. 그래서 『로빈슨 크루소』 2부에서 동양을 방문한 주인공이 서양 중심적인 시각으로 중국을 비하하는 이야기에 대해서는 잘 알려져 있지 않다.

후추와 향료는 고기의 신선도와 장기 보관을 가능하게 해주었을 뿐 아니라 원산지 가격에 비해 엄청난 무역 수익을 올릴 수 있는 인기 상품이었다. 그런데 이 상품들은 주로 동양으로부터 직수입 루트인 중동 지역과 지중해를 장악하고 있는 이슬람 및 베네치아 상인들이 독점적으로 수입하여 고가에 판매되고 있었다.

황금알을 낳는 동양 무역으로부터 소외된 유럽 국가들은 재정난에 시달리며 동양으로 가는 새로운 루트를 모색했는데, 그곳이 바로 아프리카 희망봉을 에둘러 동양으로 가는 길이었다. 콜럼버스의 항해 목적도 실제로는 인도로 가기 위해서였지만 역풍을 만나 뜻하지 않게 아메리카 대륙으로 향한 것이었다. 마침내 1498년 바스코 다 가마 원정대가 이 루트를 통해 인도 캘커타에 도착함으로써 유럽 국가들이 이슬람의 장벽에서 벗어나 독자적으로 동양과 교역할 수 있는 길을 찾게 된 것이다. 이후 소위 '대항해의 시대', '발견의 시대'가 열리면서 서양의 선박들이 앞다투어 아시아의 바다에 출몰하였다.

그러나 '대항해의 시대'라는 말은 서양의 입장에서 사용한 것에 불과하다. 왜냐하면 포르투갈의 카라벨라선이나 스페인의 갤리선이 동양에 오기 훨씬 전부터 이슬람의 다우선과 중국의 정크선이 동양의 바다를 횡단하고 있었기 때문이다. '발견의 시대'란 말도 마찬가지다. 서양인들이 발견하기 전에 이미 이곳은 동양인들 사이에 해상무역 네트워크를 형성한 친숙한 공간이었기 때문이다. 시간적으로 볼 때 서양은 아시아의 바다에 후발주자로서 링크되었을 따름이었다.

2장 「중국, 근대 이전 세계 무역의 중심」에서 세계 해상무역에서 중국이 수행한 중심적 역할에 대해 살펴보았으므로, 여기서는 중국 이외의 참여자인 이슬람, 인도, 동남아, 일본, 한국을 중심으로 오리엔탈리즘에 의해 가려진 그들의 역사적 활동에 대해 살펴볼 것이다.

신드바드와 이슬람의 바다

어린 시절 누구나 한 번은 「신드바드의 모험」에 관한 책이나 만화영화를 보고 바다를 동경해 본 적이 있을 것이다. 이 이야기는 『아라비안나이트』 가운데 가장 유명한 것으로, 8세기 무렵 바그다드의 상인인 신드바드가 동양의 진귀한 보물을 찾아 인도양을 항해하다 무인도와 여러 섬에서 고초를 겪지만 결국 사란디브(스리랑카)에서 보석과 상아를 입수하여 대부호가 된다는 내용이다. 이야기 전체가 단순한 허구가 아니며 당시의 항해 체험과 이슬람 세계의 환상이 결합되어 있어서 한층 흥미를 자아낸다.

이야기 구조상으로 볼 때, 8세기 이야기인 「신드바드의 모험」은 주인공이 동양으로 항해하는 과정에서 고난을 겪다가 결국 동양에 도착하여 뜻을 이룬다는 측면에서, 18세기 작품인 『로빈슨 크루소』와 매우 유사하다. 이는 『로빈슨 크루소』가 아시아의 바다가 서양의 '호수'로 변해가는 시점에서 그 항해 경험을 바탕으로 쓰여진 것이며, 「신드바드의 모험」은 이슬람이 바닷길을 통해 아시아의 물류를 중추적으로 운송하던 시절의 경험에 근간한 것이기 때문이다. 다만 동양을 바라보는 시각에 있어서, 『로빈슨 크루소』가 기독교문명론과 오리엔탈리즘에 의해 야만적인 곳으로 묘사하는데 반해, 「신드바드의 모험」은 문화적 관용의 입장에서 진귀한 보물이 있는 환상적인 곳으로 인식하는 차이가 있다.

이슬람은 7세기경 무함마드가 이슬람교를 창시하여 분열되어 있던 중동 지역을 통합하면서 그 세력이 확장되었다. 이슬람은 상업 활동과 장거리 무역을 중시하여 중국이 장악하고 있던 실크로드 무역의 주도권을 빼앗고 동서교역의 새로운 주체로 등장하였다. 또한 내륙의 실크로드뿐만 아니라 바다에도 진출하여 8세기 중엽 세계 해상무역을 가능케 한 바닷길을 개척하였다. 이슬람이 진출하기 이전 해상무역은 지중해, 중동, 인도양, 동남아, 중국, 일본, 한국에 이르는 바닷길이 국지적으로 연결되어 있어서 지역 간의 단거리 무역만이 이루어지고 있었다. 그러나 이슬람 선박에 의해 흩어져 있던 바닷길이 하나의 해상 네트워크로 통합됨으로써 전 세계적인 해상무역이 비로소 가능해졌던 것이다.

하지만 처음부터 이슬람 상선들이 장거리 항해를 할 수 있었던 것은 아니었다. 초기에 그들은 인도 말라바르 해안의 케랄라와 스리랑카, 말라카와 수마트라 해안, 베트남의 참파 등에 근거지를 세우고 각 지역을 오가며 단거리 중계무역을 하였다. 8세기 중엽 역풍에도 전진할 수 있는 삼각돛을 단 다우선을 만들고 항해의 경험과 지리 정보가 축적되면서, 비로소 중동에서 중국에 이르는 아시아의 바다를 횡단할 수 있었다. 이슬람 상인들은 이러한 장거리 해상무역을 통해 비잔틴 제국의 콘스탄티노플—이슬람 제국의 바그다드—중화제국의 장안 간에 선진적인 문명을 동시적으로 유통시키는 가교 역할을 수행할 수 있었다.

이슬람 상인들은 페르시아 만의 시라프 항에서 보석, 양탄자, 유리, 유황 등을 실은 다우선을 타고, 인도와 동남아시아에서 향료무역을 하고, 중국의 광주, 천주, 복주, 양주 등의 항구에 도착하여 싣고 온 상품을 판매한 후, 다시 중국의 도자기, 실크 등을 구입하여 동남아, 인도, 중동 및 아프리카, 지중해에 공급하였다. 이들의 상권은 한국과 일본에까지 이르러 주로 귀족들의 사치품을 판매하였다. 가령 〈해신〉이나 〈연개소문〉처럼 이 시대를 배경으로 하는 영화나 드라마를 보면, 대식국·파사국 등에서 온 상인들과 교역하는 장면이나 귀부인들이 산호, 호박, 진주 등의 보석을 치장하고 있는 장면이 종종 등장하는데, 이것은 이슬람 상인의 해상활동 덕분에 가능한 일이었다.

송원대에 중국이 해양제국으로 나아갈 수 있었던 것도 이슬람의 선진적인 조선술과 항해술이 밑받침되었기 때문이며, 포수경처럼 중국에 정착한 이슬람 상인들은 해상무역을 관장하는 책임자로 임명되어 중국이 해상제국으로 성장하는 데 중요한 역할을 수행하였다. 그리고 유럽의 경우에도 르네상스를 꽃피울 수 있었던 것은 이슬람의 인문학, 자연과학, 천문학, 의학 등이 전파되어 그리스 로마의 고전을 업그레이드할 수 있는 선진학문으로 기능했기 때문이다.

하지만 유럽의 입장에서 이슬람 세력은 아시아와 직접 교역할 수 있는 출로를 막아 유럽을 고가의 상품 수입국으로 전락하게 만드는 장벽이었다. 경제적 차원에서 볼 때 이 문제가 바로 기독교 세력이 이슬람 세력과 '문명충돌'을 벌이는 진원지라 할 것이다. 사실 기독교와 이슬람교는 모두 아브라함을 역사적인 뿌리로 공유하고 있으며, 예수와 무함마드가 아브라함의 아들 이삭, 이스마엘과 각각 깊은 관계를 지닌다는 면에서 '형제 종교'라 부를 수도 있다. 물론 삼위일체성과 유일성 사이의 근본적인 대립이 존재하기는 하지만 다른 종교에 비한다면 교리상의 유사성이 더 많다고 해야 할 것이다. 그럼에도 불구하고 십자군 전쟁과 같은 종교적인 갈등이 생긴 것은 아시아 무역의 주도권 싸움이 지속되었기 때문이다.

서구적 가치가 세계를 지배하고 있는 지금, 이슬람이라고 하면

'9 · 11 테러'를 일으킨 폭력적인 광신교 집단이나 '불량국가'라는 이미지가 압도적이지만, 그것은 어디까지나 서구사회의 시각에서 규정된 편견[21]일 뿐이다. 세계 문명교류사의 측면에서 볼 때 이슬람은 분명 근대 이전 동서양의 선진적인 문물을 유통시켜 새로운 문명을 창조하는데 지대한 공헌을 한 세력이었던 것이다.

후추의 바다, 인도양

영국의 여왕 엘리자베스 1세(1533~1603년)가 셰익스피어를 인도와 바꾸지 않겠다고 한 유명한 말을 기억할 것이다. 대개 우리는 이 말이 영국의 문화적 자부심을 드러내는 명언으로 알고 있다. 하지만 무적함대 스페인을 격파하고 아시아 무역과 식민지 건설의 주도권을 차지하는 시점에서 나왔다는 사실을 안다면, 아마도 그 순수성이 의심스러워질 것이다. 엘리자베스 이후 영국은 1612년 인도 수라트에 동인도회사를 설치하고 1757년 프랑스와의 전쟁에서 승리하여 결국 인도를 자신의 식민지로 만들어버렸다.

---

21 이슬람 문화에는 다른 대부분의 문화와는 달리 고정된 사회적 위계질서가 없어서, 열심히 그리고 독창적으로 일을 하는 사람들은 그 노력에 합당한 보상을 받게 된다. 또 이슬람 문화는 예언자 무함마드 자신이 상인 출신이었듯이 공업이나 상업 활동을 경멸하지 않는다. 이슬람은 상인의 종교이다 보니 계약에 대해 매우 진보적인 견해를 가지고 있다. 심지어 결혼식에서도 결혼 계약서에 서명을 하는 절차가 있다. 이런 경향은 법치주의를 장려한다. 실제 이슬람 국가들의 판사 양성의 역사는 기독교 국가들보다 수백 년이나 앞선다. 이슬람 국가에서는 또 합리적인 사고와 학습을 강조한다. 예언자 무함마드는 "학자의 잉크는 순교자의 피보다 더 신성하다."라는 유명한 말을 남겼다. 덕분에 아랍 세계는 한때 수학, 과학, 의학 분야에서 세계를 선도했다. 우리의 생각과 달리 현대 이전의 이슬람 사회는 대부분 기독교 사회보다 훨씬 관대했다고 평가된다.

인도라고 하면 보통 카스트 제도의 폐쇄성과 아울러 구도의 나라라는 양면적인 이미지가 떠오르지만, 이것은 영국이 식민 지배의 정당성을 위해 만들어낸 박제화된 인도에 불과하다. 영국의 수탈을 받지 않은 19세기 이전만 하더라도 인도는 전 세계 상인들이 참여하는 향료무역의 중심지였을 뿐 아니라, 면직물 생산에 있어서는 세계 최고의 기술과 생산량을 보유하고 있었다.

유럽인들에게 인도는 황금의 땅으로 상상되었다. 향료무역을 통해 대박을 터뜨릴 수 있다는 세속적 욕망은 그들을 인도로 가는 험난한 바닷길로 들어서게 만들었다. 인도무역은 일종의 벤처사업이었던 셈이다. 1498년 천신만고 끝에 바스코 다 가마 일행이 캘리컷에 도착했을 때, 항구에는 이미 아시아 각국에서 온 상인들이 무역을 진행하고 있었다. 그렇지만 바스코 다 가마가 싣고 온 방울, 모자, 산호, 외투 등의 유럽 상품은 아시아 상인들에게 보잘것없는 하품으로 취급되어 커다란 주목을 받지 못했다. 150여 년 전인 1345년, 중국으로 가는 배를 타기 위해 인도에 들른 여행가 이븐 바투타가 목도했듯이, 그곳에는 벌써 도자기, 실크 등을 싣고 온 중국의 정크선이 여러 척 정박해 있을 정도로 첨단 상품들의 교역이 활기차게 이루어지고 있었기 때문이다.

역사적으로 볼 때 인도에 국제 무역선이 도래하기 시작한 것은 그리스 로마 시대부터이다. 그리스 로마 상인들은 후추를 구매하기 위하여 금화를 가득 싣고 말라바르 해안의 무즈리스 항구에 도착했는데, 로마의 역사학자 플리니는 이곳을 '최초의 인도 국제무역항' 이라고 불렀다. 그 후 인도 상인들은 동남아와의 해상교역을 통해 향료, 진주, 보석 등을 구입하여 중국, 중동, 아프리카, 유럽 지역에 공급하였다. 특히 동남아와 빈번한 해상교역과 인적 교류를 통해 인도 특유의 종교와 문화를 전파함으로써 현재까지 동남아 속에는 인도와 소통한 흔적이 깊숙이 남아 있다.

몽골 제국 시기에는 이븐 바투타가 목도한 것처럼 중국의 정크선이 인도양 무역에 합류함으로써 동서를 가로지르는 징기리 교역망이 형성되었다. 그리고 유럽 국가의 대항해 이후에는 이슬람으로 개종한 투르크족이 무굴제국을 건설하여, 품질이 우수하고 저렴한 면직물과 강철을 유럽에 수출함으로써 막대한 흑자를 올렸다. 벵골 만 연안에는 세계 각지에서 온 무역 상인들로 북적거렸으며, 말라바르 해안의 수라트에는 포르투갈, 네덜란드, 영국, 프랑스의 상관(商館)이 개설되어 유럽 상인들이 인도의 상품을 구매하려고 경쟁하였다. 마땅한 수출품이 없었던 유럽은 아메리카의 은으로 결재대금을 지불함으로써 무역적자에 시달린데 반해, 무굴제국의 수도 아그라는 유럽의 런던이나 파리보다 훨씬 번창한 대도시로 발전하였다.

인도양 무역에 참여한 17세기 이래 유럽은 인도 상품의 수입 대가로 아메리카 대륙에서 유입된 은의 상당량을 인도로 흘려보내야 했다. 그러나 19세기 초 영국의 식민통치 하에서 유럽의 상품시장으로 변질됨에 따라 인도는 무역수지 흑자국에서 적자국으로 전락하고 말았다. 이에 반해 영국은 인도의 면직물과 강철 생산기술을 이전하여 근대화된 방직산업과 철강산업으로 발전시킴으로써 유럽의 산업혁명을 주도할 수 있었다.

영국의 식민지 시대를 거치면서 경제적 역동성을 상실한 인도는 경제개방을 시작한 1990년대 이전까지 '힌두경제성장률'[22]이라는 오명과 더불어 낙후된 국가라는 이미지가 덧씌워져 있었다. 하지만 최근 '인디아 쇼크', '브릭스', '친디아'라는 신조어가 생겨날 정도로 고속

성장을 하고 있으며, 특히 IT산업 소프트웨어 부문에서는 세계 최고의 수준에 도달해 있다. 이는 근대 이전 세계 해상무역에서 인도가 담당했던 중추적 역할이 다시 현실 위로 부상하는 과정이라 할 것이다.

동서교역의 허브, 동남아

동남아라고 하면 흔히 3D업종에 종사하는 이주노동자나 저렴하게 여행할 수 있는 미개발국가라는 이미지가 떠오른다. 하지만 전 세계 종교 건축물 가운데 가장 거대한 사원인 앙코르와트를 창조한 문명왕국이나, 동서 해상교역의 허브 역할을 수행한 해상왕국이 존재했다는 사실에 대해서는 생소할 것이다. 왜 동남아는 이렇게 낙후된 슬픈 지역으로 기억되는 것일까?

동남아라는 지역 명칭은 본래 서양에 의해 창안된 것이다. 19세기 이전 서양인들은 자신들의 주된 관심사였던 인도를 기준으로 '인도 저편(Further India)'에 위치한 나라, 즉 인도 동쪽의 벵골 만, 자바 해, 남중국해를 통칭하여 동남아라고 인식하였다. 그리고 인도차이나라는 명칭에서 드러나듯이 인도와 중국 사이에 존재하는 '끼어 있는' 지역으로 동남아를 간주하였다. 실제로 동남아 국가들의 이름을 보면 이러

---

22 인도의 초대 총리인 네루는 민주주의 틀 안에 국영·민영 산업이 공존하는 경제구조를 지향하고 자족·사회평등·빈곤퇴치로 경제성장을 추진하였다. 네루의 경제정책은 사회주의·보호주의적 성격이 강하여, 광업·금융·항공 같은 전략 부문의 기업들을 국유화하고 외국인 투자를 엄격히 규제했다. 자국 제품 장려 차원에서 수입품에 높은 관세를 적용하기도 했는데 이런 정책은 결과적으로 국가 경쟁력을 떨어뜨리고 말았다. 1950~80년 동안 인도의 평균 국내총생산(GDP) 성장률은 3.5%에 머물러 '힌두경제성장률'이라는 별명을 얻게 되었다.

한 혼적이 남아 있는데, 필리핀은 스페인의 필립 2세의 이름을 따서 부른 것이며, 인도네시아는 '인도의 섬 세계'를 지칭하기 위한 합성어이며, 버마는 고유 명칭인 미얀마를 영국식으로 부른 것이다.

그러나 동남아는 서양인의 시각처럼 인도와 중국 사이에 끼어 있다거나 식민 지배의 잔재만이 남아 있는 피동적인 지역이 결코 아니다. 동남아는 그 지정학적 위치로 인해 고대부터 인도와의 무역과 문화교류를 꾸준히 진행하여, 후추, 향료, 쌀, 보석, 상아 등의 해상무역이 활발했을 뿐 아니라 인도의 상인, 종교인, 예술가, 학자 등이 동남아로 이주하여 불교와 힌두교, 산스크리트어 등의 인도문화를 전해주었다. 동남아인들은 중계무역을 통해 부를 축적하고 인도문화를 토속문화와 결합하여 캄보디아의 앙코르 왕국, 수마트라의 스리위자야 왕국과 같은 문명사회를 건설하였다. 이들 왕국이 이룩한 문명은 동시대 유럽의 영국이나 프랑스가 따라올 수 없는 상당한 수준이었다고 한다.

또 동남아는 중국과의 교역을 중시하여 한대에 이미 사절단을 파견하고 상아, 바다거북, 무소뿔 등의 특산품을 진상하였다. 특히 베트남의 부남국은 중국과 인도를 오가는 중계무역으로 부를 축적하고 그 세력을 확장했는데, 선박 제조술과 항해술이 중계무역을 독점할 정도로 상당한 수준이었다. 당대에는 베트남의 참파, 캄보디아의 진랍, 수마트라의 스리위자야 등 각처의 동남아 국가들이 중국과 교역을 진행하였다. 그중 스리위자야는 동서교통의 요충지인 말라카와 순다 해협을 장악한 후 해상대국으로 성장하여 송원대에 이르기까지 아시아 해상무역의 허브항이 되었다.

인도, 중국과 아울러 동남아의 정체성 형성에 중요한 역할을 한 세력이 바로 이슬람이다. 13세기 말경 이슬람으로 개종한 인도, 아랍 상인들이 동남아 도서지역으로 진입하면서 그 세력이 급격히 확장되기 시작하였다. 특히 이슬람화된 말레이인들이 말라카 해협을 중심으로 말라카 해상왕국을 건설하여 동서교역의 새로운 허브항으로 떠오르면서 그 세력이 자바 해, 수마트라로 퍼져나가 필리핀을 제외한 대부분의 동남아 도서지역들이 이슬람의 영역이 되었다.

증기선이 발명되지 않아 계절풍을 이용한 범선으로 항해를 하던 시절, 말라카는 서로 반대 방향으로 부는 계절풍이 만나는 천혜의 입지적 조건을 지니고 있었다. 그래서 중국에서 인도나 아랍 쪽으로 항해하던 배와 거꾸로 아랍이나 인도에서 중국 쪽으로 항해하던 배들이 계절풍이 바뀌기를 기다리며 이곳에 정박을 하였던 것이다. 이러한 요인으로 인해 말라카에는 동서의 문물과 상인들로 넘쳐났으며 중계무역의 수익을 바탕으로 스리위자야와 말라카 왕국이 번창할 수 있었다. 오늘날에도 동북아로 향하는 선박의 상당수가 이곳을 통과하고 있는데 이러한 물류 허브항으로서의 명맥을 이어받은 곳이 바로 지금의 싱가포르인 것이다.

1511년 포르투갈인들이 말라카를 점령하고 1521년 마젤란이 마닐라에 정박했을 때 이미 동남아는 동서 해상교역의 허브항으로서 번영기를 구가하고 있었다. 특히 마닐라는 스페인의 식민도시가 된 후 아시아-유럽-아메리카 사이에 교역이 이루어지는 국제도시로 발전하였다. 그러나 동남아는 결국 네덜란드, 영국, 프랑스의 식민지로 전락하여 토착문화와 인도, 중국, 이슬람의 문화가 다양하게 공존하며 중계무역을 수행하던 정체성을 상실한 채 몰락의 길을 걷게 되었다.

우리가 기억하고 있는 동남아는 서양의 식민지가 된 이후 낙후된 지역으로 변질된 동남아에 불과하다. 그러나 2차 세계대전 후 독립을

쟁취한 동남아 국가들은 아세안을 결성하여 공동으로 지역발전을 추구하고, 일본, 한국, 중국, 인도, 중동 등과 아시아 경제협력관계를 구축히어 중계무역으로 번성하던 과거의 전통을 되살리고 있다. 한국에 온 동남아 이주노동자 역시 이러한 부활의 꿈을 지닌 해상왕국의 후예라는 점을 잊지 말아야 할 것이다.

세계적 은 생산지, 일본

세계 2위의 경제대국 일본이 세계를 향해 성장을 시작한 시기가 흔히 1868년 메이지 유신을 통해 근대국가로 나아간 이후의 일이라고 생각한다. 이는 메이지 유신 이전 일본은 에도 막부의 쇄국정책으로 인해 고립된 섬으로 존재했을 것이라는 상상 때문이다. 그래서 16~17세기 일본이 세계적인 은 생산지가 되어 당시 기축통화였던 은의 1/3 정도를 세계에 공급한 나라였다는 사실은 생소할지 모른다.

페루의 포토시 광산과 더불어 세계적 은 광산으로 꼽히는 이와미 광산의 매장량 덕분에 일본은 고가의 중국 비단, 도자기, 생사와 조선의 인삼, 면포 등을 수입하는 신분으로 아시아 무역에 참여할 수 있었다. 특히 순도 80%의 은으로 만든 화폐인 인삼대왕고은(人蔘代往古銀)은 조선의 인삼을 구매하기 위하여 특수 제작한 것인데, 조선 상인들이 중국 비단을 구입하기 위한 결제대금으로 이 은화를 사용하면서 중국에서도 널리 유통되었다.

사실 중국이 은 본위 경제로 전환하는 명대 이전만 하더라도 일본은 딱히 내놓을 만한 상품이 없어 아시아 무역의 주변부에 머물러 있었다. 그러나 은이 아시아 무역의 기축통화로 통용되고 때마침 이와미 광산에서 은이 채굴되기 시작하면서, 일본은 중국과 한국의 선진 상품을 수입하여 상업발전을 이룰 수 있는 기틀을 마련하게 된 것이다. 또한 유럽이 아시아 무역에 참여한 이후에는 이들이 중국과 일본 사이의 중계무역을 담당하는 한 축이 됨에 따라 유럽의 지식과 문화를 접할 수 있는 기회로 작용하였다. 한마디로 은은 현재의 일본을 가능케 한 혈관이었다고 해도 과언이 아닐 정도다.

일본은 초기에 명과 조공무역의 일종인 감합무역의 방식으로 교역을 하였다. 명 황실은 일련번호가 붙은 감합부(勘合符)를 장부에서 떼어 일본의 막부(幕府)에 보내면, 일본의 사절단이 그것을 가지고 지정된 중국 항구에 들어올 수 있었는데 그 선박의 수와 화물, 인원이 제한되었다. 그러나 교역을 통한 경제적 이익이 늘어나자 그 횟수의 증대를 요구하는 일본과의 무역마찰과 폭동이 발생하면서 중국은 해금령을 내려 일본과의 교역을 중단해버렸다.

하지만 중국 상품에 대한 일본의 지속적인 수요와 일본 은에 대한 중국의 거대한 수요로 인해 밀무역이 끊임없이 진행되었다. 중국 동남 해안가에 출몰하여 폭동을 일으키던 왜구는 단순히 노략질을 하는 해적이라기보다는 밀무역을 통해 일본으로 중국 상품을 수입하던 수입상 가운데 하나였다. 밀무역 이외에 일본은 제3국을 통한 중계무역의 방식으로 중국 상품을 구입하였는데, 그 주역이 바로 유럽과 조선이었다.

포르투갈은 마카오를 거점으로 삼아 일본이 경제특구로 개방한 나가사키 항을 오가며 막대한 수익을 올렸으며, 네덜란드는 인도네시아 바타비아를 거점으로 삼아 중국 상품을 구매한 후 나가사키 항에서 일본 상인에 판매하는 방식으로 삼각무역의 차익을 누렸다. 또 부산과 쓰시마 루트가 개척되어 조선의 인삼과 중국의 비단 그리고 일본의 은이 동시에 거래되는 아시아적 풍경을 연출하였다. 하지만 중국과의 공무역이 금지된 이후에도 밀무역과 중계무역을 통해 중국 상품이 끊임없이 반입되어 일본 은의 유출이 심각한 상태에 이르자, 막부는 나가사키 항의 무역을 제한하는 등 쇄국정책을 강화하는 동시에 중국과 한국 상품의 수입을 대체할 수 있는 기술개발을 추진하였다.

임진왜란 이전에 도자기 생산기술을 보유한 나라는 전 세계에서 중국과 조선 그리고 베트남밖에 없었다. 그런데 일본은 임진왜란을 통해 이삼평 등의 조선 도공을 납치하여 제조기술을 이전시키고 나가사키 항을 통해 들여온 코발트 염료와 중국회화기법을 접목시켜 이마리 자기를 생산할 수 있었다. 그 후 일본은 국내수요를 대체했을 뿐 아니라 채색자기로 기술을 더욱 발전시켜 유럽 수출상품을 개발함에 따라 중국 도자기와 경쟁관계를 형성하게 되었다. 또 중국 비단과 생사를 대체하기 위해 잠사 기술을 발전시켜 견직물의 자급화에 성공하였으며, 조선의 면포 수입을 대체하기 위해 조선을 통해 수입한 중국 면화종의 이식에 성공하여, 일본의 근대 견직업과 면방직업 발전의 초석이 되었다.

이처럼 메이지 유신 이전 일본은 고립된 섬나라로 존재했던 것이 아니라 은을 매개로 아시아 무역 네트워크에 참여하여 중국, 조선의 선진 상품을 구매하고 나아가 그 기술의 대체화에 성공함으로써 근대 산업국가로 성장할 수 있는 기틀을 마련했던 것이다. 일반적으로 우리는 일본이 근대화에 성공한 요인을 주로 네덜란드의 '난학'이나 서구 근대사회의 수용과 같이 서구의 영향과 관련지어 생각하는 데 익숙하다. 그리고 일본 역시 '탈아입구(脫亞入歐)'를 내세우며 일본의 근대가 정체된 아시아에서 벗어나 서구사회로 나아가는 과정이었다고 인식한다.

하지만 아시아 무역 네트워크에서 네덜란드는 선진 상품을 생산하는 기술 보유국이 아니라 중국의 선진 상품을 운송하는 물류 유통자의 역할을 수행한 것이며, 또 일본의 기술개발이 중국과 조선의 선진기술을 모방하며 대체화하는 과정에서 이루어진 일이라는 점을 상기한다면, 이는 오리엔탈리즘에 길들여진 역사인식이라고 해야 할 것이다. 근대 이전 세계 최고의 선진 상품을 교역하던 아시아 무역 네트워크에 일본이 참여하지 않았다면 아마도 근대 일본이 탄생할 수 있는 경제적 기술적 여건을 갖추기는 힘들었을 것이기 때문이다.

혼일강리역대국도지도의 나라, 한국

한국이 세계 10위권의 경제규모로 성장했음에도 불구하고 의외로 외국인들 중에는 과거 한국이 중국의 속국이었다거나 한국인의 활동이 한반도 내에 갇혀 있었다는 생각을 가진 이들이 많다. 이는 한국에 대한 정보가 널리 알려지지 않아 그러하기도 하지만, 미국의 동양학자 그리피스가 쓴 『은자의 나라 조선』(1882)에서 대한제국이 멸망한 이유가 세상의 변화를 알지도 못하고 세상에 알려지지도 않은 닫혀 있는 사회라는 점과 연관지어 설명한 이래, 한국은 '조용한 은자의 나라' 라는 이미지가 박혀 있기 때문이다. 또 일본이 식민통치 하에서 이 점을 악용해 한국의 정체된 이미지를 조작한 후, 세계인뿐만 아니라 한국인도 은연중에 이를 수용하면서 일종의 선입견이 돼버렸을 정도다.

1992년 콜럼버스 신대륙 발견 500주년을 기념하기 위해 미국에서 열린 지도전시회에 세계를 놀라게 한 지도 한 점이 출품되었다. 그 지

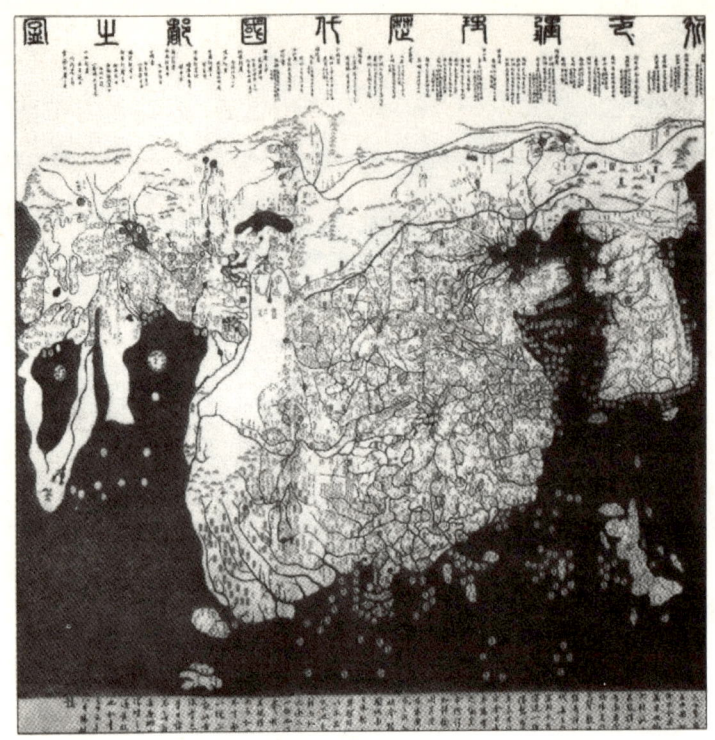

혼일강리역대국지도

도는 바로 〈혼일강리역대국도지도〉로 1402년 조선에서 제작된 것이었다. 무엇보다 이들을 놀라게 한 것은 〈혼일강리역대국도지도〉가 1492년 이후 서양이 발견하게 될 세계 지리를 이미 그리고 있었다는 점이다. 비록 이 지도의 제작 동기가 조선 왕조의 정당성을 확립하기 위한 정치적 목적을 지니고 있고 또 아메리카 대륙이 빠져 있는 불완전성과 비사실적인 측면을 지니고 있지만, 동쪽의 한국, 일본, 중국에서 동남아, 인도, 중동, 아프리카, 유럽에 이르기까지 세계의 지리가 총체적으로 그려져 있었다.

이러한 점 때문에 〈혼일강리역대국도지도〉는 현존하는 가장 오래된 세계지도라고 평가받고 있다. 이 지도는 한국의 팔도지도뿐만 아니라 중국의 〈혼일강리도〉와 〈성교광피도〉 그리고 일본의 지도를 근간하여 재구성한 것이다. 특히 중국의 〈성교광피도〉가 원대에 전파된 이슬람의 세계지도와 그들이 사용하는 유럽, 아프리카, 중동의 지명을 한자로 번역한 것이라는 점을 고려한다면, 〈혼일강리역대국도지도〉는 당시 세계 교역을 주도하던 중국과 이슬람의 세계인식 및 한국과 일본의 지리인식을 총합한 국제적 산물이라고 할 수 있다.

이 지도는 한국이 아시아 교역 네트워크에 적극적으로 참여하고 있었다는 사실을 보여주고 있다. 지금은 세계에 대한 선진적인 정보를 주로 서구사회를 통해 유입하지만 당시 중국은 세계 최고의 문명국으로서 세계 각국에서 온 문물과 지식정보가 집적되어 있었다. 한국은 고대부터 동북 지역의 내륙 실크로드를 통해 중국과 연결되어 있었으며, 바닷길로는 서해안과 중국 동부 해안 사이의 루트를 통해 중국으로 들어오는 세계의 문명을 접할 수 있었다. 이러한 길을 통해 한국은 비단, 도자기, 차 등의 교역품과 아울러 지식, 종교, 문화예술, 과학기술 등을 유입할 수 있었던 것이다.

중국 이외에 이슬람과의 교류도 활발했는데, 이슬람은 신라시대부터 한반도에 진출하여 고려시대, 조선 초에 이르기까지 선진화된 문물과 아울러 과학기술을 한국사회에 전달해준 장본인이었다. 세종대왕 때에 발전된 역법, 과학기기, 의료기기는 당시 세계 최고 수준이었던 이슬람의 학문에 근거한 것이며, 도자기, 음악, 미술 등 문화예술 부문의 발전 역시 이슬람 문화예술로부터 깊은 영향을 받은 것이다.

또 일본과의 교역도 활발하여 조선 초에는 부산, 염포, 제포를 개항하여 일본인의 거주를 허용했고, 임진왜란 후에도 조선 통신사를 파견하여 문물을 전해주었으며, 17세기에는 부산–쓰시마 간의 교역루트가 번창하여 비단, 인삼, 은의 거래를 통해 막대한 경제적 이익을 얻을 수 있었다. 그리고 동남아와의 교역도 부분적으로 이루어져 동남아 특산품인 향료, 약재, 염료 등을 수입하기도 하였다.

한국이 고려청자, 금속활자, 〈혼일강리역대국도지도〉처럼 세계 문명을 한 단계 진전시킨 업적을 남길 수 있었던 것은, 바로 이러한 세계 문명교류의 현장에 개방적으로 참여하고 있었기 때문이다. 『왕오천축국전』을 쓴 혜초는 중국, 인도, 중앙아시아, 이슬람 세계를 구법 여행하며 한국인 최초의 세계인이 되었으며, 해상왕 장보고는 아시아 해상 무역에 적극적으로 참여하여 청해진이라는 허브도시를 구축하였고, 지식인들은 사행 및 유학을 통해 중국에 집적되어 있던 다양한 학문정보를 습득하여 동시대 세계에 뒤떨어지지 않는 지식체계를 구성하는 등, 한국은 개방적 활동을 통해 어느 국가 못지않은 활발한 대외교류의 역사를 지닐 수 있었던 것이다.

그렇지만 한국이 조선 중기 이후 급변하는 세계의 흐름에 뒤처지기 시작했다는 징후 역시 지워버릴 수는 없다. 유럽과 아메리카가 참여하여 전 지구적 차원의 문명교류가 진행되는 시점에서, 조선은 스스로 중국 이외의 루트를 통해 세계를 접할 수 있는 길을 차단하여 중국에 편중된 주변부의 위치로 전락하고 말았기 때문이다. 〈혼일강리역대국도지도〉가 제작된 지 200여 년 후인 1603년, 마테오리치의 세계지도 〈곤여만국전도〉가 조선에 소개되었을 때 지식계가 충격에 휩싸일 정도로 세계 지식수준에서 한참 떨어져 있었다.

조선 정부는 16세기 이후 서양이 동아시아에 빈번히 출몰하여 마카오와 나가사키가 국제 교역항으로 개방된 상황 하에서도 보수적인 정책을 취하였다. 한국을 최초로 서양에 소개한 인물이라 불리는 하멜이 제주도에 표류하여 조선을 당황스럽게 만들었던 1653년은, 바스코 다 가마가 아시아 루트를 개척한 이래 150여 년이 지난 시점으로, 당시 동아시아의 바다는 유럽과 아시아의 선박으로 몸살을 앓을 정도로 활발한 교역이 진행되고 있는 상태였다. 결국 서양이 중국문명 따라잡기와 산업혁명을 통해 19세기에 근대사회를 이룩하고, 일본이 18세기에 중국제품의 기술대체화에 성공하여 근대를 준비하는 동안, 한국은 세계 문명교류의 주변부에 머물다 자기개발이 늦어져 식민의 길을 걷게 되었던 것이다. 이 점은 슬프지만 반드시 되새겨보아야 할 역사적 교훈이다.

소수 국가들

지금 세계는 글로벌 시대로 접어들고 있지만 그에 걸맞는 세계시민 의식이 형성되고 있는지 의문이다. 세계화가 선진 자본주의 국가들이 주도하고 있듯이 세계의 역사는 아직 그들의 시각인 오리엔탈리즘에 의해 지배받고 있기 때문이다. 오리엔탈리즘이 끊임없이 재생산되고 그로 인한 오해와 편견이 확산된다면 세계시민의식이 자리잡을 수 있는 공간은 줄어들 것이다. 그래서 오리엔탈리즘적인 권력의 역사에서 벗어나 세계사에 참여한 다양한 세력들의 역사적 활동과 정체성을 이해하고 그들에게 자신의 자리를 돌려주는 것이 지금 무엇보다 필요한 시점이다.

전 세계 기업들이 참가하여 경제올림픽을 벌이고 있는 중국에는 현재 수많은 국가에서 온 세계인들을 접할 수 있다. 중국에서 만나게 될 이들의 대다수는 화교, 일본, 미국, 유럽 등 선진 자본주의 국가의 인재들이지만, 그 외에 소수이기는 해도 중국의 한 영역을 차지하는 이들이 존재한다. 그들은 인도네시아, 말레이시아, 필리핀, 태국, 베트남, 캄보디아 등 동남아시아의 (화교가 아닌) 본토인들과, 러시아, 우즈베키스탄, 카자흐스탄 등 중앙아시아에서 온 인재들, 인도, 파키스탄, 네팔, 방글라데시 등 남아시아에서 온 인재들, 이란, 이라크, 사우디 등 서아시아에서 온 인재들, 이집트, 가나, 나이지리아 등 아프리카에서 온 인재들, 멕시코, 브라질 등 아메리카에서 온 인재들이다. 이들은 중국의 대외관계가 전 세계로 확장됨에 따라 중국 관련 분야의 일에 종사하기 위하여 세계 각지에서 중국으로 유학 온 인재들이다.

현재 중국 유학생 가운데 그 수가 가장 많은 나라는 한국으로 4만 명이 넘는 것으로 추산되고 있는데, 이들 국가에서 온 인재들은 손으로 헤아릴 수 있을 정도로 소수에 불과하다. 그렇지만 이들은 대부분 국비 장학생으로 신분상 본국의 엘리트층에 속하며, 유학을 마친 후 외교, 행정, 기업체 등 국가의 요직에 종사할 인재들이다. 한국 유학생의 경우 다수가 자비 유학생이며 귀국 후 진로가 보장되지 않는 평민(?) 출신인 것과는 입장이 다른 셈이다. 간혹 이런 인재들이 중국으로 유학 온 경위를 잘 모르는 한국인들은 이들의 국가가 약소국이거나 인종이 다르다는 이유로 차별 대우를 하는 경우가 있다. 특히 한국 내에 이주노동자가 많은 동남아나 피부색이 확연히 다른 아프리카 출신에 대해서 차별이 심한 편인데, 이는 한국인의 경제적 우월감이나 무의식적인 인종 차별의식에서 비롯된 일이다.

중국은 세계 각지에서 다양한 문화와 목적을 가진 이들이 모여들어 거대한 사회를 이루는 글로벌 공간이다. 이곳은 한국과 같이 단일한 문화와 민족이 지배하는 사회에서 경험할 수 없는 다양성과 개방성을 배울 수 있는 글로벌 학습장이라 할 만하다. 우리는 이곳을 단순히 중국어를 배우는 어학원으로 여겨서는 안 된다. 중국은 이미 진행되고 있는 글로벌 시대의 최전방이다. 우리는 중국이라는 글로벌 공간에 모여든 세계인 가운데 하나로서, 이들과의 협력관계를 통해 글로벌 네트워크와 비전을 만들어나가고, 나아가 국경과 민족의 경계를 넘어선 평화로운 세계시민사회의 한 구성원이 되도록 노력해야 할 것이다. 이 점이 바로 국제관계성의 덕목을 축적하는 데 있어 중국이 우리에게 중요한 이유이다.

제6장

6

중국인의 한국 상상

제6장
6
중국인의
한국 상상

중국 속의 한국

한중수교 15주년이 지난 지금 한국과 중국은 FTA 수준에 이를 정도로 친밀한 협력관계를 이뤄나가고 있다. 1992년에 체결된 한중수교는 역사적으로 볼 때 대한제국의 망국으로 인해 공식 외교관계가 해소된 지 근 백 년 만의 재회인 셈인데, 한중 양국은 마치 백 년간의 갈증을 털어내기라도 하듯 활발한 교류를 진행하고 있는 것이다. 한국은 글로벌 공간으로 진화하고 있는 중국을 통해 새로운 성장기회를 얻고 있으며, 중국은 선진적인 기술과 현대화된 문화를 지닌 한국을 통해 도약의 발판을 마련하고 있다. 하지만 이러한 긍정적인 관계에도 불구하고, 그간 걸어온 역사적 경로 및 사회문화적 차이로 인해 여러 방면에서 갈등과 충돌이 벌어졌던 점도 부정할 수 없다. 이는 양국이 진정한 협력관계로 나아가기 위해 반드시 극복해야 할 문제인데, 그 출발점은 어느 일방의 입장에서 벗어나 상호이해의 시각을 확립하는 일이 될 것이다.

수교 전과 비교할 때 중국에서 한국이 차지하는 위치는 상상도 할수 없을 만큼 높아진 게 사실이다. 경제면에서 한국은 화교를 제외한 외국 가운데 중국의 제3위 교역 파트너이면서 외국 총투자액 가운데 약 10% 정도의 비중을 기록하는, 주식회사 글로벌 차이나의 '대주주'라 해도 과언이 아닐 정도다. 국제정치면에서 한국은 6자회담이나 미일 문제를 풀어나가는 데 있어 중국의 주요한 협력국이 되었으며, 문화면에서도 90년대 중반 이후 한류 열풍이 불어 한국 대중문화의 영향력이 확산되면서 중국이 문화산업의 중요성을 자각하는 계기로 작용하였다.

인적 교류면에 있어서도 매년 해외여행자 가운데 30~40% 이상이 여행지로 중국을 선택하고 있고, 중국에 상주하며 생업에 종사하는 인구가 약 100만 명 가까이 되며, 4만 5천 명 이상의 유학생이 중국 각 지역의 학교에서 공부를 하고 있는 상태다. 중국 내 한국인의 증가로 인해 코리아타운이라 불릴 만한 지역이 곳곳에 형성되어 과거에는 조선족 자치지역에서나 볼 수 있었던 한글과 중국어를 병기하는 간판이 이제는 한국인 거주지역의 상징적 풍경으로 변모하였다. 특히 한국인이 가장 많이 진출해 있는 칭다오에는 산둥성 칭다오 시가 아니라 '인천광역시 칭다오 구'라고 농담을 할 정도로 친 한국적인 환경이 조성되어 있다.

한국의 이러한 활약상 덕분에 최근 중국에서 실시한 각종 조사를 보면 한국의 국가적 이미지는 항상 상위권에 랭크되어 있다. 가령 2006년 중국의 싱크탱크인 사회과학원이 제출한 「2006 : 세계 정치 및 안전 보고」에는 세계 10대 대국의 종합국력을 평가하고 있는데 한국을 당당히 9위에 올려놓았다. 또 중국청소년연구센터가 2005년 11월부터 한국, 중국, 일본, 미국의 156개 고교생 7천304명을 대상으로 실시한 조사에서는, 중국의 청소년 50%가량이 가장 좋아하는 나라로 미국과 일본을 제치고 한국을 선택하였다.

그런데 이러한 이미지 상승에도 불구하고 설문조사나 인터뷰를 해보면 한국에 대한 중국인의 정보가 단편적이어서 기대수준에 못 미치는 사례가 많이 나타난다. 물론 한국을 전문적으로 연구하거나 유학 혹은 여행 경험이 있는 이들이 늘어나고 있지만, 상당수는 아직 일상적으로 접할 수 있는 '인상' 수준의 정보를 지니고 있다는 것이다. 즉 한국에 대한 정보가 주로 한국기업과 제품, 대중문화, 패션, 음식, 화장품 등의 소비문화나, 한국의 2002 월드컵 4강 진출이나 김치가 사스예방에 좋다는 언론의 보도 그리고 동북공정과 고구려사 파문처럼 사회적이슈가 되는 사건을 통해 얻고 있다는 것이다.

이 점이 한국에 대한 호감이나 관심은 늘어나고 있지만 아직 한국의 사회문화나 역사에 대한 이해수준이 향상되었다고 할 수 없는 이유이다. 가령 중국인들이 드라마 〈대장금〉은 감동적으로 시청하면서도 〈대장금〉 속의 의술, 음식, 의상, 예절 등 한국 전통문화에 대해선 중국문화로부터 기원한 것이라는 종주국의 시각을 지니거나, 한국의 정치민주화와 시민의식에 대해서는 부러워하면서도 한국의 고대국가에 대해선 중국에 조공을 바친 속국으로 인식하는 양면성이 바로 그러하다.

그렇지만 이러한 측면에 대해 감정적으로 접근할 필요는 없다. 국가 간의 상호이해는 고정된 것이 아니라 인간 활동에 따라 끊임없이 변화되는 것이기 때문이다. 그보다는 한중 간의 경제협력이 활발히 진행되고 있음에도 불구하고 왜 이러한 상호이해의 차이가 나타나고 있는 것인지 그리고 이러한 차이들이 어떠한 맥락에서 형성된 것인지에 대해 우선적으로 생각해보아야 한다. 중국인의 한국 상상은 바로 이러한 차이 위에서 만들어진 것이기 때문이다.

가깝고도 먼 나라

　근대 이전 한중 문화교류의 역사가 오래되었음에도 불구하고 현재와 같은 상호이해의 수준이 형성된 것은, 청일전쟁(1894년) 이후 양국관계가 멀어지기 시작한 일과 밀착되어 있다. 중국이 청일전쟁에서 패배한 이후 한국은 장기간 지속되어온 중국 중심의 동아시아질서에서 벗어나 독립된 근대국가로 나아가기 위해 자주적인 노력을 기울였다. 제국주의에 패권을 상실하여 동아시아의 일개 국가로 전락한 중국 역시 근대국가를 건설하기 위해 개혁운동을 전개하였다. 그러면서도 중국은 일본의 식민지가 된 한국의 독립운동과 임시정부를 지원하며 전통적인 협력관계를 유지해나갔다. 이는 일본이라는 동일한 침략대상에 저항하기 위한 전략적 연대라고 할 수 있었다. 하지만 중국의 사고 속에는 한일합방이 한국이란 오랜 속방의 완전한 상실로 이해하거나, 종주국으로서 중국이 한국의 독립을 위해 마땅히 원조해야 한다는 시각을 여전히 지니고 있었다.

　이러한 한중관계가 적대적 관계로 뒤바뀐 것은 1950년 한국전쟁을 겪으면서부터다. 제2차 세계대전 이후 동아시아는 미국과 소련 중심의 냉전체제로 전환되어, 한반도는 남북한으로 분열되고 중국은 대륙과 대만으로 갈라졌다. 그리고 미소 간의 이념대결로 인해 한국전쟁이 발발하고 여기에 인민해방군이 참전하면서 중국은 한국의 적대국가로 변질되었다. 이후 한국에서는 미국 중심의 자본주의 논리가 고착화되어 중국은 공산주의 적성국가로 규정된 채 관심 밖으로 추방돼버렸다.

　냉전시기 이러한 적대적 정서는 중국에서도 마찬가지였다. 중국은 한국전쟁을 '항미원조(抗美援朝)' 운동으로 규정하는데, '항미'는 미국이 한국전쟁을 통해 중국을 다시 침공하려는 의도라고 인식하여 전쟁의 성격을 국공 내전의 연장선으로 이해하는 것이고, '원조'는 한국이 외세로부터 침략을 받을 때는 중국이 반드시 도와주어야 한다는 전통적인 사고를 반영하는 것이다. 한국전쟁을 계기로 중국은 소련-중국-북한의 북방삼각체제를 형성하여 미국-대만-남한의 남방삼각체제에 대항하면서, 미국(그 하부국가로서 한국) 및 자본주의 체제의 악마적 이미지를 활용하여 중국 내부의 통합 및 정권 안정을 추구해나갔다.

중국에서 한국에 대한 적대적 정서는 이러한 역사적 과정 속에서 형성되었는데, 이와 관련하여 주목할 점이 바로 북한(북조선)과의 대비를 통해 한국(남조선)을 바라본다는 것이다. 한국전쟁 당시 중국은 "항미원조, 보가위국(抗美援朝, 保家衛國)"의 구호 아래 동북지방의 부대와 젊은 청년들(조선족도 많았음)이 중심이 된 인민해방군을 파견했는데, 그 가운데 마오쩌둥의 하나밖에 없는 아들이 참전하여 전사했다는 사실이 중국인들 마음속에 깊숙이 새겨져 있다. 중국이 "선혈로 이루어진 중국과 북한 양국 인민의 우정이 영원히 푸르리라(用鮮血凝成的中朝兩國人民的友誼萬古長靑)"는 수식어로 북한을 혈맹국가라 부르는 것도 이러한 이유 때문이다.

당시 중국에 한국전쟁을 소재로 한 영화들이 많이 제작되었는데 그중 대표적인 것이 〈영웅아녀(英雄兒女)〉와 〈상감령(上甘嶺)〉이었다. 〈영웅아녀〉의 주인공 왕팡(王芳)의 오빠는 용맹무쌍한 활약상으로 인해 그 당시 청소년들의 영웅이 되었고 이 영화의 주제가는 80년대의 대학생들도 따라 부를 정도로 유명하였다. 〈상감령〉은 상감령 고지를 고수하기 위하여 인민해방군이 많이 희생되는 영화인데 이야기가 감동적이었을 뿐 아니라 주제가도 널리 유행하였다. 그리고 북한영화도 많이 상영되었는데 그중 인상적인 것이 〈금희와 은희의 운명(金姬和銀姬的命運)〉이었다. 이 영화는 한반도에서 태어난 쌍둥이 자매 금희와 은희가 한국전쟁 때 헤어졌는데, 금희는 북한에서 인민배우가 되고 은희는 한국에서 창녀가 되는 상반된 운명을 다루었다. 이러한 영화 속에서 한국은 중국의 적대국가로 등장하기 때문에 영화를 본 이들은 자연스레 한국에 대해 적대적 정서를 지닐 수밖에 없었다.

교과서 속에서도 남북은 상호 대비적으로 서술되고 있다. 92년 한중수교 이후 중국은 북한 편향적으로 서술되어 있는 교과서를 개정하기 위해 93년부터 신교과서를 발행하기 시작했지만, 구교과서를 통해 한국에 대한 정보를 얻은 세대에게는 그 내용이 단편적이더라도 기억 속에 잠재되지 않을 수 없었다. 한국전쟁에 대한 시각이나 남북한의 정치체제 등과 같은 이데올로기적 측면은 그 서술방향이 자명한 일이므로 논외로 하더라도, 한국의 일상세계에 관한 상식이나 정보에 있어서도 이데올로기적으로 굴절되었다.

국호의 경우 북한은 조선민주주의인민공화국이라는 정식명칭을 사용하는 데 반해 남한에 대해서는 '남조선'이라는 비공식적 명칭을 사용하고 있고, 수도에 있어서는 평양을 '중요한 기계 제작 공업의 중심지'로 서술하여 북한 경제의 중심지라는 이미지를 주는데 반해 서울은 '조선 남반부의 제일 큰 도시'라는 막연한 서술에 그치며, 남북한 경제에 있어서 북한은 공업의 기계화 및 농업생산의 효율성을 성취한 국가라고 서술하는 데 반해 남한의 경우에는 산업경제의 발전이나 도시화에 관한 서술이 없으며 농업 중심의 후진국이라는 이미지만이 부각될 뿐이었다. 그리고 한국인의 일상은 한복을 입고 온돌방이 있는 농촌의 가옥에서 생활하는 전근대적인 모습으로 서술되어 있고, 동해를 일본해로 표기하는 등 한국의 지리에 대한 설명이나 자료에 오류가 많았다.

냉전체제 하의 중국에서 한국에 대한 적대적 정서는 이데올로기적 시각 및 혈맹국인 북한과의 대비적 관계를 통해 형성되었다. 이러한 적대적 정서 속에서 중국인들은 미국에 종속된 자본주의 국가, 농업 중심의 낙후된 국가, 전통적인 생활에서 벗어나지 못한 전근대적 국가와 같은 부정적인 이미지로 한국을 이해하였다. 한국에 대한 다양한 정보가 부재한 상태에서 이러한 부정적 이미지는 상당히 고착화된 상태로 중국인의 기억 속에 자리하게 되었다. 냉전 시대에서 성장한 중국인들은 한국에 대한 새로운 정보를 접하기 전까지 이러한 이데올로기적 '눈'을 통해 한국을 바라볼 수밖에 없었던 것이다.

'한국열(韓國熱)' 과 신흥 부강국

중국이 한국에 대해 다시 관심을 가지기 시작한 것은 70년대 초 한국이 홍콩을 통해 간접수출을 하면서부터였다. 60년대에 중소분쟁이 심화되어 북방삼각체제가 파괴되고 70년대에 이르러 동서 화해 무드가 성립되면서 중국의 대한국 정책에도 일정한 변화가 일어났던 것이다. 78년 중국의 개혁개방은 세계사적으로 볼 때 전 지구적 자본주의 체제 속으로 편입되는 것을 의미하지만, 지역적으로 볼 때는 아시아 국가들과의 소원해진 관계를 회복하여 새로운 지역질서를 만들어가는 사건으로 이해할 수 있다.

중국은 냉전체제 하의 아시아 관계에서 벗어나 일본, 한국, 대만, 홍콩 및 동남아와 경제적 협력관계를 구축해나갔다. 개혁개방 이후 중국에게 아시아(구체적으로는 동아시아)는 더 이상 낙후된 지역의 대명사가 아니라 현대화의 꿈을 앞서 실현한 신흥 부강국의 이미지로 재생되었다. 중국정부는 이들 국가의 경제발전 모델과 그 경험에 대해 비상한 관심을 가졌다. 이들 국가는 경제발선을 통해 장기간 독점 권력을 유지했을 뿐 아니라 사회문화적으로도 중국과 상당한 동질성을 지니고 있었기 때문이다. 한국경제에 대한 중국의 관심 역시 이러한 연장선상에 있다고 할 수 있다.

80년대부터 중국에서는 한국경제에 관한 각종 도서와 정기 간행물이 출간되고, 한국학 (당시에는 조선학) 연구기관들이 신속하게 설립되는 등 '한국열' 현상이 일어났다. 개혁개방 이전만 하더라도 중국에서는 혈맹국인 북한에 대한 연구만이 있을 뿐 한국에 대한 연구는 전무한 형편이었다. 그러나 개혁개방 이후 중국정부가 소위 '한강의 기적'을 달성한 한국형 발전주의 경제모델에 관심을 기울이면서 한국에 대한 관심이 고조되었다. 그들은 한국경제가 발전한 요인을 국가의 주도적인 역할, 대외 개방형 경제발전 전략, 교육과 인재 양성, 유교 전통, 불굴의 창업정신 등의 여러 측면에서 분석하면서 중국 특색의 시장경제를 형성하기 위한 참조모델로 삼았다.

그리고 86 아시안게임과 88 올림픽을 성공적으로 개최하면서 한국의 경제력이 현실적으로 증명됨에 따라 중국에서 한국의 부강의 이미지는 한층 고조되었다. 한중수교를 전후하여 한국의 주요 기업과 사업가들이 연이어 중국에 진출했으며, 중국 대학 내에서도 한국 연구기관이 설립되어 여러 분야에 관한 간행물과 전문서적이 발간되었다. 또한 스포츠·바둑·문화예술 방면의 교류와 아울러 대학 간 교수·학생의 인적 교류가 활발히 진행되었다.

이러한 시대변화 속에서 중국인들은 한국을 다시 바라보기 시작했는데, 정치경제적인 교류 이외에 중국인들에게 깊은 영향을 끼친 것이 바로 스포츠다. 중국은 스포츠 강국이면서도 스포츠 민족주의가 강렬한 국가이다. 근대 동아시아에 스포츠가 들어온 이후 스포츠는 신체단련을 위한 체육활동을 넘어 한 국가의 국력을 평가하는 척도가 되거나 국민을 통합하는 기능을 수행하였다. 중국 역시 스포츠와 국력 혹은 민족혼을 결합시킨 스포츠 민족주의가 강력하게 자리잡은 국가 가운데 하나였다. 그 대표적인 일화가 1985년 베이징 노동자 운동장에서 발생한 '5·19' 사건이었다. 중국인들은 자기 팀이 홍콩 팀에게 졌다는 참혹한 현실을 받아들이지 못하고, 음료수 병을 운동장에 있던 중국과 홍콩 선수들에게 집어던졌을 뿐만 아니라 거리로 나가 신호등, 쓰레기통, 승용차를 뒤집고 지하철 유리창을 부수어버렸다. 그리고 그들은 중국 축구 팀 숙소로 몰려들어 밤새 '인터내셔널가'를 불렀다. 그들은 중국 축구가 하루빨리 세계 수준으로 발전하기를 바랬는데, 이유는 바로 국가와 민족의 영예를 위해서였다

그런데 중국의 이러한 스포츠 민족주의에 자주 발목을 건 나라가 바로 한국이었다. 다음과 같은 일화가 있다. 1980년 3월 아시아 배구선수권 대회에서 한국과 중국의 결승전이 중국 전역에 생중계되었다. 그런데 2:0으로 중국이 지고 있던 상황에서 갑자기 중계방송이 중단되어 일시에 중국에 긴장감이 감돌았다. 그러나 잠시 후 중국이 3:2로 역전승을 거두었다는 소식이 전해지자 군중들이 거리로 몰려나와 가두행진을 벌였다. 그때 군중들이 열광적으로 외친 구호가 "아시아를 벗어나 세계로 나가자(衝出亞洲, 走向世界)"였다. 그 후 중국 전역에 이 "세계로 나가자"는 구호가 퍼져나가기 시작하여 중국인의 뇌리에 자

리잡았다고 한다.

하지만 한국은 난공불락으로 여겨지던 중국 탁구를 이따금 격파하기도 하고 7,80년대에 중국이 우세하던 농구, 배구 등의 종목은 90년대에 이르러 대등한 수준이 되었고, 핸드볼, 하키 등의 종목은 중국이 적수가 되지 못한다. 바둑에 있어서는 전투력을 중시하는 한국이 세력을 중시하는 중국이나 모양을 중시하는 일본을 압도하며 세계 최강을 유지하고 있다. 더욱이 스포츠 가운데 중국인들이 가장 열광하여 직업 축구 팬이 있을 정도인 축구는 국가대표 경기에서 80년대 이후 한 번도 이기지 못하여 중국인 스스로 '공한증'에 걸렸다고 말할 정도였다.

이러한 우호적 정서가 형성되는 가운데 92년 한중수교가 체결되어 드디어 중국의 일상 속에 한국인이 다시 등장하기 시작했다. 중국인들은 한국전쟁 이후 40여 년 간 시야에서 사라졌던 '낯선 친구' 한국인들을 피부로 접촉할 수 있었다. 그때 중국인들은 어떠한 눈으로 한국인을 바라보았던 것일까? 상호소통이 부재하던 시기, 한국인의 뇌리에 적성국가로서 중국에 대한 이미지가 박혀 있었듯이, 중국인 역시 유사한 방식으로 한국을 기억하고 있었다. 그러나 개혁개방 이후 중국의 '한국열'은 이러한 중국인의 기억을 분열시켜, 과거 적대적 자본주의 국가(혹은 미국의 종속국) 및 조공국의 이미지 위에 신흥 부강국의 이미지가 새롭게 부상하였다. 하지만 이러한 부강국의 이미지는 어디까지나 경제적 차원의 이야기이며, 한국의 사회문화나 역사를 바라볼 때는 여전히 과거의 기억에 의존하였다. 중국인들은 이러한 착종된 인식을 통해 현실 속의 한국인들을 바라보고 있었던 것이다.

일반 중국인을 대상으로 한 설문조사와 인터뷰 그리고 학자들의 견해를 종합해보면, 중국인이 바라보는 한국인의 기질을 강인성, 집단주의, 단결력, 애국심, 창조성, 근면성, 신속성, 예의 등의 특성으로 개괄할 수 있다. 대체적으로 중국인들은 냉전시기의 부정적인 이미지에서 벗어나 긍정적인 시선으로 바라보고 있었다. 그렇지만 중국인이 말하는 이러한 특성들은 한국이 경제적으로 부강하게 된 원동력을 찾는 과정에서 발견된 것이라는 점 역시 잊어서는 안 된다. 다시 말하면 한국전쟁으로 폐허가 된 한국이 '한강의 기적'을 통해 아시아의 사소룡 가운데 하나가 된 근본요인을 한국인의 기질과 관련지어 생각한다는 것이다. 이러한 시선 속에는 중국이 경제성장을 이룩하기 위해 필수적으로 요청되는 덕목을 한국이라는 거울을 통해 발견하려는 욕망이 내포되어 있었다.

중국인이 제기하는 한국인의 기질을 살펴보면 대체로 강인성과 집단주의의 범주에서 파생되어 나온 것이라고 할 수 있다. 먼저 강인성에 대해 살펴보자. 중국은 한국의 역사를 바라볼 때 외세 침략과 저항의 과정으로 이해하며 그에 관한 기록을 중심으로 역사를 서술하고 있다. 그러면서 한국은 강대국 사이에 끼인 주변국가로서 영토가 작고 인구가 적지만 강대국의 빈번한 침략에도 불구하고 민족적 정체성을 유지할 수 있었던 힘이 바로 불굴의 저항정신에 있었다고 인식한다. 한국이 처한 이러한 역사적 조건이 한국인의 강인한 생존력을 배양하였으며 이러한 힘이 현재까지 계승되어 국가적 시련을 극복하고 '한강의 기적'을 이룩한 원동력이 되었다고 이해하는 것이다. 이러한 특성은 스포츠에도 반영되어 한국이 인구가 적음에도 불구하고 중국과 대등한 스포츠 수준을 이룩한 것이 바로 한국인의 강인한 정신력 때문이라고 간주한다.

다음으로 집단주의에 대해 살펴보자. 강인성이 개인적 차원에 주목한 특성이라면 집단주의는 한국사회의 구성원리에 대한 것이라고 할 수 있다. 중국인은 한국의 집단주의가 강인성의 형성과 마찬가지로 불리한 생존조건에 대한 저항의 과정 속에서 생성된 것이라고 이해한다. 이러한 생존환경을 극복하기 위해선 개인보다 집단을 우선하는 행동방식이 중시될 수밖에 없으며 이것이 현재에 이르기까지 한국사회를 구성하는 중심원리가 되었다고 생각하는 것이다. 가령 열악한 노동조건 속에서도 국가의 경제발전 및 가족의 행복을 위해 개인이 희생을 감수함으로써 한강의 기적을 이룩할 수 있었고, 86 아시안게임이나 88 올림픽과 같은 국가적 대사가 있을 때마다 사회적 분쟁을 중단하고 자원봉사를 우선하였다. 또 97년 금융위기가 발생했을 때 전 국민이 자발적으로 금 모으기 운동 등을 벌여 빠른 속도로 위기에서 벗어났고, 2002 한일월드컵 때에는 자국의 축구 팀을 응원하기 위해 수백만이 길거리로 몰려나왔다.

이처럼 중국인들은 한국인이 강인성과 집단주의를 바탕으로 부족한 자원을 창조력으로 극복하고, 근면성과 신속성을 발휘하여 경쟁력을 강화하며, 국민들의 희생정신을 통해 신흥 부강국이 되었다고 이해한다. 이러한 점들은 개인주의적 성향이 강한 중국인들에게 낯설게 느껴졌을 뿐 아니라 향후 경제성장을 추진하는 데 있어 자신들에게 결여되어 있는 덕목으로 인식된다. 바로 이러한 차이성 때문에 강인성과 집단주의가 한국인의 대표적 이미지로 상상되기 시작한 것이다.

'한류(韓流)' 와 현대화의 꿈

한류 현상은 시기적으로 볼 때 1997년 한국의 드라마와 대중가요가 중국에 상륙하면서 형성된 것이지만, 개혁개방 이후 일어나기 시작한 중국의 '한국열' 속에서 바라본다면, 이것은 한국에 관한 정보가 대중문화 차원에서 확장된 것이라고 볼 수 있다. 특히 중국인들은 드라마를 통해 한국인의 가족관, 애정관, 인간관계, 생활환경, 소비문화 등의 일상적 삶을 구체적으로 이해할 수 있었다. 그리고 중국문화와의 차이 및 소통 가능성을 발견하고 한류의 소비를 통해 새로운 욕망을 발산하게 되었다.

사실 한류가 상륙하기 이전 중국에는 이미 세계의 대중문화들이 소비되는 문화공간이 창출되어 있었다. 개혁개방은 경제적 개방뿐만 아니라 문화적 개방으로도 이어져 과거의 정치문화와는 다른 새로운 대중문화가 진입할 수 있었던 것이다. 80년대에 소비되었던 외래 대중문화는 덩리쥔(鄧麗郡) 가요, 서구의 락음악, 홍콩의 무협드라마, 대만과 일본의 홈드라마, 미국의 드라마 및 영화 등인데, 대체로 정치적 색채가 배제된 소프트 오락문화의 특성을 지니고 있었다. 그러나 90년대 들어 새로운 소비계층이 성장하고 문화적 취향이 변화함에 따라 80년대의 소프트 오락문화가 퇴조하고 전 지구적 차원의 다양한 대중문화들이 소비될 수 있는 문화시장이 형성되었다. 대중매체들은 이러한 문화적 욕구를 충족할 수 있는 문화콘텐츠들이 필요하였다. 당시 문화시장을 지배하던 것은 미국과 일본의 대중문화였지만 급증하던 대중매체의 수요를 충당하기에는 수량이 턱없이 부족하였다. 이에 따라 새로운 문화콘텐츠를 필요로 하는 공간이 형성되어 한국의 대중문화가 진출할 수 있는 기회가 생겨났다. 이러한 측면에서 볼 때 한류는 중국의 문화시장 논리에 따라 수용된 외래 대중문화의 일종이라고 해야 할 것이다.

한류를 바라보는 중국의 '눈'을 이해하기 위해선 문화시장적인 맥락과 아울러 주목해야 할 점이 있다. 하나는 한류 속의 한국을 실제 한국과 동일시하는 경향이 있다는 것이고, 다른 하나는 중국인들이 중국문화와의 '대비'를 통해 한류를 바라보며, 한국의 이미지를 통해 중국에 결핍되어 있는 그 무엇을 욕망한다는 점이다. 그렇다면 중국인들은 이러한 한류 속에서 한국의 어떠한 특성들을 발견하는 것일까?

한류가 형성되던 당시 그 붐을 주도한 장르는 드라마와 대중가요였다. 그러나 대중가요의 소비자가 주로 10, 20대의 젊은 층에 국한되고 중장년층에게 일종의 거부감을 안겨준다는 사실을 감안하면, 비교적 넓은 소비자층을 지니고 있으면서 한국 사회문화에 대한 정보를 제공한 것은 주로 드라마라고 볼 수 있다. 중국인들이 한국 드라마에서 가장 깊은 인상을 받은 것은 가족과 애정에 대한 '문화'였다. 이는 중국에서 소비된 드라마가 안방 드라마인 〈사랑이 뭐길래〉, 〈순풍산부인과〉에서 트렌드 드라마인 〈별은 내 가슴에〉, 〈토마토〉, 〈가을동화〉에 이르기까지 주로 가족과 애정문제를 다룬 드라마라는 점과도 연관되어 있을 것이다.

중국인들은 한국의 가족문화를 언급할 때면 항상 가족의 중시, 대남자주의, 가부장제, 남성의 희생정신, 여성의 순종성 등의 항목을 거론한다. 우리 입장에서 보면 이미 지나가버린 과거의 이야기처럼 들릴지 모르지만, 그들이 소비하는 한국 드라마 속에서는 이러한 정보를 일상적으로 접할 수 있었던 것이다. 사실 〈사랑이 뭐길래〉를 제외하고는 대남자주의를 노골적으로 표방하는 드라마는 없었는데도, 중국인의 눈에는 한국의 가족문화가 대체로 그러한 것으로 인식되었다. 이것은 일종의 선입견일 수도 있지만 한국의 가족문화를 중국의 가족문화와의 대비 속에서 생각하기 때문에 더욱 그러하다.

근대 이후 중국에서는 가족이 중국사회를 정체하게 만든 근본원인이라고 비판하며 가족해체를 근대국가 건설을 위한 전제조건으로 인식하였다. 사회주의 시기를 거치면서 중국의 가족은 연장자나 구성원 내부의 혈연관계보다는 개인으로서의 자유와 선택을 우선시하는 공간으로 변화하였다. 그래서 이러한 문화에 익숙해진 중국인들에게는 가족의 행복을 앞세워 개인의 자유를 희생하는 한국의 드라마가 낯설게 느껴졌던 것이다.

중국인들은 한국인의 애정관이 돈, 권력 같은 세속적 가치보다는 순수하고 열정적인 사랑을 중시한다고 이해한다. 이것은 한국 드라마가 애정을 둘러싸고 갈등과 시련의 과정을 겪지만 종국에는 세속적 유혹과 욕망에서 벗어나 자신의 순수한 사랑을 선택하는 것과 밀접히 관련되어 있다. 중국인 역시 순수한 사랑을 중시하지만 개혁개방 이후 중국의 생존현실은 갈수록 성공과 출세를 위해 사랑보다 세속적 욕망을 선택하게 만든다. 중국 드라마에서도 이러한 현실을 반영하여 자신의 성공을 위해 수단적인 결혼을 하거나 혹은 사랑을 포기하고 권력, 돈, 유학과 같은 욕망의 길을 선택했다가 비극적이고 고독한 운명을 맞이하는 이야기들을 많이 그리고 있다.

최근 중국에는 칭런(情人, 애인), 띠얼타이(第二太, 정부) 같은 말이 유행하며 사랑을 세속적으로 소비하는 경향들이 출현하고 있는데, 이것은 현세대의 애정관과 맞물려 있다고 할 것이다. 물론 한국의 드라마에도 현대 도시인들의 가벼운 사랑이야기나 세속적 선택을 하는 경우도 있지만 드라마의 전체적인 흐름은 자신의 사랑을 실현하기 위한 시련과 도전의 과정이 더욱 강하게 처리되어 있다. 바로 이러한 한국 드라마의 사랑이야기를 접하면서 중국인들은 한국인이 세속적인 욕망보다는 순수하고 열정적인 사랑을 추구한다고 이해하는 것이다.

중국인들이 한국 드라마에서 관심을 가지는 또 다른 부분이 바로 한국의 물질세계에 대한 정보였다. 그들은 드라마의 배경이 되는 현대적 건축, 국산 자가용 및 가전제품, 세련된 의상과 패션물, 유명 메이커 핸드폰, 김치 · 불고기 · 비빔밥 등의 음식, 헬스 · 수영 · 에어로빅으로 단련된 신체 등을 통해 한국의 현대화된 일상을 접촉하였다. 개혁개방 이후 부자의 꿈을 추구하던 중국인들에게 이것은 단순한 이국적 풍경이 아니라 신흥 부강국으로서 한국의 이미지가 눈앞에 나타나는 순간이었던 것이다. 그들은 드라마 속의 한국과 실제 한국을 동일시하며, 향후 그들이 추구해나갈 현대적 공간 가운데 하나로 한국을 상상하기 시작했다.

한류 속에서 중국인들이 발견한 한국의 이미지는 현대화에 성공한 한국인의 기질과 그리고 현대화된 삶의 양식에 관한 것이다. 그들은 한국인의 본질을 강인성과 집단주의를 바탕으로 한 한국정신에 있다고 여기며, 이러한 한국정신에 의해 창출된 한국인의 문화 혹은 삶의 방식을 '한식(韓式)' 이라고 간주하였다. 중국인들에게 한식은 자신에게 결핍되어 있는 물질세계일 뿐만 아니라 낯설지 않은 기억 속의 세계가 간직되어 있는 공간이었다. 중국인들은 이러한 한식의 세계를 향유함으로써 시장경제 속에서 자신들이 추구해야 할 하나의 경계를 체험하였다. 그리고 개혁개방 이후 급변하는 생존조건 속에서 중국인들은 한국인이 구현한 삶을 통해 자신이 근접할 수 있는 한 가능성을 발견했던 것이다. 이 때문에 한류를 소비하는 중국인의 욕망은 결코 한국에 머물러 있지 않았으며 한국 너머의 그 어떤 세계에 다가가 있었다. 이렇게 볼 때 한류는 전 지구적 소비문화 공간인 중국에서 중국인이 선택한 문화스타일 가운데 하나이며, 그들은 한류의 소비를 통해 현재화된 '부강'의 꿈을 욕망했다고 할 수 있다.

한국 경계론

이상으로 우리는 한국을 바라보는 중국의 '눈'이 개혁개방 이후 적대적 정서에서 우호적 정서로 변화되는 과정과 새롭게 상상되고 있는 한국의 이미지에 대해 살펴보았다. 전체적으로 볼 때 중국에서 한국의 이미지가 긍정적으로 바뀌어가고 있는 것은 사실이다. 그러나 이것은 어디까지나 한국에 대해 우호적인 관심을 가지고 있는 중국인의 '눈'을 중심으로 살펴본 결과라는 점을 간과해서는 안 될 것이다.

주지하듯이 중국은 지역, 계층, 세대에 따라 심각한 편차를 지니는 광활한 세계이자 단일한 시각을 통해서는 해석 불가능한 문화복합체이기 때문이다. 이러한 중국적 특수성은 한국에 대한 이해방식에 있어서도 예외가 아니며 특히 세대에 따라 현저한 차이를 보이고 있다. 한국에 대해 무관심한 중국인, 냉전적 사고 속에서 한국을 바라보는 중국인, 경제적 측면에서만 한국을 승인하는 중국인, 한류 속의 한국을 동경하는 중국인 등 다양한 유형들이 공존하고 있다. 이와 아울러 우리가 주목해야 할 점이 한국에 대한 긍정적 이미지뿐만 아니라 부정적 이미지도 새롭게 형성되고 있다는 것이다. 특히 반성적으로 보아야 할 점은 한국의 부정적 이미지가 중국인들이 긍정적으로 바라보고 있는 한국인의 기질로부터 파생되어 나온다는 것이다.

대체로 중국인들은 한국인의 기질을 불리한 생존현실을 극복하고 신흥 부강국이 된 원동력으로 이해하며 긍정적인 차원에서 바라보고 있다. 그러나 문제는 한국인의 집단주의적 성향이 한국적 상황을 떠나 중국이라는 이질적 공간 속에서 출현할 때이다. 그중 가장 심각하게 '문화충돌'이 일어나는 곳이 바로 중국 내 한국의 기업체에서다. 가령 한국인 관리자가 중국인 노동자를 위계적이고 수직적인 관계를 통해 비인격적으로 대하거나, 중국인을 한국인에 비해 차별 대우를 하는 사례들이 그러하다. 그리고 일상 현실 속에서 중국인과 더불어 살지 않고 한국인만의 부유한 집단촌을 형성하거나 유학생들이 패거리로 몰려다니며 집단적인 행위를 하는 것 역시 한국에 대한 부정적 이미지를 가중시킨다. 이러한 문화충돌의 골이 깊어질 경우 소위 '반한감정'으로 이어질 가능성도 잠재되어 있다. 2002 한일월드컵 때 중국 일부에서 '반한감정'이 일어난 것은 중국 언론의 편파보도에 편승한 것이기는 하지만 그동안 누적되었던 한국에 대한 부정적 이미지가 밖으로 분출된 현상이라고 할 수 있다. 그 속에는 한국인의 집단적 배타성에 대한 항의가 깔려 있다고 할 것이다.

이러한 점과 아울러 현재 중국에서는 역사와 문화 문제를 둘러싸고 한국 경계론의 목소리가 확산되고 있다. 가장 큰 논란이 된 사건이 바로 한국의 동북공정 항의와 단오절이 유네스코에 한국 문화유산으로 등재된 일이다. 2004년 7월 한국에서 동북공정 문제가 전 국민적인 흥분을 불러일으켰을 때 정작 중국인들 가운데는 왜 이 문제가 한국인의 항의를 받아야 되는지 이해하고 있는 사람은 거의 없었다. 현재 중국의 영토인 동북지방의 역사를 재정리하는 작업에 대해 외국인 한국이 왜 문제 삼으려 하는 것인지 오히려 이를 내정간섭으로 느끼는 이들이 훨씬 많았다.

중국은 역사를 바라보는 시각이 한국과 상이하다. 한국이 한민족의 활동을 중심으로 한국사를 구성하는 것과 달리, 중국은 현재의 영토 안에서 벌어진 모든 민족의 역사적 활동을 중국사로 편입하고 있다. 이는 역사적 진실보다는 한족과 소수민족을 하나의 역사로 통합해야 하는 정치적 필요성이 강하게 개입된 것이다. 그래서 중국은 이러한 시각을 기반으로 역사 교과서를 서술할 뿐 아니라 국가정책을 시행하기 때문에 일반 중국인들이 이러한 시각에 익숙해져 있는 것은 당연한 일이다. 중국인의 입장에서 볼 때는 현재 자신의 영토인 동북지방과 그곳에서 벌어졌던 고조선, 고구려 및 발해 등의 역사를 중국사로 포함시키는 것은 정당한 일이라고 생각하며, 도리어 한국이 자신의 영토와 역사를 넘보려고 하는 게 아닌지 의심을 품고 있는 실정이다.

공교롭게도 2005년 11월 강릉단오제가 그 문화적 독창성과 예술성을 인정받아 유네스코 인류구전 및 무형유산걸작으로 선정되었다. 2004년, 한국이 강릉단오제의 유네스코 신청을 준비하고 있다는 소식이 전해지자 중국 언론은 벌집을 쑤셔놓은 듯 흥분했다. 한국의 문화약탈이라는 분노에 찬 글들로 언론이 도배되었다. 만약 2천 년 역사의 단오절이 한국의 문화유산으로 등재된다면 이는 중국의 수치이며 중화민족감정상 절대 이를 받아들일 수 없다고 격분하였다. 미처 대응하지 못하고 있던 무형문화 분야에서 한국에 일격을 당한 중국은 비물질 문화유산 대응에 전열을 정비하고 반격을 시작하였다. 바로 한 달 뒤인 2005년 12월 22일, 중국 국무원은 문화유산에 대한 전국적인 조사와 등록을 선포하였고, 문화유산 보호를 위한 '문화유산일' 제정을 결정하였다. 매년 6월 둘째 주 토요일을 문화유산일로 지정한 중국은 2006년부터 TV와 모든 언론을 동원한 전국적인 행사를 실시하고 있다. 침과 뜸 등의 동양의학과 춘절, 중추절 등 한국과 관계된 목록들이 최우선 순위로 올라있는 것은 바로 한국에 앞서 유네스코에 등재해야 한다는 여론의 반영인 셈이다.

이러한 한국 경계의 정서가 일어나면서 그동안 우호적으로 수용되었던 한류에 대해서도 상이한 반응이 나타나고 있다. 소위 '抗韓流', '嫌韓流' 라 하여 한류를 할리우드와 유사한 제국주의적 문화침략으로 규정하거나 중국의 문화산업 성장을 위해 경계해야 한다는 주장이 출현하고 있는 것이다. 나아가 이러한 경계의 정서가 역사와 문화 방면에서 한국과 벌이고 있는 갈등과 겹쳐지면서 한류 콘텐츠의 중국 기원을 주장하는 목소리도 불거져 나오고 있다. 가령 상당수 중국인들이 〈대장금〉을 즐겨 시청하며 깊은 감동을 느끼고 있지만, 〈대장금〉 속의 침술, 음식, 의상, 건축 등 낯익은 문화는 중국에서 기원한 것이라 여겨 종주국의 시선으로 바라보는 경우가 그러하다. 이것은 중국인들의 관습적 사고로서 특별히 새로운 일은 아니지만, 단오절의 유네스코 등재 문제와 밀착되어 있어서 문화소유권을 둘러싼 민족적 우월의식으로 연결될 수도 있다.

문화소유권 문제와 아울러 민감하게 부딪치고 있는 것이 바로 고구려사를 다루고 있는 한국 드라마에 대한 논란이다. 이는 〈주몽〉, 〈연개소문〉, 〈대조영〉 등을 둘러싸고 벌어진 것인데, 아직 이 드라마들이 중국 대륙에 방영되지 않아서 한국 TV를 본 중국 네티즌들의 의견 표출인 셈이다. 특히 〈연개소문〉에서 중국인들이 성왕으로 추앙하는 당 태종이 안시성에서 화살을 맞고 퇴각하는 장면이나 고구려가 당나라의 지방정권이 아니라 동아시아의 패권을 놓고 당나라와 전쟁을 벌인 대국으로 설정된 것 등은 중국 네티즌들이 수용하기 힘든 부분이어서 이와 관련된 논란이 분분하다. 마치 동북공정의 갈등이 한국 드라마로 이어진 듯한 분위기인데, 이를 한류와 연결지어 중국의 역사를 침탈하는 문화로 몰아갈 여지도 있어 보인다. 그리고 중국정부도 한국 드라마가 TV에서 과도하게 방영되는 현상을 제한하기 위해 외국 드라마 쿼터제를 시행하거나 황금시간대 방영을 금지하는 등 과거와 다른 문화정책을 사용하고 있다.

그렇다고 한국 경계론이 지배적인 정서라는 말은 아니다. 오히려 중국정부는 한국을 세계 10대 대국에 포함시키며, 미국보다 먼저 FTA를 체결하기 위해 적극적인 자세를 취할 정도로 한국을 중요한 협력 파트너로 생각하고 있다. 한류의 경우도 반(反)한류의 흐름이 있기는 하지만 현실적으로는 이질적인 외래문화에서 벗어나 중국 안의 일상화된 대중문화로 정착될 만큼 자기자리를 확보하고 있다. 그렇지만 최근 벌어지고 있는 갈등이 양국을 태풍 속으로 몰고 갈 가능성도 잠재해 있는 게 사실이다. 현재 중국은 고대 역사서술이나 문화 소유권에 관한 입장을 바꿀 가능성은 거의 없으며, 특히 만주나 간도 등의 영토문제에 대해서는 비타협적인 완강한 자세를 보이고 있기 때문이다.

제7장

7

한국인의 중국 상상

한국 속의 중국

한국청소년개발원, 중국청소년연구센터, 일본청소년연구소, 미국의 사회조사회사가 공동으로 2005년 11월부터 한국, 중국, 일본, 미국의 156개 고교생 7천304명을 대상으로 실시한 조사에서, 중국의 고교생 50%가량이 가장 좋아하는 나라로 미국과 일본을 제치고 한국을 선택한 반면, 한국의 고교생은 삼국 가운데 제일 낮은 수치인 7.2%만이 중국을 선호하는 상반된 결과가 나타났다. 감수성이 민감한 청소년들에게 한중 간의 선호도가 이렇게 상반될 만한 이유가 있는 것일까? 중국 청소년의 경우 한류 특히 대중가요의 영향권 하에 있어서 한국을 선호할 만한 통로로 작용한다면, 한국 청소년은 왜 중국에 대한 선호도가 최저치를 기록한 것일까?

현재 중국에 대한 비호감은 청소년뿐만 아니라 성인의 경우도 마찬가지다. 2006년 3월 한국국방연구원이 성인 1,002명을 대상으로 실시한, '10년 후 우리나라 안보를 가장 위협할 것 같은 나라'를 묻는 여론조사에서 중국이 37.7%로 1위를 차지하였다. 2004년 이후 중국이 한국의 최대 교역 파트너가 된 시점에서 한국의 청소년과 성인이 모두 중국을 선호하지 않고 있다면, 그 이유는 2004년 7월 한국 언론이 집중 포화를 퍼부은 중국의 동북공정과 고구려사 왜곡의 문제와 밀착되어 있을 것이다. 공교롭게도 그 시점 이후 한국에 가장 비우호적인 나라를 묻는 각종 조사에서 중국은 매번 최상위에 랭크되었다.

중국의 동북공정과 고구려사 왜곡 이후 한국사회에는 '중국위협론'의 시각이 주류를 형성하기 시작했다. 이러한 시각은 역사나 안보 영역에만 국한되는 것이 아니라 그간 협력관계를 유지했던 경제 분야에서도 유사한 시각이 흘러나오고 있다. 샌드위치 코리아의 화살을 중국 쪽으로 돌리거나 중국경제의 성장이 한국에 악영향을 끼치고 있다는 부정적인 보도들이 쏟아져 나오고 있는 것이다

중국 일각에서도 분명 한국 경계론이 일어나고 있지만 이처럼 노골적으로 반감을 표시하지는 않는다. 역사, 문화 방면의 갈등이 정치, 경제, 안보상의 대립으로 비화되지 않도록 대승적 차원에서 그 수위를 조절하고 있다는 말이다. 그런데 우리는 지금 어떠한가? 혹여 민족감정과 중국위협론에 갇혀 중국의 실상과 변화를 제대로 읽어내지 못하는 것은 아닌가? 이제 그러한 시각이 한국의 미래에 어떠한 영향을 끼칠 수 있는지 냉정하게 성찰해볼 때가 되었다.

필자는 이 문제를 역사적으로 이해하기 위하여, 먼저 20세기 한국 안에 형성된 중국을 바라보는 시각에 대해 총체적으로 조망하고, 다음으로 중국이 급부상한 2000년 이후 중국을 바라보는 시각이 어떻게 변화하고 있는지 서술할 것이다. 그리고 2004년 한중관계의 중요한 변수가 되고 있는 동북공정과 고구려사 왜곡 사태가 벌어진 이후 중국에 대한 시각이 급변하게 된 원인에 대해 살펴볼 것이다. 나아가 그러한 변

화를 주도하고 있는 한국 언론의 시각과 정치적 욕망을 비판하고 한국이 어떠한 대응전략을 지녀야 하는지에 대해 조명할 것이다.

문화대국

한국은 지금까지 수천 년 동안 중국과 상호관계 및 문화교류의 역사를 진행해오고 있다. 근대 이전 시기 한중관계는 주로 한국이 중국 중심의 동아시아질서에 조공국으로 위치하고, 중국은 한국에 선진화된 문화를 전해주는 전파자의 역할을 수행한 것으로 인식되었다. 한국과 중국은 서로 책봉과 조공이라는 예의를 교환함으로써 상호관계를 지속했지만, 실제에 있어서는 상대방의 내정과 외교에 간섭하지 않음으로써 상호 독립적인 외교관계를 유지하였다. 비록 국력의 상대적 우열은 있었으나 독립적인 국가체제를 서로 인정하고 있었기 때문에, 양국의 외교적 관계는 차등적이지만 독립적인 성격을 지니고 있었던 것이다.

청일전쟁 이후 중국은 한국에서의 정치적 영향력을 상실했음에도 불구하고, 한국사회를 지배하는 유교문화의 종주국으로서 중국의 지위는 쉽사리 허물어지지 않았다. 가령 한국사회의 진보를 저해하는 원인 가운데 하나로서 유교문화를 비판하거나, 탈근대적 사회를 지향하는 대안적 가치로서 유교를 모색할 때 소위 '공자가 죽어야/살아야'라는 논제를 내세운다는 점은, 공자로 대표되는 중국의 문화적 이미지가 한국사회에 얼마나 깊이 뿌리내리고 있는지를 반증한다고 할 것이다. 그리고 논어, 맹자와 같은 유교 텍스트뿐만 아니라 삼국지, 서유기 등의 문학 텍스트 및 이를 소재로 한 드라마, 영화, 애니메이션 등의 영상

매체를 통해, 문화대국으로서 중국의 이미지가 일상적 차원에서 끊임없이 재생산되고 있다.

그러나 주목해야 할 점은, 한국사회에서 유지되고 있는 문화대국으로서 '중국'은 현실 속에 존재하는 대륙, 대만, 홍콩의 중국이 아니라 과거의 기억 속에 보존되어 있는 중국, 문화 텍스트 속의 중국, 현실 중국 속에 남아 있는 거대한 문명을 만든 전통 중국이라는 사실이다. 이는 무엇보다 근대 이후 자본주의적 발전을 이룩한 한국이 사회주의 실험이 실패하고 경제가 낙후한 중국을 보며 상대적 우월감을 지니게 된 점에서 기인할 것이다. 특히 수교 이후 여행, 방문, 인적 문화적 교류를 통해 중국(인)의 실제를 직접 접촉하게 되면서, 오히려 한국에 가족제도, 인간관계, 예절 등의 전통문화가 잘 보존되어 있고 중국은 이미 다른 세상으로 변화되었다는 인식이 형성되었다.

이러한 인식은 현실 중국을 왜소하게 평가함으로써 변화하는 중국의 실제를 포착하지 못하거나, 문화전통의 명맥이 이제 중국이 아닌 한국으로 이어지고 있다는 내적 우월감으로 나아갈 수도 있다. 다시 말하면, 문화대국으로서의 중국의 모습은 고전 텍스트나 현존하는 상징물 속에서만 보존되어 있을 뿐이며, 현실 공간 속에서는 그 자리를 한국이 대신하고 있다는 이중적 인식이 내포되어 있다는 것이다. 이러한 점은 대중문화로서 한류가 중국에 열풍을 일으켜 한국이 문화수출국의 지위에 오르면서 암묵 중에 강화되고 있는 실정이다.

비하적 대상

대인으로만 상상하던 중국인을 한국의 일상 속에서 접촉하기 시작한 것은 19세기 말 이후의 일이다. 1882년 임오군란을 계기로 '조청상 민수륙무역장정'이 체결되면서 중국의 이주민이 한반도에 밀려오게 되었다. 1894년 청일전쟁에서 중국이 패배한 이후 그 수가 잠시 주춤하 기는 했지만 증가 추세가 꺾이지는 않았다. 중국인들은 무역, 상업, 농 업, 하층노동 등에 종사하면서 한국의 상권 및 노동시장을 장악하기 시 작했다. 그러나 중국 상인들의 배타적 경영방식, 중국 노무자의 노동시 장 점유로 인한 한국인 실업의 증가, 민족적 문화적 차이로 인한 갈등 문제 등이 겹치면서, 중국인에 대한 한국인의 감정이 날로 악화되었다. 일본인의 중국인에 대한 멸시와 맞물리면서 거리를 지나가는 중국인 을 보고 저기 짱꼴라 지나간다고 손가락질하는 풍경은 당시에 이미 일 반적인 것이 되었다. 이러한 일상적 경험을 통해 한국인의 의식 속에서 중국인은, 김동인의 「감자」에 등장하는 왕 서방같이 돈만 아는 이기적 인 인간, 동족 동향 동업 조직만의 배타적 관계를 지니는 폐쇄적 인간, 단순한 육체노동에 종사하는 가난하고 비위생적인 인간이라는 등의 비하적 시각이 형성되었다.

이러한 비하적 시각은 해방 이후 화교에 대한 국가적 사회적 차별 구조가 고착되면서 일상적인 것으로 굳어져 갔다. 소위 중국집으로 상 징되는 음침하고 비위생적인 공간 및 그 속에서 만들어진 짱게이 같은 비속어를 통해 현실 속의 중국인을 상상하게 되었던 것이다. 근 반세기 동안 이러한 시각이 지배적인 가운데, 수교 이후 한국사회에서 사라졌 던 중국인 이주민(주로 조선족)이 다시 일상 속에 등장하였다. 공교롭 게도 자본주의적 경제성장을 이룩한 한국에서 이들이 종사한 일은 백 년 전 중국인 이주노동자들이 몸담은 분야와 유사한 3D업종이었다.

한국인들은 오랜 시간 단절되어 왔던 조선족과의 동포애를 확인하면서도 그들을 통해 현실 중국인을 저임노동자로 상상하였다. 그리고 중국 여행을 통해 한국에 비해 가난하고 낙후된 현황(주로 한국의 6,70 년대라고 비견되는)을 목도하면서, 이것이 한국인의 뇌리 속에 내재되어 있던 상상과 현실 속의 실체를 결합하는 계기로 작용하여 중국에 대한 비하적 시각이 지속되었다. 한국시장에 널려 있는 메이드 인 차이나의 저급한 상품을 보고 중국의 경제수준을 가늠하거나, 중국에서 사스가 발발했을 때 그 주된 원인으로 비위생성이 자연스럽게 떠오르는 것은, 이러한 시각이 우리의 무의식 속에 깊게 자리하고 있음을 반증한다.

적대국가

제2차 세계대전 이후 동아시아는 미국과 소련 중심의 냉전체제로 전환되어, 한반도는 남북한으로 분열되고 중국은 대륙과 대만으로 갈라졌다. 그리고 미소 이념대결로 인해 한국전쟁이 발발하게 되고 여기에 인민해방군이 참전하게 되면서 한중관계는 적대적 관계로 바뀌게 되었다. 물론 해방 이전에도 화교배척운동(1927년)이나 만보산사건(1931년) 등과 같이 한중 간의 민족충돌이 없었던 것은 아니지만, 국가적 차원에서 적대적 관계에 접어든 것은 한국전쟁 이후의 일이라고 해야 할 것이다.

한국은 그 후 미국-대만-한국의 남방삼각체제를 통해 소련-중국-북한의 북방삼각체제에 대항하고, 미국 중심의 자본주의 논리가 고착화되어 중국은 공산주의 적성국가로 규정된 채 관심 밖으로 추방돼 버렸다. 이러한 시대적 분위기 때문에 중국에 대한 지적 관심은 주로 한

학전통에 기반한 텍스트 해석과 문헌학을 위주로 하거나, 고대의 한중 교섭사나 문화교류사를 연구하는 분야에 한정되었다. 당시 현실 중국에 대한 정보를 제공하는 통로는 언론매체였다. 주로 해외 통신사나 2, 3차 자료를 통해서 들어온 정보(서구적 시각)를 이데올로기적 관점에서 보도하는 형식이었지만, 경향신문에서는 김병도라는 기자를 대륙에 파견하여 장강도하사건을 취재하고 국내에 돌아와 『신문기자가 본 중국』이란 책을 발간하기도 했다. 그러나 중국에 대한 정보통제로 인해 현실 중국에 대해 말할 수 있는 전문가가 부재하여, 60년대에 동아방송국에서 문혁에 대한 좌담회를 개최하려고 했으나 대상자를 찾지 못하여 무산되는 일이 벌어질 정도였다.

당시 한국사회가 중국에 대해 알고 있던 정보는, 중국과 자본주의 국가 사이에 놓인 장벽을 중국의 특산물인 대나무에 비유한 '죽의 장막'이나 중화인민공화국이라는 정식 국명을 부정하는(중국이란 실체를 부정하는) '중공'이라는 말 정도였다. 한국사회에서는 북한에서 벌어지는 일만큼이나 죽의 장막 안에서 발생하는 사건들에 대해서 무관심과 침묵이 강요되었다. 가령, 세계사 교과서에 있어서 근대 이전 중국의 역사는 중요하게 다루어지고 있지만, 공산화된 대륙에 대한 내용은 간략히 처리되고 있으며 그 대신 장제스 정권과 대만에 서술의 중점이 두어졌다. 70년대 들어 7·4공동성명, 6·23선언이 이어지고 홍콩을 통해 중국에 간접수출을 하면서 비로소 중국 연구의 금역에 틈새가 열리기 시작했다. 이러한 분위기에 편승하여 대학 내에 중국 연구소와 학과가 설립되어 저널이 발행되고 중국 과목이 개설되었으나, 연구 영역이 '불온 문서 취급인가증'의 검열을 거친, 대만 홍콩에서 입수한 일부 자료에 한정되고, '공산 정권의 실체 파악'과 같은 정치적 방면에 국한되었다.

홍콩문화

중국에 대한 비하적이고 적대적인 시각이 팽배하던 시절, 그 이완 지대로서 우리의 감성을 적셔주던 것이 (대륙이 아닌) 홍콩 혹은 홍콩과 관련된 대중문화 이미지였다. 공교롭게도 매 시기마다 중국의 이미지와 연계된 트렌드가 형성되어 우리사회의 문화적 감성을 드러내고 있다. 해방 이후 한국 신사들은 태평양전쟁 막바지에 이르러 강요당했던 일제의 군복이나 국민복에 염증을 느끼게 되었다. 그래서 1930년대 말에서 40년대 초에 유행하던 신사복을 꺼내 입었고, 미국이 진주하여 그 영향을 받은 후부터는 신사복의 경향은 곧 아메리칸 스타일 쪽으로 쏠리게 되었다. 이런 경향과 더불어 홍콩, 마카오 등지에서 수입되기 시작한 영국제 고급복지가 부유층에 애용되기 시작하면서 소위 '마카오 신사' 라는 말이 만들어졌는데, 아메리칸 스타일과 마카오 바람은 당시 멋쟁이들의 마음을 사로잡았다.

한국전쟁으로 폐허가 된 50년대에는 자본주의적인 물질문화와 향락성 그리고 외국에 대한 동경이 몰아쳤는데, '샌프란시스코', '아리조나 카우보이', '럭키 모닝', '아메리카 차이나타운' 등 아메리카 중심적이고 영어 과시적인 대중가요들이 주류를 이루었다. 이러한 풍토 속에서 중국적 색채를 지닌 '홍콩아가씨' 가 경쾌하면서도 끈적끈적한 리듬을 타고 시대의 슬픔을 감칠나게 들려주었다.

"별들이 소곤대는 홍콩의 밤거리 / 나는야 꿈을 꾸는 꽃 파는 아가씨 / …이 꽃을 사가세요 홍콩의 밤거리 / 그 사람 기다리며 꽃 파는 아가씨"

가사를 들어보면, 식민의 근대도시 홍콩의 밤거리에 꽃 파는 아가씨를 등장시켜 향락적이고 퇴폐적인 분위기를 조성하는 듯하지만, 극한적 절망 속에서도 삶의 욕망을 잃지 않으려는 애절한 심정이 한국 남성들의 가슴을 적셔 주었다. 이러한 호소력 덕분에 홍콩 혹은 홍콩아가씨는 당시 남성세계의 은밀한 욕망을 발산하는 상징어가 되었다.

무엇보다, 홍콩문화가 우리 일상 속에 깊숙이 침투한 시기는 70년대였다. 급격한 TV 보급과 함께 대중문화가 우리 삶 속에 융해되기 시작하여 한국의 대중문화 제1세대가 탄생한 시절, 그 첫머리를 장식한 별이 바로 이소룡과 자장면이었다. 홍콩 출신 할리우드 배우인 이소룡 특유의 괴조음(怪鳥音) 지르고 코 만지는 행위, 쌍절곤 묘기, 절권도 등은 지금의 연예인 흉내내기처럼 당시 청소년들이 곧잘 따라하던 개인기였으며, 그의 트레이드 마크인 어깨 파진 러닝셔츠는 당시의 유행 복장이었다. 영화 〈말죽거리 잔혹사〉에서 잘 보여지듯이, 그들에게 이소룡은 통제되고 강요된 학교생활에서 벗어나 자유와 해방감을 만끽하게 해주는 '탈출구'였던 것이다.

산업화의 성과로 경제수준이 향상되어 아버지의 주머니에 소박한 여유가 생기면서 외식문화가 형성되기 시작했다. 중국집은 어린이날, 생일, 졸업식 그리고 아버지 승진한 날 같은 특별한 경우에만 갈 수 있었던, 서민들의 거의 유일한 외식 장소였다. 그곳에서 맛보았던 자장면의 달짝지근한 맛은 그들이 향유할 수 있는 최상의 기쁨이었다. 자장면은 경제성장에 동원되어 피곤해진 아버지의 애환을 달래주고, 아이에게 풍요로운 세상의 꿈을 키워주던 '보상'의 존재였던 것이다.

그 후 이소룡의 강력한 후원 하에 와룡생, 김용의 무협지가 번역되기 시작하고, 성룡, 주윤발, 장국영, 이연걸, 주성치 등이 홍콩 영화의 계보를 이어나가고 있으며, 'one summer night'의 진추하와 사대천왕 (유덕화, 장학우, 곽부성, 여명)의 대중가요가 부드러운 카리스마로 청소년들의 마음을 사로잡았다. 대륙의 대중문화가 우리에게 소개된 것은 80년대 말 장이머우 감독의 〈붉은수수밭〉이 상영되면서부터이며, 90년대 들어 천카이거, 궁리, 자오웨이 등이 친숙한 이름이 되었지만, 아직은 홍콩문화 이미지를 뛰어넘을 정도로 강력한 문화권을 생성하지는 못하고 있다.

황제의 딸과 중국견문록

광활한 대륙에 한류 바람이 불어 한중교류의 새로운 역사를 쓰고 있을 즈음, 한국에서도 소위 '황제의 딸' 세대라고 불릴 만한 중국 마니아층이 형성되었다. 1999년 인천방송을 통해 한국에 선을 보인 〈황제의 딸〉은, 청나라 건륭제 시대에 황제의 딸에서 평민으로 평민에서 공주로 서로 신분이 뒤바뀌어버린 두 여자가 겪는 인생역정을 중심으로 황실에서 벌어지는 여러 이야기와 문화를 보여준 드라마였다. 당시 아시아 각국에 한류 열풍이 불던 상황에서 생소한 중국의 사극이 10~15%의 시청률을 기록했다는 것 자체가 주목할 만한 일이었다. 갈수록 청소년들 사이에서 〈황제의 딸〉에 대한 입소문이 돌고 인터넷 동호회와 마니아층이 생기고 중국어 붐이 일어나면서, 홍콩이 아닌 중국대륙을 친숙한 문화적 공간으로 상상하는 계기로 작용하였다.

사실 '21세기는 중국의 세기'라는 말이 공공연하게 떠도는 시점에서 중국은 이미 우리사회의 화두가 되었지만, 그것은 어디까지나 '시장으로서의 중국'에 관한 것이었다. 한중수교 이후 정치적 사회적 차원에서 중국에 대한 금기가 풀리고 현실적인 접촉이 가능한 상황이었지만, 문화적으로 볼 때 홍콩 문화의 영역에서 그다지 벗어나 있지 않아서 딱히 자장면 세대와 구별될 만한 새로움은 없었다. 그렇다면 청소년들이 왜 〈황제의 딸〉에 매혹된 것일까? 자장면 세대가 이소룡에 열광한 것과 같은 나름의 문화적 요인이 있었던 것일까?

지금은 사극의 새로운 스타일을 창조한 〈대장금〉이 제2의 한류 열풍을 이끌고 있지만, 당시만 하더라도 한국의 사극은 장엄한 분위기를 통해 궁정이나 역사 속의 한 인물을 영웅화시키는 드라마가 대부분이었다. 이에 비해 〈황제의 딸〉은 역사 속의 인물과 가상인물을 등장시켜 이들 사이의 사랑과 갈등, 우정, 의협심을 보여주는데, 특히 민간에서 들어온 주인공이 궁정의 법도를 뛰어넘어 좌충우돌 벌이는 코믹한 이야기는 종래 한국의 사극에서 느낄 수 없었던 참신함이었다. 게다가 웅장한 스케일의 궁정과 의상, 무용, 노래, 변발 등의 중국 전통문화는 충격적이면서도 홍미로운 장면으로 다가와 극의 재미를 한층 더해주었다.

인터넷, 게임, 채팅 등 사이버문화에 친숙한 세대가 사극 그것도 아직 낯선 세계인 중국 대륙을 무대로 한 드라마로부터 깊은 인상을 받은 것은 당시의 사회적 분위기와 밀접히 관련되어 있다. IMF의 어둠이 안개처럼 짙게 깔려 있던 시절, 고개 숙인 아버지의 축 처진 어깨가 무거워 보이던 가정, 뚜렷한 진로가 보이지 않는 불투명한 미래에 직면하고 있던 이들에게, 분홍빛 치파오를 입은 깜찍한 한 여성이 광활한 무대를 배경으로 신분의 울타리를 넘어 천방지축 사랑과 의협심을 펼쳐나가는 이야기, 그것은 답답한 가슴을 적셔주는 시원한 물줄기였다.

'햐, 중국이 이런 곳이었구나!', 자장면과 홍콩 무협영화의 이미지와 다르며, 위계질서와 빈부격차가 난무하는 한국과도 달리, 사랑과 평등 그리고 정의가 살아 있는 드라마 속의 신비한 중국은 그들의 상상력을 자극하였다. 동호회에 가입하고 중국에 관한 서적을 읽고 중국어를 배우며 나아가 자신의 미래를 중국을 통해 실현하고 싶은 욕망이 꿈틀거렸던 것이다. 이제 중국은 죽의 장막에서 경제 시장으로, 다시 상상 속의 문화적 공간으로 상승하게 되었다. 자장면 세대에게 이소룡이 답답한 현실을 달래주는 유희의 공간이었다면 이들에게 〈황제의 딸〉은 단순한 위로의 수단을 넘어선다. 메마른 땅에서 꽃이 피어나듯 무거웠던 가슴이 두근거리며, 몸소 그 세계를 체험하고 무언가 도전하고 싶은 꿈을 샘솟게 해주었다.

2000년 3월 북경 공항에 배낭을 멘 43세의 한 여성이 조용히 나타났다. '바람의 딸' 한비야다. '새로 시작할 긴급 구호 활동에 중국어가 필요할 것 같다' 며 선택한 1년간의 북경 생활. 중국 초입자인 그녀가 1년 후 학교와 유학생 촌을 중심으로 체험한 이야기 『중국견문록』을 출간하였을 때, 이 책이 '황제의 딸' 세대의 감성에 불을 지피게 될지는 누구도 예상지 못했을 것이다. 이미 출판계는 중국 특수를 타고 관련 서적이 500여 종 넘을 정도로 출간되어 있었으며, 저명한 인사가 쓴 중국 여행기 관련 서적만 해도 수십 종에 달했기 때문이다. 그러나 '황제의 딸' 세대는 전문적 지식과 안목을 바탕으로 쓴 책들보다, 일상적이고 사소한 이야기를 다룬 『중국견문록』을 즐겨 읽으며 중국에 관한 꿈을 키우고 있었다.

무엇보다 『중국견문록』에는 다른 책들이 구비하지 못한 덕목이 있었다. 그것은 바로 한비야의 열정과 도전의식이다. 나이 마흔이 넘어 중학생 때 세운 '40살이 되기 전까지 5개 국어를 마스터하리라' 는 계획을 실현하기 위해, 혈혈단신 중국어를 배우려고 낯선 세계에 뛰어든 한비야. 그녀의 눈에 비친 좌충우돌 중국 이야기는 '황제의 딸' 세대가 앞으로 체험하게 될 미래의 자신의 이야기에 다름 아니었다. '바람의 딸'과 '황제의 딸' 세대의 만남. 그들은 『중국견문록』을 통해 중국 자체에 관한 지식이나 정보보다는 한비야가 겪은 중국 도전의 체험을 맛보았던 것이다.

중국과의 이러한 인연 덕분에 대학에 오기 전에 이미 중국을 여행한 경험이 있거나 중국에 대한 애정이 깊은 학생들이 갈수록 늘어나고 있다. 신입생을 대상으로 중국에 관심을 가지게 된 동기를 물어보면, 중국이 부상하고 있다는 요인과 아울러 가장 빈번하게 나오는 대답이 〈황제의 딸〉과 한비야의 『중국견문록』에 관한 이야기다.

대체로 20세기 한국 안의 중국은 이상의 시각들이 중층화된 형상을 띤다고 할 수 있다. 역사적으로 볼 때 근대, 한국전쟁, 한중수교를 전후하여 국제적 환경과 국내 정치적 상황이 급속하게 전환됨에 따라 중국에 대한 인식의 변화가 이루어졌다. 즉 근대 이전 시기 문화대국의 시각을 지니고 있던 데에서 근대 전후로 비하적 시각이 형성되었고, 한국전쟁 전후로 적대적 시각이 자리잡게 되었다. 그리고 대중매체를 통해 홍콩문화 및 대륙문화의 이미지가 일상 속에 뿌리내리고 있었으며, 수교 이후에는 '시장으로서 중국'의 시각이 새롭게 형성되었다.

현재 한국사회에서 이러한 이미지들은 복잡하게 얽힌 상태에서 공시적으로 존재하고 있으며, 문제적 상황에 따라 특정 시각이 부각되어 중국을 바라보는 '눈'으로 작용하고 있다. 하지만 대중문화를 통한 친숙성이나 최근 형성된 긍정적 시각에도 불구하고, 근대 이후 근 백 년

간 한국사회를 지배해온 비하적인 시각이 여전히 인식 근저에서 그림자를 드리우고 있다. 과거에 부정적 인식이 자라난 역사적 맥락은 사라졌지만, 자기중심적인 입장에서 타자를 바라보는 사고방식은 여전히 잔존하여 시대의 변화에 따라 새롭게 재생산되고 있기 때문이다.

중국의 급부상과 신흥경제대국

21세기 벽두부터 한국 언론들은 일제히 "2020년에는 일본을, 2050년에는 미국을 따라잡을 것"이라거나 "다음 세기 두 번째 해인 2024년이 되면 중국은 거룡으로 자라나 있을 것"이라는 낙관론을 내놓았다. 수교 직후 한국 언론들은 냉전적 시선에서 벗어나 경제 성장론과 체제 붕괴론이 착종된 이중적 시선으로 중국을 바라보았지만, 중국이 급부상한 이후로는 '시장으로서 중국'에 관한 희망적 관측이 지배적이었다.

'부강의 꿈'을 증명이라도 하듯, 2001년 중국은 자신의 숙원인 2008년 올림픽 유치, WTO 가입, 월드컵 본선 진출의 과업을 동시에 완수하였다. 2002년에는 후진타오 체제가 출범하면서 '붉은 중국'의 이미지를 해소시킴으로써 경제뿐만 아니라 정치적 차원에서도 국제적 수준에 맞추어 변화하고 있음을 전 세계에 공표하였다. 그리고 2003년 7월 노무현 대통령의 방중으로 한중관계가 전반적 협력-동반자관계로 격상되었으며, '동양의 파리'의 옛 명성을 되찾고 있는 상하이 푸동과 중국의 실리콘밸리인 베이징 중관춘이 한국 경제개혁을 위한 모델로 정부와 언론의 주목을 받기 시작하였다.

실제로 1992년 이후 2003년까지 대중 교역은 같은 기간 한국의 전 세계 교역 증가율 9.2%를 두 배 이상 상회하는 연평균 21.7%의 속도로 증가하였다. 그 결과 1992년 64억 달러였던 교역액은 2003년 570억 달러로 9배 가까이 증가하였으며, 수출은 연평균 26.7% 성장하여 2003년 351억 달러에 달했다. 이것은 한국의 전체 수출 증가율 8.6%를 3배 이상 상회하는 증가율이다. 특히 한국은 1993년부터 중국에 무역수지 흑자를 올리기 시작하여 2003년까지 총 503억 달러의 누적 무역수지 흑자를 기록하였다.

이러한 우호적 관계에 편승하여 한국 언론들은 연일 중국의 성장에 관한 이야기—중국이 세계의 시장이 되었다, 중국이 마이카 시대에 진입했다, 상하이의 물가가 세계 최고다, 중국 인구 3%가량이 한국 재벌수준의 부자다, 상하이가 부산의 물류량을 초월했다, 자동차·조선·IT를 제외한 전 업종을 중국이 따라잡았다, 가격이 몇천 위안대인 애니콜 핸드폰을 학생들이 가지고 다닌다, 교외의 초호화 골프장에 빈자리가 없다, 10만 위안짜리 월병이 등장했다는 등—를 보도함으로써 신흥 경제대국으로서 중국 이미지가 급속히 자리잡게 되었다.

물론 수교 이후 중국에 대한 우호적인 사건만 있었던 것은 아니다. 90년대 이래 탈북자 문제에 대한 중국의 비인도적 처리, 2000년 6월 한국의 중국산 마늘에 대한 긴급 규제 조치에 따른 중국의 한국산 휴대폰, 폴리에틸렌 수입 중단, 2002년 한일월드컵 때 한국의 선전에 대한 중국 언론의 편파적 보도 등으로 인해 소위 '반중감정'이 일어났던 적이 있었다. 그러나 당시 탈북자 문제는 북한의 내부사정과 관련된 국제적 사건으로 지식인과 민간단체 차원에서 제기된 비판이었고, 마늘과 동은 한국의 외교적 미숙함으로 인해 발생한 무역 분쟁으로 곧바로 쌍방의 협의에 의해 타결되었다. 국민 정서적 차원에서 최초로 '반중감정' 이 일어난 것은 중국 언론의 월드컵 보도 파문이라고 할 수 있다.

이 사건은 한중 간의 직접적인 갈등보다는 중국 일방의 보도태도로 인해 발생한 문제라는 점에서 민족감정을 자극할 만한 요인이 있었다. 더욱이 한국 언론이 중국 국영방송에서 편파보도가 일어났다는 점을 확대해석함으로써 국민적 차원의 거부감을 불러일으키게 만들었다. 당시 중국 국영방송에서 편파보도가 있었던 것은 사실이지만 중국의 모든 언론이 부정적으로 보도한 것은 아니었다. 중국정부에서는 파문을 일으킨 당사자를 즉각 경질하였으며, 언론계에서도 이러한 보도태도에 대한 반성과 아울러 한국의 선전을 공정하게 보도하는 시각이 공존하였다. 그러나 한국 언론에서는 중국 언론의 총체적 상황보다는 특정 매체의 편파보도 문제에만 초점을 맞춤으로써 필요 이상으로 갈등을 증폭시키는 측면이 있었다.

한중수교 10주년이었던 당시, 이 사건을 통해 한중은 상호이해의 문제에 눈을 뜨게 되었다. 진정한 한중 협력관계로 나아가기 위해선 경제관계를 넘어 정치, 사회, 문화, 역사 등 다방면에 걸친 상호이해가 절실히 필요하다는 교훈을 얻었던 것이다. 이 사건으로 야기된 반중감정은 경제적 협력관계의 대세에 묻혀 수면 아래로 가라앉았지만, 그 앙금은 해소되지 않은 채 중국을 바라보는 양면적인 시각을 재생산하게 되었다.

하지만 이러한 사태에도 불구하고 중국에 대한 우호적 인식이 팽배한 것은 국내외에서 일어난 '반미감정'과도 긴밀히 연계되어 있었다. 2002년 12월 미군의 여중생 치사사건 은폐 항의와 한미주둔군지위협정(SOFA) 개정을 위한 전 국민적 촛불시위는 미국과 한미동맹에 대한 전통적인 인식을 반성하는 계기가 되었다. 그리고 2003년 3월, 미국의 이라크 침공은 전 세계적인 반미반전 운동을 초래하여 미국의 제국주의적 본질을 각성하는 기회로 작용하였다. 이러한 일련의 역사적 사건을 통해 한국 내에서 미국의 존재의미에 대한 재인식과 아울러 반미감정이 급속히 확산되었다.

이러한 분위기 속에서 2003년 7월 한중관계가 전면적 협력관계로 격상된데 이어, 8월에는 북핵문제 해결을 위한 6자회담을 주관하여 중국이 국제정치적 차원에서도 한국의 핵심적 파트너로 부상하였다. 2004년 중국은 미국을 제치고 한국의 가장 중요한 교역대상국이 되었으며, 반미감정의 고조와 친중정서의 확산을 통해 외교적 차원에서도 가장 믿음직한 국가로 상상되기 시작했다.

이러한 시각 변화는 동아일보가 2004년 5월 2일 성인남녀 1,024명을 대상으로 한 '대중국 인식' 여론조사에 잘 반영되어 있다. "앞으로 한국이 가장 중시해야 할 나라"에 대해, 경제 측면에서 중국이 61.6%, 미국이 26.2%였으며, 외교안보 측면에서는 중국이 48.3%, 미국이 38.1%를 차지하였다. 그러나 보수언론은 이 조사결과에 대해 심각한 우려를 표명하며, "최대 교역국이자 최대 투자대상국으로 부상한 중국을 중요한 경제 파트너로 인식하는 것은 당연한 변화"라고 인정하지만, "51년 동안 축적된 한미동맹 관계를 수교 12년에 불과한 한중관계보다 뒷전에 놓는 것은 경솔한 판단"이라고 비판적인 시각을 드러냈다.

동아일보가 여론조사하기 한 달 전인 2004년 4월, 열린우리당 당선자 워크숍에서 130명의 당선자를 대상으로 대외인식에 관한 설문조사가 발표된 적이 있는데, 가장 중점을 두어야 할 외교통상 상대국으로 중국이 63%, 미국이 26%를 차지하는 결과가 나와, 동아일보의 대국민

여론조사와 그 결과가 유사하였다. 수교 이후 경제적 협력관계 차원에서 중국의 성장을 긍정적으로 보도하던 보수언론은 외교안보적 차원에서도 한미동맹의 지위를 뒤흔드는 현실을 목도하면서, 그동안 취해왔던 우호적인 태도에서 탈피하기 시작했다. 이 시점에서 불거져 나온 사건이 바로 중국의 동북공정과 고구려사 왜곡의 문제였다.

동북공정과 신중화주의

2004년 7월경 한국 언론에, 같은 해 4월 중국 외교부 홈페이지에 한국 고대사 가운데 고구려사가 삭제된 사실, 북한과 중국이 신청한 고구려 유적의 세계문화유산 등재가 확정된 다음날인 7월 2일 중국의 관영매체 〈신화통신〉과 〈인민일보〉가 일제히 '고구려는 중국의 지방정부'라고 보도한 내용, 대대적으로 보수한 고구려 유적 안내판에 '고구려는 중국의 고대 소수민족 정권'이라고 서술한 사실, 앞으로 중국의 초중고 교과서에 개정된 고구려사가 실릴 것이라는 등의 기사가 연이어 보도되었다. 그리고 이러한 일련의 고구려사 개정 작업이 국가 주도하에 2002년부터 막대한 예산을 투여하고 있는 동북공정의 일환으로 진행되고 있다는 사실이 보도되면서, 한국 언론은 역사전쟁을 불사하는 단호한 어조로 중국의 정치적 의도를 비판하기 시작했다. 그 시점을 경계로 친중정서는 일시에 사라지고 중국을 부정적으로 인식하는 시각들이 지면을 장악하게 되었다.

각 언론들은 7,8월 두 달간 집중적으로 이에 관한 논설을 게재하며 자신들의 정치적 입장을 분명하게 밝히고 있다. 대체로 두 가지 방향으로 논리를 전개하고 있는데, 하나는 동북공정과 고구려사 왜곡의 진상 및 시정요구에 관한 것이고, 다른 하나는 '친중바람'에 휩쓸리고 있는 한국의 중국관을 바로잡는 일에 관한 것이다. 사실 한국에 동북공정 및 고구려사 왜곡에 관한 정보가 알려지기 시작한 것은 2003년의 일로, 당시에도 신문에서 비중 있게 다루며 심각한 우려를 표명한 적이 있었다. 그런데 2004년 언론이 그 당시와 달리 양적 질적으로 강도가 높았던 것은, 우선적으로 중국이 학술적 차원에서 벗어나 구체적인 정책과 실천 양상을 띤 것에 대해 그에 상응하는 강력한 대책이 있어야 한다는 점에서 연유한다. 하지만 더욱 주목할 만한 것은 동북공정과 고구려사 왜곡 자체에 관한 문제를 넘어 '탈미근중(脫美近中)' 쪽으로 흐르고 있는 한국의 대외관을 근본적으로 바로잡아야 한다는 시각이 압도하고 있다는 점이다.

언론의 논리가 이러한 방향으로 진행된 데에는 동북공정과 고구려사 왜곡의 진상을 어떻게 파악하고 있느냐에서 비롯된다. 이 부분에 대한 분석은 진보언론이나 보수언론 구별 없이 거의 동일한 논리를 취하고 있다.

첫째, 중앙정부가 기획 추진주체가 되어 지방정부, 관영언론, 교육기관 등을 일제히 동원하고 있으며 이를 위해 막대한 예산(한국일보를 비롯한 몇몇 언론에서는 그 규모가 3조 원 정도를 투입하고 있다고 보도함)을 지원하고 있다. 둘째, 고구려를 중국 소수민족 정권으로 규정하고, 고조선과 발해까지 중국역사로 편입시켜 한국사를 한반도 안의 역사로 제약하는 왜곡을 단행하고 있다. 셋째, 그 목적이 한반도 통일 후 발생할 수 있는 영토 분쟁에 대비하고, 조선족의 정체성을 재확립하여 한국으로 이탈을 방지하는 데 있다. 넷째, 학술 차원을 넘어 '정치공작' 차원에서 중국 내 고구려 유적의 안내문과 안내책자를 일제히 왜곡된 내용으로 바꾸고 왜곡된 대학교재까지 펴내고 있다. 이러한 분석에 기초하여 언론은 중국의 동북공정과 고구려사 왜곡은 남북통일 후의 영토분쟁과 조선족 문제를 선결하기 위하여, 한국민의 자존과 민족정체성을 뿌리째 뒤흔드는 '시대착오적인 중화패권주의'라고 규정한다.

언론은 이러한 논리를 바탕으로 수교 이후 줄곧 유지해온 중국에 대한 희망적 관측을 버리고 신중화주의 혹은 중국위협론의 시각으로 중국의 본질을 재규정한다. 그리고 이러한 중국의 본질도 모른 채 '중국바람'에 편승하여, 한국의 외교안보 파트너로 미국을 제치고 중국을 중시하는 노무현 정권과 국민들에게 경각심을 촉구하고 있다.

집권당 의원 63%가 가장 중점을 둬야 할 외교통상 대상국으로 중국을 꼽고, 미국 대사관을 4대문 밖으로 내보내면서도 중국 찬가(讚歌)를 불러온 게 이 정권이다. 아무리 주변정세에 무지몽매한 정권이라 하더라도 이런 식으로 가다간 중국이 한반도의 주인 행세를 하려들 날이 닥치리라는 것을 눈치는 챌 법도 한데, 집권세력은 그런 눈치도 없는 모양이다. 나라꼴이 오죽했으면 주변으로부터 이런 업신여김을 당하게 되는가. 오늘 힘이 없고 미래가 없는 나라는 자기 역사도 지킬 수 없게 되는 것이다. 다른 게 아니라 그게 바로 망국(亡國)의 씨앗이다(조선일보 2004년 8월 7일자).

그간의 근중(近中)과 탈미(脫美)는 같은 뿌리에서 나왔다. 결과 또한 비슷하게 부정적이다. 중국은 우리를 무시하게 됐고 미국은 저만큼 멀어졌다. 중국에 대한 집권층의 분노가 여론 흉내내기가 아니라면 역사왜곡을 주변 강대국의 진면목을 정확하게 보는 계기로 삼아야 한다. 그것이 장기적이고 포괄적인 대응방안을 찾는 길이다. 혈맹으로 맺어진 국가와, 수교한 지 12년 된 나라를 같은 선상에 놓고 저울질하는 단세포적 발상부터 버려야 한다. 중국은 미국을 대체할 우방이 아니며 신뢰하기 어려운 상대임을 중국 스스로 행동으로 보여주고 있다(동아일보 2004년 8월 10일자).

반미감정에 편승해 무조건 중국에 대해 호감만 표시해 왔던 대통령을 포함한 현 집권 세력들에게 역사왜곡 문제는 중국의 또 다른 면을 인식할 수 있는 계기가 되어야 한다. 우리가 짝사랑한다고 그들도 사랑해주지 않는다. 국가 간에는 냉혹한 이해관계만이 있을 뿐이다(중앙일보 2004년 8월 23일자).

비록 미국과 노무현 정권을 바라보는 시각이 다르기는 하지만, 〈한겨레신문〉도 이 문제에 대해서는 중국의 패권주의적 행태를 경계하는 입장을 취하고 있다. 특히 역사를 왜곡한다는 점에 있어서 동북공정은 "〈새 역사교과서를 만드는 모임〉 따위 일본 우익의 뻔뻔한 침략사관과 본질적으로 다를 바 없는 자폐적인" 행위라고 비판하고, "공유할 수밖에 없는 과거 역사를 일방이 독점"하며 "패권주의적 미래를 상정한다"면 "한반도는 중국을 경계하고 다른 길을 모색하게 될 것"(한겨레신문 2004년 7월 28일자)이라고 경고한다.

수교 이후 "12년간 양국이 이룩한 협력의 모델이 전 세계적으로 부러움을 살 정도로 성공한" 한중관계의 기반이 고구려사를 둘러싼 역사 전쟁으로 일시에 무너져, 중국은 이제 전면적 협력 국가에서 신뢰하기 어려운 패권주의 국가로 전락해버렸다. 물론 경제협력과 6자회담 등의 영역에서는 "12년간의 성공적인 협력을 더 확대 심화시켜 새로운 전진을 이루어 나가야 한다"고 인식하지만, 외교안보 차원에서 중국은 더 이상 미국의 지위를 대신하는 동반자로 수용될 수 없었던 것이다. 언론의 이러한 시각 덕분에 동아일보 여론조사가 끝난 지 불과 4개월 후인 2004년 9월 KBS 〈열린토론〉에서 실시한 여론조사에서, 중국은 한국이 가장 중시해야 할 동반자에서 '국민의 58.2%가 좋아하지 않고 87.1%가 추격에 불안을 느끼는' 경쟁자로 탈바꿈하고 말았다.

이상으로 볼 때 한국 언론은 동북공정과 고구려사 왜곡 비판을 통해, '탈미근중'으로 흐르고 있는 대외관계를 본래의 한미관계 중심으로 되돌리고, 중국과는 경제적 협력수준에서 관계를 재정립하는 것을 의도했다고 할 수 있다. 그리고 언론의 의도대로 부상하던 중국중시론이 수그러들고 다시 미국중시론과 한미동맹론이 주도권을 쥐게 되었다.

중국위협론

국제정치적 차원에서 볼 때 타국에 대한 시각은 자국의 정체성 문제 및 국내 정치적 상황과 긴밀히 연계되어 있다. 한국전쟁 이후 한중관계가 적대적으로 전환한 것이나, 탈냉전 이후 북방정책, 한중수교 그리고 동북아론에 이르는 과정은 국제적 환경의 변화에서 영향을 받은 것이지만, 국내 정치적 상황과 선순환하고 있다는 측면 역시 간과할 수 없는 점이다. 국제관계에서는 타국 자체보다 타국과 어떠한 관계를 정립할 것인가가 더욱 중요한 문제가 되기 때문이다. 그런데 타국과의 관계정립에 있어 상호이해의 시각이 결핍될 경우 언제나 타국에 대한 자의적 해석이 난무하기 마련이다. 타국에 대한 실감이 결핍되어 있는 이러한 시각들은 타국에 대한 '상상적' 이미지를 구축하며 이를 통해 자국의 욕망을 끊임없이 재생산한다. 그래서 이러한 시각에 대한 반성 없이는 새로운 국제관계를 열어갈 수 없으며, 소통적 인식이 부재한 상태에서는 타국과의 관계 속에서 우리 문제를 풀어나가는 실감을 축적하기가 힘들다.

이런 맥락에서 볼 때 중국의 동북공정과 고구려사 왜곡의 본질을 패권주의적 의도와 연결시키는 언론의 시각은 몇 가지 문제점을 노출하고 있다. 첫째, 상호이해의 문제다. 언론은 중앙정부 차원에서 기획 추진하여 막대한 예산을 투여하고 있다는 점을 근거로 중국의 패권주의적 의도를 부각시키고 있다. 중앙정부 차원에서 기획 추진하고 있다는 것은 국책연구기관인 중국사회과학원이 연구의 주관단위 가운데 하나라는 점에 근거하고 있는데, 동북공정이 중앙정부의 승인 하에 진행되고 있는 것은 분명하지만 그것이 중앙정부가 직접 추진하고 있다는 사실을 의미하지는 않는다. 중국에서 중앙정부의 승인에는 여러 차원이 존재한다. 중앙정부가 사업을 직접 관리하는 경우, 중앙정부의 비준 하에 하부 기관이 독자적으로 일을 진행하는 경우, 그리고 형식적으로만 비준하고 사업에는 전혀 개입하지 않는 경우 등이 있다. 동북공정이 어느 영역에 속하는가의 문제는 좀더 검토할 필요가 있지만, 현재로서는 변경지역의 연구를 강화할 필요성과 동북공정의 연구목적에 대해서 중앙정부가 승인을 한 것이지만 구체적인 진행은 지방정부 등이 주도하고 있는 것으로 보인다.

본래 동북공정은 중국사회과학원의 변강사연구중심에서 1990년대 초반부터 시작된 변강연구 시리즈 가운데 하나이다. 1990년에 시작된 1기 공정은 소련의 붕괴로 중앙아시아에서 대이슬람주의가 확대되어 신강 지역에 영향을 끼치는 상황에 대응하기 위한 것이다. 2기 공정은 90년대 중반 베트남, 미얀마, 라오스와 접경지대인 운남 지역에 국경분쟁과 아울러 마약의 국제유통, 소수민족의 경제적 낙후 등에 따른 사회적 문제가 제기되자 1995년부터 이 지역을 대상으로 진행한 것이다. 그리고 90년대 후반에 동북 지역에 영토분쟁과 민족문제가 일어날 조짐이 보이자 2002년 2월부터 동북공정을 진행하여 한반도와 관련된 고구려사뿐만 아니라 중국과 러시아 변경지역의 역사, 소수민족의 문제 등을 다루고 있다. 이러한 일련의 연구작업으로서 동북공정은 그 예산규모가 언론에 알려진 것처럼 2,3조가 투입될 대형사업이 아니라 5년간 23억 정도가 배정될 프로젝트에 해당한다. 이러한 점을 고려한다면 언론이 기반하고 있는 진상과 동북공정의 실상 사이에는 상당한 거리감이 있다고 할 것이다.

둘째, 역사해석의 문제이다. 언론은 중국의 고구려사 왜곡을 일본의 역사왜곡과 동일한 선상에 놓고 오히려 국가적 차원에서 왜곡을 감행한다는 점에서 더욱 파렴치한 행위라고 인식한다. 한민족의 정통성과 뿌리로 간주되어온 고구려사를 건드렸다는 점은 국민정서상으로 볼 때, 그 추진주체가 누구인지 예산규모가 얼마인지 등의 문제보다는 왜곡 자체가 훨씬 심각한 사안이 되었을 것이다. 게다가 통일 한국 이후의 영토분쟁을 겨냥한 패권주의적인 의도를 지닌다는 분석은 반중적 민족감정을 일으키기에 충분한 사태이다. 그래서 수교 이후 형성된 우호적 관계를 한순간에 적대적 관계로 몰아갈 수 있는 이러한 판단을 내릴 때에는 한중 간의 역사를 서술하는 시각의 차이나 동북공정의 중국적 의도에 대한 좀더 신중한 검토가 선행되어야 한다.

중국의 역사서술의 원칙은 현재의 중국 영토 안에서 살고 있는 모든 민족과 국가가 만든 역사를 중국사로 구성하여, 그들을 하나의 중화민족으로 인식하게 만들 수 있는 정체성을 확립하는 것이다. 이 때문에 중국사 속의 역사가 실제 역사와 괴리되는 경우가 많이 발생됨에도 불구하고 정치적 목적을 위해 역사를 종속시키는 '왜곡'을 단행하며, 그 과정에서 정부, 연구기관, 학자, 언론 등이 동원되어 임무를 수행하고 있다.

가령 고대왕조의 연대를 확정하기 위한 '하은주단대공정'이나 청대의 역사를 정리하기 위한 '청사공정'이 그러한데, '하은주단대공정'의 경우 정치적 목적으로 역사를 잘못 해석했다는 점 때문에 국내외의 비판을 받고 있는 실정이다. 또 한족 중심이 아닌 중화민족의 역사를 서술하기 위해, 그동안 거란의 금나라와 결사항쟁을 벌여 애국적 영웅으로 칭송되던 남송의 악비와 문천상도 민족통합의 대세를 거스른 국수주의자로 비판받는 처지에 몰려 있다. 이처럼 정치적 역사서술 방식은 중국사를 늘 정치적 목적과 역사 사이에서 갈등을 일으키게 만든다. 특히 고구려사처럼 인접국가와 영토를 공유했던 고대사의 경우 인접국가와 역사분쟁이 발생할 가능성은 훨씬 크다고 할 것이다. 그렇지만 현재까지 중국의 역사서술은 중국 내부의 통합을 목적한다는 점에서 대외적 패권의 추구보다는 국내적 차원의 '역사왜곡'이 더 크게 작용한다고 볼 수 있다.

셋째, 한중관계 정립의 문제이다. 언론은 경제적 협력관계로서의 중국은 인정하지만 외교안보 차원에서 미국의 지위를 뒤흔드는 상황을 심각한 위기로 인식하였다. 언론이 경계하듯이 중국의 부상에 편승하여 친중 쪽으로 흐르는 것은 국제관계의 현실을 직시하지 못한 가벼운 처사일 것이다. 그렇지만 아시아 지역 협력의 필요성 및 중국의 부상에 따른 국제관계의 변화를 도외시한 채 한미동맹만을 고수한다는 것 역시 현명치 못한 태도일 것이다. 언론의 이러한 중국인식은 시장주의적 시각으로만 중국을 바라보는데 익숙하여 근대 이후 한중이 걸어온 역사적 경로와 사회구조가 다르다는 점을 통찰하지 못한 데서 기인한다. 이것은 한중수교 이후 15년의 시간이 청일전쟁 이후 우리의 기억속에 뿌리내린 탈중적 경향과 해방 이후의 반사회주의적 이데올로기를 극복하기에는 너무나 짧은 시간이었음을 반증한다. 외교안보 및 역사인식 차원에서 대립하는 국가들이 어떻게 경제관계에서 우호적 협력관계를 유지할 수 있겠는가? 무엇보다 우리는 한반도를 둘러싼 복잡한 국제관계의 현실 속에서 중국의 부상의 의미가 무엇인지를 인식하고, 이를 한반도의 평화정착과 번영을 위한 계기로 활용할 수 있는 지혜를 발휘해야 한다.

동북공정이 순수한 학술문제가 아니라 중국 내부통합 문제와 관련된 정치적 사안인 만큼, 이것을 국제정치적 차원에서 해결할 수 있는 방안을 모색해야 한다. 한국 내부의 정치적 욕망에 의한 중국위협론의 확산은 민족감정을 고조시킬 수는 있겠지만 장기적으로 이 문제를 풀어나갈 수 있는 적합한 방식은 아니다. 더군다나 10년 후 중국이 보수언론의 바람대로 한국의 안보를 실질적으로 위협하는 국가가 돼버린다면 한반도의 운명은 어떻게 될 것인가? 세계 각국이 글로벌 전략의 중심축으로 중국을 인식하여 국가적 차원의 지원을 하고, 한국의 젊은이들 역시 중국을 자신의 꿈의 무대로 만들기 위해 역량을 키워나가는 이 시점에서, 중국위협론이 확산된다는 것은 한국의 성장은 물론이고 당면한 문제 해결에도 역행하는 일이다. 우리는 지금 새롭게 형성되고 있는 국제정세를 실사구시적으로 파악하여 열린 세계를 개척해야 하는 도전의 시대에 살고 있다. 더 이상 구태의연한 이데올로기의 망령에 사로잡혀 한반도의 미래를 그르쳐서는 안 될 것이다.

대응전략

동북공정 사태 이후 한중의 대학생들이 서로 만나 인생과 세상에 관한 이야기를 나누면 국적을 초월하여 젊은이로서 공감대를 형성하는 부분이 많지만, 이야기가 한중 간의 역사로 넘어가면 벽에 부딪힌 듯이 소통할 수 있는 여지를 찾기 힘들 것이다. 심한 경우 얼굴을 붉히며 말다툼을 벌이지만 정작 그들은 똑같은 역사를 두고 왜 이렇게 입장차이가 심하게 나는지 알지를 못한다. 중국 학생은 자국의 영토에 속하는 곳에서 일어난 중국의 역사를 한국이 침탈하고 있다고 생각하며, 한국 학생은 우리 한민족이 세운 나라의 역사를 중국이 왜곡하고 있다고 인식하여, 상대방이 자국의 역사를 침범하고 있다는 불신감만을 안은 채 등을 돌리게 될 것이다.

동북공정의 연구일정(2006년)이 끝난 현재 중국은 한국에서 우려하던 교과서 왜곡이나 한반도 영토를 겨냥한 패권주의적 행위를 추가로 진행하지는 않았다. 한국의 거센 항의를 받은 이후 한중관계를 악화시킬 수 있다는 판단에서 중국정부가 고구려사 문제를 '냉정하게 처리하고 갈등은 확대하지 않는다'는 방침을 정했기 때문이다. 이런 측면에서 보면 한국의 집단적 반발이 일정한 성과를 거두었다고 볼 수도 있을 것이다.

그러나 중국은 역사문제를 둘러싼 갈등이 유발되지 않도록 조정하면서 동북 지역의 경제발전 프로젝트인 '동북진흥공정'을 야심차게 추진하여 동북 지역이 하루가 달리 성장하고 있으며 나아가 동북아 경제교류의 새로운 중심지로 육성하기 위하여 막대한 예산을 투자하고 있다. 또 동북 지역의 조선족들이 경제 흐름을 따라 동남부 지역으로 분산되고 한족이 그 자리를 차지함으로써 조선족 자치구로서의 정체성이 갈수록 희석되어, 중국이 우려하던 조선족 이탈의 문제가 일어날 가능성도 상당히 줄어든 상태다.

　　이에 반해 한국에서는 동북공정 사태 이후 한미동맹의 이데올로기가 득세하여 다각적으로 외교를 펼칠 수 있는 입지가 좁아졌으며, 이러한 상황이 북핵문제와 맞물리면서 남북관계의 경색으로 이어졌다. 2007년 10월 남북 정상회담을 통해 남북의 경색국면이 풀어지고 다방면의 협력 가능성이 열리게 되었으나, 중국은 남북관계가 경색되는 동안 북한에서 유통되는 재화의 약 60%를 공급하고 외국의 북한 투자액 가운데 약 90%를 차지하여 북한경제를 실질적으로 지배하는 세력이 되었다.

　　현재까지 드러난 결과로 볼 때, 동북공정은 동북 지역의 영토문제 및 조선족의 이탈방지를 위한 역사 논리를 마련하여, 향후 진행될 동북진흥공정 및 동북아 경제교류가 안정적으로 이루어질 수 있도록 동북 지역을 정치적으로 통합하는 데 현실적인 목표가 있었던 것으로 보인다. 그렇지만 한국에서는 동북공정의 주요 의도를 한반도 영토를 겨냥한 패권주의적 야욕으로 규정하여 민족적인 차원에서 반응을 보였다고 할 수 있다. 동북공정의 실제와 해석 사이의 격차로 인해 한국은 대응전략 면에서 적합한 방법을 취했다고 보기는 힘들다.

설령 중국의 의도 속에 그러한 측면이 있었다 하더라도 작금의 국제정세 및 한국의 주체적 대응을 통한다면 그런 일이 현실에서 벌어질 가능성은 낮다고 할 것이다. 하지만 한국에서는 그러한 의도만을 확대해석하여 중국을 한국의 정체성을 부정하는 위협국가로 규정함으로써 실제 이상의 과도한 반응을 보인 게 사실이다. 그리고 민족정서에 호소하면서도 정작 북한과의 공동 대응으로 나아가지 못하고 오히려 남북관계가 경색되어 중국이 실리를 얻을 수 있는 환경을 조성하였다.

　　곤혹스럽게도 한국이 시정 요구한 고구려사 문제를 중국이 수용할 가능성은 낮아 보이며, 더욱이 만주와 간도를 둘러싼 영토분쟁에 대해서는 비타협적이다. 이것은 통일적 다민족국가를 추구하는 중국의 정치적 이익과 밀접히 관련되어 있기 때문이다. 중국의 정치경제적 영향력이 강화되고 있는 현 시점에서 이 문제는 한중관계의 진전을 가로막는 최대 난제로 떠오르고 있다. 이제 우리는 이 문제를 단기적이고 감정적으로 접근하는 데에서 벗어나 장기적이고 다각적인 대응전략을 모색해야 한다.

　　먼저 남북의 공동대응과 협력수준을 향상하여 한반도에 대한 중국의 영향력을 완화시킬 수 있는 주체적 힘을 배양해야 한다. 남북관계가 경색국면에 있을 때 중국의 영향력은 상대적으로 강화되어 이 문제를 풀어나갈 수 있는 협상력이 줄어들기 때문이다. 특히 간도 문제의 경우, 1909년 청일 간에 체결한 간도협약은 일제가 대륙 침략의 일환으로 청으로부터 만주철도 부설권 등 각종 이권을 챙기기 위해 간도를 청에 넘겨준 것이라 하여 실제적인 영토회복을 주장하는 움직임이 있다. 그러나 중국 역시 이 문제에 대비하여 자국에 유리한 역사적 근거를 확보하고 있을 뿐 아니라 1962년에 북한과 국경조약을 맺은 상태이기 때문

함북 차량

두만강을 경계로 북한과 인접해 있는 중국의 충산(崇善)마을. 그곳에 정차해 있는
함북 차량 번호판의 덤프트럭. 이 차량에는 북한의 무산광산에서 채굴한 철강이
실려 있다. 중국은 북한산 철강을 중국의 제련공장에서 가공하기 위해 이 차량을
북한에 무상으로 제공한 것이라고 한다. 신의주, 개성 등을 중심으로 경제 개방정
책을 시행하고 있는 북한, 현실적 성공을 거두기 위해선 경제적 '혈맹관계' 로서
중국의 도움이 절대적으로 필요한 상황이다.

에, 당사자인 북한과의 협력 없이 남한 단독으로 이 문제를 제기하는 것은 실효성이 적으며 오히려 중국의 거센 반발에 부딪혀 국가적 손실을 입을 가능성도 있다.

이러한 상황으로 볼 때 남한 단독으로 이 문제를 끄집어내는 것은 적절한 방법이 아니며, 영토분쟁에 관한한 비타협적인 자세를 보이고 있는 중국의 사정을 고려할 때 자칫 국가적 대립으로 이어져 당면한 한반도 평화정착에 역효과를 거둘 수도 있을 것이다. 따라서 당장 이 문제를 꺼내기보다는 문제를 제기할 수 있는 국내외적 여건을 조성하고 이를 통해 실익을 얻을 수 있는 다각적인 전략을 마련하는 일이 우선되어야 할 것이다.

중국의 역사 왜곡은 통일적 다민족국가로서의 정체성을 확립하기 위하여 과거 중국에 포함되지 않던 민족의 역사를 중국사로 통합하는 과정에서 발생한 문제라고 할 수 있다. 그래서 중국이 이러한 국가관을 수정하지 않는 한 지금의 동북 지역을 무대로 한 고구려사의 중국사 편입 시도는 끊임없이 지속될 수밖에 없을 것이다. 현재로서는 중국이 국가관을 수정할 가능성이 거의 없기 때문에 우리는 중국이 교과서 왜곡으로 나아가지 못하도록 예의 주시함과 아울러 역사왜곡의 피해자인 주변국 및 세계의 역사학자들과 연대하여 국제적 차원에서 중국 역사 서술의 문제점을 제기해야 한다. 그리고 한민족의 활동을 중심으로 서술된 한국사 역시 민족주의적 입장이 강하게 반영되어 역사적 사실에 충실하지 못하다는 점도 겸허히 수용하여 고대사에 대한 학술적 연구를 축적하는 한편, 현재의 일국적 시각으로 역사를 바라보는 문제점에 대해 비판하고 동아시아적 차원에서 개방적으로 역사를 서술할 수 있는 공정한 시각을 마련해야 할 것이다.

동북공정 사태 이후 현재 한국에서는 중국에 대한 정서가 악화되어 있는 상태다. 그동안 경제교류의 활성화로 인해 암암리에 중국에 대한 환상이 퍼져 있었는데, 이번 사태를 통해 자국의 이익을 우선하는 국제사회의 냉엄한 현실을 다시 한 번 생각해볼 수 있는 기회가 되었다. 하지만 이러한 감정 악화가 동북공정에 대한 과도한 해석에서도 기인하는 만큼 중국이라는 존재를 균형 있게 바라볼 수 있는 시각을 갖추어야 할 것이다. 이 문제가 장기적으로 잠복할 가능성이 큰 상황에서 이 때문에 한중관계가 장기적인 경색국면에 접어들어서는 안 된다. 우리는 사안에 따라 주체적인 대응 방법을 조정함으로써 한중이 협력과 경쟁을 통해 지속적인 우호관계를 만들어나갈 수 있도록 지혜를 발휘해야 할 것이다. 그리고 중국을 위협국가로 돌려세우기보다는 '책임감 있는 문화대국'이 되어 동아시아의 평화와 번영을 이룩하는데 적극적인 역할을 수행하도록 비판과 견제를 다해야 할 것이다. 중국이 이러한 국가로 성장해나가는 과정이 바로 한국의 밝은 미래와 직결되어 있기 때문이다.

제8장

8

중국인의 기질

만만디

중국처럼 거대한 영토에 인구도 많고 지역성이 다양한 나라의 사람들을 이해할 수 있는 코드가 존재하는 것일까? 역설적이게도 우리는 중국인 하면 자연스레 떠오르는 개념이 있다. 만만디, 체면, 관시, 근검, 절약, 상술, 실리, 배타성, 비위생성 등이 그러하다. 이 가운데는 과거부터 전해온 것도 있고 새롭게 생성된 것도 있으며, 긍정적인 것도 있고 부정적인 것도 있다. 하지만 우리는 이러한 개념을 가지고 중국인은 어떠하다고 말하는데는 익숙하지만, 정작 이러한 개념이 생겨나게 된 사회문화적 맥락은 무엇인지 또 지금은 어떻게 변화되고 있는지를 생각하는 데는 상대적으로 인색한 편이다.

현재 중국이 고속성장을 지속하는 새로운 환경 하에서 가장 논란이 되고 있는 개념이 바로 '만만디'이다. 주지하듯이 만만디는 느리다는 뜻의 중국어 '慢慢地'인데, 한국에서는 대개 이를 행동 속도의 문제로 이해하여, 한국의 '빨리빨리'와 비교되는 동작이 굼뜨고 태평스러운 기질을 지칭하였다. 이것은 일의 효율성을 떨어뜨리는 부정적인 기질로서 중국인이 가난하게 살 수밖에 없는 요인이라고 여겨졌다. 하지만 한국보다 훨씬 빠른 속도로 성장하고 있는 중국경제나 자신의 실리에 민첩하게 반응하는 중국인 그리고 길거리에서 거침없이 질주하는 운전자 등을 목도하면서 중국인은 만만디하다는 개념이 도전받기 시작했다. 그래서 중국인은 본래 만만디한 것이 아니라 실리여부에 따라 행동 속도가 달라진다는 해석이 수긍을 받고 있다.

물론 이러한 해석이 중국인은 굼뜨다는 비아냥거리는 시각을 벗어나게 해주지만, 실리가 보이면 행동 속도가 빨라진다는 것이 중국인의 독특한 기질을 얼마나 잘 드러내는 것일까? 이러한 면은 중국인뿐만 아니라 욕망을 지닌 모든 인간의 공통된 속성이 아닐까? 만만디를 행동 속도로만 결부지어 생각하면 결국 그것은 비효율적인 행동방식으로 인식되어, 만만디에 내포되어 있는 중국적 함의를 놓쳐버리게 될 것이다.

만만디를 이해하기 위해선 중국의 생존환경의 문제와 연관지어 생각해보아야 한다. 먼저 중국의 거대한 생활공간의 크기가 만만디한 생활방식을 만들었을 가능성이 있다. 중국의 생활공간은 한국과 비교할 수 없는 거대한 규모를 지니고 있어서, 빨리 서두른다고 하여 뜻 한대로 일을 마칠 수 있는 곳이 아니다. 오히려 중간과정에서 시행착오가 생기지 않도록 사전준비를 잘 하는 것이 빨리 시작하는 것보다 일을 앞서 마무리할 수 있는 길이다. 또 일을 빨리 밀어부쳐 낭패를 보는 것보다는 일의 속도를 조절하여 차분히 진행하는 것이 현명한 방법인 것이다. 이 때문에 중국인들이 일을 느긋이 처리하게 되면서 만만디한 생활방식이 형성되었을 수 있다.

다음으로 이해관계가 복잡하고 사회적 변동이 심한 중국사회의 특성이 만만디한 삶의 태도를 만들었을 가능성이 있다. 수많은 사람들이 이해관계가 충돌하는 상황에서는 어느 한 쪽에 치우쳐 다른 세력과 갈등을 일으키기보다는 신중한 태도를 취하여 일을 조화롭게 처리하는 것이 현명한 방법이다. 또 사회가 급변하는 상황 속에서는 시류에 휩쓸리기보다는 장기적으로 내다보며 사고하는 것이 향후 자신에게 불리한 결과가 돌아오지 않는 길이다. 그래서 일을 판단할 때 여러 가지 변수를 고려하여 신중히 처리하며, 혼란에 휩쓸리지 않도록 균형적인 상태를 찾아나가야 안정된 현세의 삶을 유지해나갈 수 있는 것이다. 이 때문에 중국인들은 일을 서두르지 않고 행동으로 옮기기까지 숙고를 지속하는데 이 점이 만만디한 삶의 태도를 형성했을 수 있다.

또 하나는 중국의 인구가 과다하여 자기실현을 할 수 있는 일을 얻지 못했거나 생의 활력을 잃고 무료하게 생활하는 과정에서 만만디한 습성이 생겨났을 가능성도 있다. 중국은 소수 지배 엘리트들이 생산수단을 독점하고 있어서 교육을 받지 못한 일반 백성들은 단순 노동에 종사하며 고정된 일상을 반복하였다. 그 가운데는 주어진 환경에 순응하며 적극적으로 살아가는 이들도 있었지만, 생산의욕이 떨어진 이들은 노동속도가 느리거나 주의력이 산만한 경우가 많았다. 이 때문에 중국인들 특히 단순노동을 반복하는 육체노동자들이 무료한 일상을 통해 만만디한 습성이 형성되었을 수 있다.

사실 중국에서 일반 한국인이 쉽게 접할 수 있는 중국인 가운데는 식당, 쇼핑센터의 종업원이나 공장 노동자처럼 단순노동에 종사하는 이들이 많다. 그래서 중국인은 만만디하다는 선입견이 이들의 비효율적인 노동을 보고 정말 그렇구나 하고 생각을 굳힌 경우가 적지 않을 것이다. 이들만을 놓고 보면 중국이 어떻게 초고속 성장을 한 것인지

의문이 들 정도다. 그러나 정작 중국의 성장을 주도하고 있는 엘리트 계층은 만나볼 기회가 드물어 그들이 어떠한 생각을 가지고 어떻게 행동을 하는지 실감하기는 쉽지 않다. 이러한 제한된 경험을 통해서는 만만디를 행동 속도로 파악할 수밖에 없을 것이다.

그러나 눈을 더 넓혀 다양한 계층의 중국인들 특히 경제성장과 밀접한 기업가, 상인, 전문인재 등을 대상으로 살펴본다면 행동 속도로서 만만디는 이미 사라졌다 해도 과언이 아니다. 세계적 글로벌 기업들과 경제올림픽을 벌이며 혁신 경영을 추구해나가는 기업가, 돈이 되는 곳이라면 전쟁터라도 찾아가는 상인, 기발한 상상력을 통해 새로운 상품을 개발하는 전문인재 등은 행동 속도 면에서 한국보다 훨씬 더 빨리빨리 움직여나가는 이들이다. 그러나 분명 행동 속도가 빨라졌음에도 불구하고 중국인의 빠름은 한국인의 '빨리빨리'와 다른 그 무엇을 지니고 있다.

중국경제가 현재 세계 유례없는 빠른 속도로 성장을 지속하고 있지만 이것은 '100년 동안 경제만 생각하라'는 덩샤오핑의 거시적 기획 속의 한 과정에 불과하며, 중국정부가 경제성장을 가속하기 위해 외국 기업을 적극 유치하고 있지만 산업 부문별로 개방의 폭과 속도를 조절하여 사회적 혼란이 발생하지 않도록 균형을 잡아나가고 있다. 또 기업가나 상인들은 실리에 민감하게 반응하면서도 사업 협상을 할 때에는 최대한의 수익이 생기도록 느긋이 기다릴 줄 안다. 심지어 행동이 굼떠 보이는 단순노동자들도 그 속을 들여다보면, 가족들과 집을 짓고 행복하게 살아갈 먼 미래를 위해 저임금을 꼬박꼬박 저축하며 오늘의 고통을 참아나가고 있다.

이것이 바로 중국인의 만만디 기질이다. 만만디는 결코 표면적인 행동 속도로 보아서는 안 된다. 거시적으로 내다보며 균형 있게 사고하고, 미래의 즐거움을 위해 느긋이 기다릴 줄 아는 삶의 태도, 그것이 만만디의 본질이다. 행동 속도가 빨라지더라도 중국인의 이 만만디 기질은 변하지 않았으며 오히려 속도를 안정적으로 지탱해주는 내적인 힘으로 더욱 빛을 발하고 있다. 중국인의 빠름이 한국인의 '빨리빨리'와 다른 것은 바로 '만만디' 기질과 결합된 인내의 속도이기 때문이다.

경쟁 우선

중국하면 누구나 인구가 많고 땅이 넓은 국가라는 이미지를 떠올릴 것이다. 숫자상으로 보면 13억 인구에 남북한 영토보다 41배나 넓은 국토를 소유하고 있다. 단순히 외형적인 규모만을 가지고 비교하는 것은 별 의미 없는 일이지만, 이러한 규모의 크기를 체감하는 것은 중국인을 이해하는 데 있어 중요한 통로가 된다. 이는 중국의 크기가 거대한 숫자로서만 나타나는 것이 아니라 중국인의 삶에 지대한 영향을 끼치는 조건으로 작용하기 때문이다.

시안에서 우루무치 노선을 따라 실크로드를 여행할 때의 일이다. 시안에서의 일정을 마치면 밤기차를 타고 란저우로 이동할 계획이었는데, 때마침 여행 성수기라 침대칸은 고사하고 좌석도 없어서 입석을 타고 가야 할 처지에 몰렸다. 중국 여행에서 이런 상황은 흔히 발생하는 일이라 대처 방법을 알고 있으면 편안한 여행을 즐길 수 있다. 이럴 때는 대체로 입석표나 입장권을 끊고 승차한 후, 승무원에게 수수료를 더 주고 빈 좌석 표를 사는 '부퍄오(補票)'를 하면 된다. 하지만 이 날은 중국 유동인구의 실상을 느낄 정도로 초만원이어서, 좌석은 물론이

발 딛을 틈 없는 중국 기차 안의 풍경

고 발 딛을 틈조차 찾기 힘들었다. 꼼짝없이 15시간의 밤 시간을 서서 갈 형편이었다.

이리저리 궁리해보다가 중국인들 속에서 입석 체험을 한 번 해보기로 마음을 먹자 비로소 기차 안의 정경이 눈에 들어오기 시작했다. 중국에서는 이동거리가 보통 20~30시간 정도 소요되기 때문에 몇 끼의 식사를 기차 안에서 해결해야 한다. 그래서 중국인들은 항상 짐과 아울러 음식 보따리를 한 아름 들고 승차하여 기차 안이 간이식당처럼 소란하면서 특유의 향기로 가득했다. 기차 안뿐만 아니라 칸과 칸 사이의 빈 구석마다 좌석이 없는 사람들이 자리를 선점하여 몸을 움직이기도 쉽지 않았다. 그동안 입석을 탄 경험이 별로 없던 터라 필자는 중국인들의 자리경쟁에 밀리고 밀려, 앞뒤에서 압박해오는 힘이 균형을 잡는 어느 지점에서 겨우 안정을 취할 수 있었다.

시간이 흐를수록 체력은 소진되고 인내의 한계가 느껴졌다. 하나둘 바닥에 퍼질러앉기 시작했고 어떤 이는 의자 밑의 공간으로 몸을 밀어넣어 잠을 자기도 했다. 필자 역시 피곤하기는 마찬가지였지만 한국인이라는 괜한 자존심이 발동하여 선 채로 버티고 있었다. 서서히 주위의 고도가 낮아지자 안개가 걷힌 듯 기차 안을 한눈에 조망할 수 있었다. 그런데 바닥에 앉아 있거나 누워 있는 사람들 가운데 노인이나 어린아이를 동반한 부녀자가 여럿 있었음에도 불구하고, 좌석에 앉아 있는 젊은 사람 누구도 자리를 양보하는 이가 없었으며, 노약자들 역시 타인에게 자신의 처지를 호소하지 않았다. 기차 안에는 그렇게 일상적 평온함이 흐르고 있었다.

한국에서라면 어떻게 되었을까? 아마도 젊은 사람들 한둘은 벌떡 일어나 자리를 양보했거나 그렇지 못한 이들은 가시방석에 앉은 듯 마음이 불편했을 것이다. 한국적 인지상정으로 보면 젊은 중국인들은 '싸가지' 없는 이기적인 자로 비춰지리라. 90년대 한중 간에 인적 교류가 일상화될 즈음, 중국 언론에 한국인의 예의바름에 관한 기사가 실린 적이 있었다. 중국 대중교통을 탄 한국인이 노약자에게 자리를 양보한 일에 관한 것으로, 중국에서 양보를 실천하는 사람은 한국인밖에 없다, 유가의 전통 예절이 중국에서 사라지고 한국으로 계승되었다는 등의 이야기였다. 이러한 기사 덕분에, 지금까지 중국인은 한국인이 양보를 생활화하고 있는 예의바른 민족으로 인식하고 있다. 우리 입장에서 보면 기사거리도 되지 못하는 일상적인 일이 중국에서는 특별한 사건으로 받아들여졌던 것이다.

기차는 인내의 한계를 넘어 유유히 달리고 있었다. 한국에서 경험할 수 있는 최대의 입석 체험은 서울에서 부산까지의 5시간 정도였지만, 이제 그 한계가 어디까지인지 새로운 시험무대에 접어들었다. 각기 제자리에 적응한 중국인들은 고통의 시간을 보내고 있는 필자와 달리 편안한 얼굴이었다. 버티고 버티다 10시간을 넘어서자 결국 다리가 후들거려 자리에 주저앉고 말았다. 그리고 5시간을 더 달려 난저우에 도착한 후 과다한 입석체험으로 인한 피로감으로 여행 일정을 하루 늦추지 않을 수 없었다.

중국에서 15시간이면 비교적 짧은 거리에 속한다. 그보다 훨씬 장시간이었다면 어찌 되었을까? 이러한 상태에서 자리를 양보한다는 것은 초인적 의지가 필요한 행위가 아닐까? 혹독한 입석체험을 맛보고 나니 중국인들이 본래 이기적이어서 그런 것이라는 선입견이 사라져 버렸다. 그 대신, 양보는 한 민족의 본성을 드러내는 덕목이기에 앞서, 그 나라 삶의 조건에 따라 상이하게 나타날 수 있는 행위라는 생각이 고개를 들었다. 한국의 경우, 충효의 전통이 깊이 뿌리박혀 있는데다가 5시간 이내의 인간적인 규모를 지니고 있어서, 양보가 정착될 수 있는 유리한 조건이라면, 중국은 어떠한가?

중국의 대학 신입생들은 입학 후 우선적으로 하는 일이 학과 졸업생의 취업 동향과 자신의 진로에 대한 고민이다. 한국의 신입생들이 낭만적인 대학생활과 동아리활동에 관심이 높은 것과 달리, 이들은 입학과 동시에 졸업 후 취업을 위한 경쟁력을 키우는데 주력을 하는 것이다. 중국의 부모들 역시 양보가 미덕이라는 점은 잘 알고 있지만, 그보다는 자녀들이 자신의 자리를 찾아갈 수 있는 경쟁력을 확립하도록 교육을 시킨다. 이것은 중국적 삶의 조건에서 생존하기 위해서는 타인에 대한 배려보다는 개인의 능력 향상이 우선시되기 때문이다. 어린시절부터 사회 안팎에서 경쟁 중심의 교육을 받고 냉정한 삶의 현장에서 이를 몸소 느낀다면, 경쟁 우위의 행동방식에 익숙해지는 것이 오히려 자연스런 일이 아닐지.

길거리에서 먼저 가기 위해 차머리를 내밀거나 신호를 지키지 않고 무단횡단을 하고 줄을 서서 기다리기보다는 아무렇지 않게 끼어들어 자리를 차지하는 일은, 중국에서 흔히 접할 수 있는 풍경이다. 이는 질서나 양보의 시선으로 보면 혼란스러움 그 자체일 것이다. 그렇지만 그 속을 자세히 들여다보면 중국사회를 움직여나가는 독특한 경쟁우위의 질서와 그 질서에 순응하며 살아가는 중국인의 모습을 엿볼 수 있다. 흔히 생각하듯이 중국은 유교문화의 동질성과 지리적 인접성 등으로 인해 우리와 유사한 것 같지만, 실제로 겪어보면 오히려 이질적인 측면을 더 많이 느낄 수 있다. 이는 우리와 다른 삶의 조건에서 기인하는 현상으로, 이러한 차이를 이해하는 과정이 바로 중국인에 대한 실감을 키워나가는 길이 될 것이다.

개인 중심

중국의 크기를 한번 느끼고 나면 도대체 이 거대한 나라가 어떻게 움직여나가고 있는지 궁금해질 것이다. 중국의 현 정권이 과거 중화제국의 황제와 같은 막강한 권력을 지니고 있고, 공동체의 이익을 우선하는 사회주의 체제가 지배하고 있는 현실을 고려할 때, 무언가 중국이라는 거대 사회를 움직이는 집단적 힘이 존재할 것이라는 생각이 든다. 게다가 중화민족을 하나로 응집시키는 중화사상의 전통이 아직 영향력을 발휘하고 있는 점을 감안한다면, 중국인은 권력의 통제와 민족주의에 길들여진 집단적 성향을 띨 것이라고 예측하기 쉽다.

하지만 중국인을 실제로 접촉해보면 예상과 달리 개인주의적 성향이 훨씬 강하다는 것을 느낄 수 있다. 이러한 점은 한국인과 중국인이 공동으로 집단을 구성하는 기업체나 학교 등에서 두드러지는데, 상대적으로 한국인은 집단주의적 성향을 띠고 중국인은 개인주의적 성향을 띠는 문화적 충돌이 종종 벌어진다. 왕샤오링은 「한국과 중국의 문화적 차이에 대하여」에서 한국과 중국의 대학생을 대상으로 다음과 같은 흥미로운 조사를 한 적이 있다. 혼자서 학교 식당에서 식사하는 것을 어떻게 생각하느냐는 질문에 대해 양국 대학생들은 서로 아주 다른 대답을 하였다. 혼자서 식사하는 것이 아무렇지 않다고 대답한 중국 학생은 약 73%로 대다수를 차지한 반면, 같은 대답을 한 한국 학생은 14%에 불과했다. 한국 학생 가운데 35% 정도는 혼자 먹기 쑥스러워서 차라리 군것질로 때우겠다고 대답한 반면, 그러한 대답을 한 중국 학생은 겨우 1%를 조금 넘을 정도였다.

무척 공감되는 이야기일 것이다. 구내식당에서 혼자 밥을 먹는 사람을 보면 우리는 평범한 눈으로 그를 바라보지 않고, 구성원들로부터 '왕따'를 당하거나 튀는 성격의 소유자일거라는 삐딱한 생각을 하기 마련이다. 이러한 눈총 때문에 식사시간이 되면 누구와 함께 가야 할 것인지 고민이 되고, 함께 갈 사람이 없으면 혼자 식사할 엄두를 내지 못해 간식으로 때워버리는 경우도 있다. 그러나 중국인은 혼자 식사하는 것을 이상하게 여기지 않으며 그 사람의 개인적 선택으로 받아들일 뿐이다. 집단에 소속되어야 안심하고 식사할 수 있는 한국인과 개인적 상황에 따라 자연스럽게 혼자 식사를 하는 중국인 사이의 차이. 표면적으로 볼 때 한국은 개인을 중시하는 자본주의 국가이고 중국은 집단을 강조하는 사회주의 국가임에도 불구하고, 양국의 구성원들이 이렇게 상반된 행동방식을 지니게 된 이유는 무엇일까?

한국에서는 한 사람을 평가할 때, 그 사람의 연령대가 어떠한지, 어느 학교를 졸업했는지, 어느 지역 출신인지, 집안이 어떠한지 등, 그 사람이 소속되어 있는 집단적 배경을 중요하게 생각한다. 물론 IMF 외환위기 이후 한국사회의 정실주의적 풍토가 개선되어 개인의 능력을 중시하는 시스템으로 바뀌고 있고, 인터넷이 주요한 의사소통 수단이 되면서 인터넷 카페나 시민활동 등과 같이 이해관계를 중심으로 네트워크를 구성하는 사례가 늘어나고 있다. 그러나 아직까지 개인 자체의 능력보다는 그 개인이 소속되어 있는 집단의 힘이 한국사회를 지배하고 있다는 사실을 부인할 수 없으며, 그 부작용으로써 왕따로 상징되는 집단적 배타성이 만연하고 있는 것이다.

한때 유행했던 '우리가 남이가'라는 말처럼 한국은 개인과 집단의 일체감을 중심으로 사회가 구성되어 있지만, 중국은 개인과 개인 혹은 개인과 집단의 이해관계를 중심으로 사회가 이루어져 있다. 그래서 중국인은 자신이 소속되어 있는 집단에 대한 일체감이나 희생보다는 그 집단을 통해 자신의 능력을 얼마나 향상시킬 수 있는지의 문제에 더 많은 관심을 가진다. 가령 한국 기업체에 취업한 중국인들이 한국인에 비해 이직률이 높고 회사에 대한 충성심이 낮은 사례가 많이 발생한다. 이는 중국인들이 회사에 대한 소속감보다는 회사가 자신의 기대수준을 얼마나 만족시키는지를 우선하고, 회사를 위한 희생보다는 자신의 자유로운 삶을 더욱 중시하기 때문이다. 그래서 중국인들은 회사를 위해 희생함으로써 자신에게 이익이 돌아올 것이라고 기대하기보다는, 자신의 능력 향상을 통해 더 좋은 조건의 회사를 찾는 길을 선택하는 것이다.

이에 대해 중국의 사회학자 페이샤오퉁[23]은, 중국사회는 소속감이 명확한 집단의 중층적 통합으로 만들어진 것이 아니라, 연못에 돌을 던질 때 나타나는 동심원상의 물결과 같이 개인이 각각 그 물결의 중심에 있고 그 물결이 주변으로 넓어지는 만큼 인간관계를 형성하는 구조를

---

23 페이샤오퉁(費孝通, 1910~2005)은 중국의 저명한 사회학자로 장쑤성(江蘇省) 우장현(吳江縣) 출생이다. 옌징(燕京)대학 사회학과를 졸업한 뒤 칭화(淸華)대학 연구원이 되었다. 1936년 영국 런던대학에 유학, B.K. 말리노프스키에게 배우고 사회인류학 박사학위를 취득하였다. 1959년 칭화대학 교수로 취임하여 사상개조 등에 힘썼으며, 인민공화국 수립 뒤에는 윈난(雲南) 소수민족의 사회 및 역사에 관해 연구하였다. 1957년 정풍운동 때는 우파분자로 비난받았으나 1959·1964년의 인민정치협상회의에서 건국위원회 위원에 선출되었다. 1973년 사회과학원 사회학연구소 소장, 베이징대학 명예교수를 거쳐 1983년 정치협상회의 부주석, 1988년 전인민대의원 부위원장에 선출되었다. 주요 저서로 『중국의 농민 생활』(1939), 『중국의 오지』(1945), 『중국의 계급』(1953) 등이 있다.

지닌다고 인식한다. 힘이 있는 사람의 물결은 특정 지역을 넘어 멀리 넓어지기도 하고, 힘이 없는 사람의 물결은 근처의 몇 집에도 미치지 못하는데, 이렇게 개인이 중심이 되어 사회관계가 확장되는 방식으로 중국사회가 구성되어 있다는 것이다. 그래서 어떤 사람은 '수신제가치국평천하'처럼 자신의 수양과 능력 배양을 통해 사회관계의 범위를 무한히 확장해나가지만, 반대로 자기 자신만의 이해관계에 집착하는 사람들은 나라나 천하는 물론이고 집이나 이웃의 일에도 무관심한 이기주의에 빠진다고 한다.

이러한 사회적 특성으로 인해 중국인은 집단보다는 자기 스스로 당당한 개인이 되는 것을 최우선의 목표로 삼는다. 중국과 같이 거대한 규모에 생존경쟁이 치열한 사회에서 자신의 자리를 찾기 위해서는, 어느 집단이나 타인에 의지하기보다는 스스로 독립적인 생존능력을 갖추는 것이 무엇보다 우선시된다는 것이다. 일반적으로 중국인들이 자신에게 좋은 기회나 정보가 생길 때 타인과 공유하기보다는 자신만을 위해 사용하는 것도 이러한 생존환경에서 기인하는 일이다.

하지만 개인의 이해관계를 중심으로 인간관계와 사회관계를 맺다 보니, 중국인에게는 타인이나 집단에 대한 배려와 결속력이 상대적으로 결핍되어 있는 편이다. 가령 한국에 있는 중국 유학생들을 보면, 낯선 외국에서 공부하는 중국인으로서 학업이나 생활의 어려움이 있을 때 서로 도와줄 법도 하지만, 중국에서와 마찬가지로 타인보다는 자신의 일에 주로 신경을 쏟는다. 중국인이라는 동질성을 제외하고 별다른 이해관계가 없는 타인을 위해 선뜻 자신의 소중한 시간을 내어줄 이유가 없기 때문이다.

우리의 경우 자신과 무관한 이들이 재난과 사고를 당할 때 한국인

이라는 이유 하나만으로도 물심양면으로 그들을 도와주는 게 인지상
정이다. 그리고 의연금을 모을 때도 특정인을 지정하는 것이 아니라 주
로 피해당사자 전체를 지원하는 경우가 많은데, 이는 그만큼 우리가 한
국인이라는 소속감을 강하게 지니고 있기 때문이다. 하지만 중국인은
기부금을 낼 경우에도 우리와 방식이 다르다. 가령 가난한 농촌 지역의
어린 학생들에게 학비를 지원하는 모금운동인 '희망공정'이 있는데,
여기서는 학비를 지원할 사람과 수혜를 받을 학생을 일대일로 연결시
켜 지원자가 학생에게 직접 학비를 전달하게 하는 방식을 취하고 있다.
그만큼 중국인들은 집단적 소속감보다는 개인적 상호관계를 선호한다
는 뜻이다.

　중국에서 근대국가를 건설할 때 쑨원이나 루쉰 같은 선각자들은,
국가에 대한 관념이 결핍된 채 개인의 이해관계에 치중하는 중국인의
특성이 중국을 낙후하게 만든 근본원인이라 인식하며 국민성 개조운
동을 전개하였다. 또 사회주의 시기 마오쩌둥은 개인의 사적인 이익 추
구를 금지하고 공동체를 우선하는 사회의식의 형성이 신중국을 건설
하는 최대의 과제로 생각하였다. 그렇지만 결국 중국인의 이러한 특성
은 변화하지 않은 채 지금까지 지속되고 있으며, 오히려 개혁개방의 동
력 가운데 하나인 잘 살 수 있는 사람부터 먼저 잘 살자는 '선부론(先富
論)'으로 탈바꿈하여 중국의 급성장을 가능케 한 힘으로 작용하고 있
다. 우리의 눈으로 보면 집단보다 자신을 우선하는 측면이 개인주의적
성향으로 비치겠지만, 개인의 능력을 발휘할 수 있는 적합한 환경을 만
들어주면 중국인의 이러한 특성이 중국사회의 변화를 이끌어나가는
원동력이 될 수 있다는 점을 놓쳐서는 안 될 것이다.

관시(關係)

　개인의 이해관계가 사회활동의 중요한 매개 고리로 작용함에 따라 중국에는 '관시'라 불리는 독특한 대인관계 방식이 형성되어 있다. 중국에서 일을 하려면 관시가 있어야 한다는 말이 통용될 정도로 관시는 이미 중국의 대명사 가운데 하나가 되었다. 그래서 한국인들 가운데 중국에서 일을 시작하거나 어려움이 생기면 먼저 관시를 맺어 문제를 해결하려는 경우가 많은데, 이는 일을 처리하는 효과적인 방식으로 관시를 이해하고 있기 때문이다. 하지만 관시의 의미를 사적인 문제해결수단으로 인식하기에 앞서, 개인의 이해관계가 중심이 되어 있는 중국사회의 특성과 관련지어 생각해보아야 한다.

　한 사회를 움직이는 시스템이 공적이고 투명하게 작동하고 있다면 사적인 영역이 개입할 여지는 상대적으로 작아질 것이다. 중국사회의 경우, 국가의 행정기구와 같은 공적인 영역이 있음에도 불구하고 제도적 장치가 정비되지 않아서, 권력을 지닌 특정인을 중심으로 사회가 움직여나가는 현상이 아직 강하게 남아 있다. 제도적 차원에서 볼 때 이는 공적인 권력이 개인화되는 문제점을 노출하지만, 개인의 능력을 중심으로 사회관계가 확장되는 중국적 특성을 고려할 때는 지극히 전통적인 현상이라고 할 수 있다. 이와 같이 개인적 영향력과 인간관계를 중심으로 이루어진 사회에 접근하려면, 합당한 절차를 통하기보다는 어떠한 일의 중추적인 자리에 있는 사람과의 관계를 활용하는 것이 더욱 효과적인 방안이 되는 셈이다.

　한국에서도 소위 연줄이나 빽이 활개를 치던 시절, 공정성이 실종된 채 사적인 권력이 난무하여 부정부패의 온상이 된 적이 있었다. 그래서 중국에 진출한 한국인들 가운데 관시를 한국식대로 이해하여 연줄을 대거나 접대를 하고 금품을 건네는 이들이 많았다. 하지만 오히려 관시가 잘 이루어지지 않거나 낭패를 보는 경우들이 많았는데, 이는 중국의 관시가 한국의 연줄이나 빽과 일치되지 않는 다른 세계가 있기 때문이다.

한국의 사적 관계가 주로 혈연, 학연, 지연 등 집단적 동질성을 중심으로 이루어져 있다면, 중국의 관시는 이러한 집단적 연줄뿐만 아니라 개인의 이해관계가 얽혀 있는 광범위한 분야에서 만들어지고 있다. 관계의 목적에서 볼 때, 한국의 연줄이나 빽이 권력이 있는 윗사람이 아랫사람에게 도움을 주는 은밀한 성격이 강한 반면, 중국의 관시는 한 개인의 대인관계를 수직적 수평적으로 확장하는 인적 네트워크로 작동하고 있다. 그래서 중국의 관시는 당장의 도움을 목적하기보다는 장기적으로 자신을 중심으로 한 전방위적인 신뢰관계를 구축하는 상호 과정에 가깝다고 할 것이다.

관시와 상호 소통하는 개념이 바로 '미엔즈(面子, 체면)'이다. 미엔즈는 소위 체면을 세워주는 일로 중국인들이 관시를 맺을 때 매우 소중하게 생각하는 것이다. 하지만 상대방의 환심을 얻는 일이 관시가 아니듯 일시적으로 상대방의 처지를 봐주는 일 역시 미엔즈가 아니다. 관시가 형성되지 않은 사이에서 중국인은 미엔즈를 세워주지 않는다. 미엔즈는 우리처럼 위신이나 명예, 자존심을 세워주는 일이기보다는, 상호 신뢰가 구축된 사이에서 상대방의 입장을 우선적으로 배려하여 관계를 원만하게 이어나가는 일에 가깝다. 그래서 미엔즈를 세워주는 것을 일시적인 환심으로 생각해서는 안 되며, 장기적으로 우호관계를 유지해나갈 수 있는 신뢰의 행위로 이해해야 할 것이다.

우리는 중국인과 만날 때, 몇 차례의 식사와 선물을 통해 안면을 익히고 친근한 관계가 되면 관시가 이루어진 것이라고 생각하기 십상이다. 하지만 관시를 필요한 일이 있을 때 만나서 부탁을 하고 그에 적합한 대가를 치루는 관계로 생각한다면 커다란 오산이다. 중국인들은 사람을 한 번 만나면 10년 동안 의심을 한다는 말이 있을 정도로, 몇 차례의 만남만으로는 상대에게 자신의 믿음을 주지 않는다. 더군다나 서로 신뢰가 쌓이지 않은 상태에서 자신을 이용하기 위해 신속히 접근한다는 느낌을 받았을 때는 오히려 역작용을 불러일으킬 수도 있다. 이는 관시가 대가성의 물적 관계가 아니라 상호간의 신뢰로 이어져 있는 인적 네트워크에 기반하기 때문이다.

한국적 빽의 개념에 익숙해 있는 사람들은 주로 상층부의 인사들과 관계를 맺는데 힘을 쓴다. 처음 일을 성사시킬 때는 당연히 이들의 권력이 상당한 역할을 하겠지만, 일을 완성시켜나가는 과정에서는 일과 관계된 사람들의 도움이 없으면 좋은 결과를 얻기가 쉽지 않다. 가령 중국에서 비즈니스를 원활히 하기 위해서는, 그 회사의 사장뿐 아니라 관련 실무자나 심지어 운전기사까지 신경을 써야 하는데, 그들이 일을 결정할 수 있는 권력은 없지만 중간에서 일을 그르칠 수 있는 능력은 지니고 있기 때문이다. 누구나 자신의 능력범위 내에서 작은 권력을 행사할 수 있기에, 중국인들은 상부 인사뿐만 아니라 하부 인사와의 관시도 중요하게 생각하는 것이다.

중국은 중앙과 지방정부의 공권력이 미치지 않는 곳이 많을 정도로 거대한 규모를 지니고 있어서, 지방으로 갈수록 사조직이 막강한 영향력을 행사하는 일이 빈번하다. 게다가 정부 기구도 권력이 개인화되어 있어서 공사 조직이 관시에 의해 복잡하게 얽혀 있는 경우가 많다. 이러한 환경에서는 특정한 한 조직보다는 여러 조직이 공생하며 사회를 움직여나가는데, 처한 상황에 따라 어떤 곳에서는 친척들의 관시가 여러 조직을 장악하는가 하면 다른 곳에서는 동문들의 관시가 세력을 형성하는 등 복잡다양한 양상을 띠고 있다.

이러한 현상은 중국에 사회적 정치적 변동이 심하여 신뢰할 만한 공적 질서가 결여되어 있다는 점과 긴밀히 연계되어 있다. 사회적 변동에 따라 개인의 생존이 좌우되는 상황에서는 누구나 어떠한 사람을 믿어야 할 것인지 불안감이 수반되기 마련이다. 가령 10년 대동란이라고 불리는 문화대혁명 시기, 수정주의자로 몰리면 감옥에 가거나 오지로 강제노역을 떠나게 되었는데, 그간 관시를 골고루 맺어놓은 사람은 환란을 피해 평온한 생활을 유지할 수 있었다. 이러한 유사한 경험들로 인해, 수많은 사람들 가운데 믿을 만한 사람을 선별하여 그 사람들과 신뢰관계를 구축하는 것이 중국인들에게는 무엇보다 중요한 일로 인식되었다. 공적 질서가 확립되지 않은 중국사회에서 관시가 바로 개인의 유력한 생존전략으로 기능할 수 있기 때문이다.

중용

몇 년 전 한국의 한 언론사에서 한중일 시민을 대상으로 유교적 덕목 가운데 가장 중요하게 생각하는 삶의 가치는 무엇인가에 관해 조사를 한 적이 있었다. 이 조사는 90년대 이후 동아시아 공동체가 화두가 되고 있는 상황에서, 한중일의 문화적 공동 기반인 유교적 전통이 동아시아 공동체의 가능성을 얼마나 열어놓고 있는지에 대한 관심에서 진행한 것이었다. 공교롭게도 삼국이 선호한 가치는 모두 일치하지 않았다. 한국은 충효, 중국은 중용, 일본은 절제를 최우선하는 가치로 선택하였다. 일본은 논외로 하더라도, 중국인이 중용을 최우선하는 가치로 생각한다는 결과를 보고 그간 중국을 공부해온 필자로서도 선뜻 이해가 가지 않았다.

그 후 중국 친구들을 만날 때마다 이 문제에 대해 물어보았는데 상당수가 공감을 표하였다. 굳이 유교적 덕목이라는 단서를 붙이지 않더라도 중용적 사고방식이 이미 중국인들의 삶과 행동 속에 깊이 뿌리박혀 있다는 것이다. 공맹의 나라 중국에서 충효나 인의예지 등의 존귀한 가치가 많이 있음에도 불구하고, 중용 즉 어느 한쪽에 치우치지 않고 조화를 유지하는 태도가 왜 가장 소중하게 다가왔던 것일까?

중국인들이 습관적으로 자주 쓰는 말 가운데 '차부둬(差不多, 비슷합니다)', '하이커이(還可以, 괜찮습니다)', '메이관시(沒關係, 상관없습니다)' 란 말이 있다. 이것을 우리말로 번역하면 긍정적인 대답으로 들리는데, 사실은 확연한 긍정도 부정도 아니며 두 가지 가능성을 모두 함축하고 있다. 그래서 상황에 따라 긍정적인 대답이 될 수도 부정적인 반응이 될 수도 있어서, 이를 판단하는 몫은 상대방에게 넘겨져 있다고 할 것이다.

이러한 의미상의 차이로 인해 곤혹스런 경험을 한 이들이 많이 있을 것이다. 가령 중국인에게 일을 맡기고 한국식의 똑 부러진 일처리를 기대한 이들은, 중국인이 해놓은 엉성한 결과물을 보고 원래 요구사항과 비교하여 얘기하면, 두 가지가 별 차이가 없다는 듯 '차부둬'나 '메이관시'를 연발하는 경우가 있다. 또 중국 바이어에게 한국 제품을 보여주고 반응을 물어보는데 '하이커이'라고 대답을 하여 희망적으로 생각했다가 아무런 소득이 없는 경우도 있다. 이러한 사례를 겪고 나면, 중국인들은 일의 선명함이 없이 대충대충 넘어가려 한다거나, 또 가타부타 확답을 하기보다는 우회적으로 피해나가려 한다고 불만스러워질 것이다.

표면적으로 보면 아직 자본주의 시스템에 적응지 못해 그렇게 된 측면도 있지만, 이는 개인 사이의 관시를 중시하는 중국사회의 특성과 깊은 관련이 있다. 중국인은 타인의 직위고하를 막론하고 면전에서 반감을 드러내는 표현을 하여 기분 상하게 만드는 일을 잘 하지 않는다. 그래서 의견충돌이 있다 하더라도 어느 한쪽에 극단적으로 치우쳐 대립관계를 형성하기보다는 쌍방이 공존할 수 있는 어느 지점에서 타협을 이룬다. 장기적으로 볼 때 특정인과의 관시가 악화되어 자신에게 좋지 않은 결과로 되돌아올까 우려하기 때문이다.

중국과 같이 변동이 심하고 수많은 사람들의 이해관계가 충돌하는 사회에서는, 어느 한쪽에 치우치거나 시류에 흔들리기보다는 균형을 유지할 수 있는 능력이 더욱 필요해진다. 철학적으로 볼 때 이러한 균형 감각과 관계된 가치가 바로 중용인 셈이다. 오랜 경험에 의해 중국인들은 현실 속의 극단적인 대립과 갈등을 피하여 안정되고 조화로운 삶을 영위해나가는 길을 최고의 가치로 인식하였다. 중국인의 언어적 습관 역시 이러한 태도에서 기인하는 것이 아닐까.

물론 중용적 사고는 이중적인 모습을 지닐 수 있는데, 부정적으로 작용하면 모호한 태도를 취하여 책임을 회피하는 처세술이 되기도 한다. 그래서 중국사회를 개혁하기 위해 국민성 개조를 주장한 지식인 대부분은 중국을 낙후하게 만든 원인으로 이 중용적 사고를 비판하였다. 그 대표적인 글이 후스의 「차부둬 선생」[24]이다.

중국에 성(姓)은 차(差)씨이고 이름은 부둬(不多)라는 분이 있는데 중국 어디에서나 모든 사람들의 입에 오르내리는 사람입니다. 이유는 이 차부둬 선생은 전 중국을 대표하는 사람이기 때문이지요. 그는 늘 입버릇처럼 종알대는 말이 있습니다. "제기랄, 만사를 대충대충 하면 어때? 쓸데없이 꼬치꼬치 따지기람? 쩨쩨하게 말이야!" (이 뜻이 곧 차부둬입니다.)

그가 어렸을 적에 어머니가 빨간 사탕을 사오라는 심부름을 받고 가게에 왔지요. 그런데 그는 흰 사탕을 사와서 어머니께 꾸중을 들었습니다. 그때 그는 고개를 흔들며 말대꾸를 했습니다. "제기랄! 아니 흰 사탕이나 빨강 사탕이나 그게 다 그거 아냐? 뭐가 차이가 있다는 거야?"

훗날 그가 환전상(換錢商)에서 경리 일을 했는데 기장(記帳)하고 계산하는 능력은 있었지만 흐리멍텅하여 십자(十字)를 천자(千字)로 쓰거나 천자를 십자로 쓰기 일쑤였습니다. 이때마다 주인은 화를 내면서 욕을 퍼부었습니다. 그러면 차부둬 선생은 비실비실 웃으면서 속으로 하는 말이 '제기랄! 천자(千字)는 십자(十字)에다 겨우 삐침(/) 한 개 더 있을 뿐인데 그것이나 그것이 뭐가 차이가 나는 거야?' 하면서 투덜댔습니다.

---

24 후스(胡適, 1891~1962)는 근대 중국의 대표적 학자이자 사상가로 안후이성(安徽省) 지시현(績溪縣) 출생이다. 1910년 미국에 유학하여 1914년 코넬대학을 졸업한 뒤 컬럼비아대학에서 J. 듀이에게 교육학을 배우고 진화론·프래그머티즘의 영향을 받았다. 1917년 철학박사학위를 취득하고 귀국하여 베이징대학 교수가 되었다. '언문일치(言文一致)'를 주장한 「문학개량추의(文學改良芻議)」를 〈신청년(新靑年)〉에 발표하면서 문학개혁의 대표적 인물이 되었다.

또 하루는 기차를 타고 상해(上海)를 가는데 천천히 걸어 역으로 갔습니다. 그런데 2분 늦게 도착하니 기차는 이미 출발을 하였습니다. 그는 눈을 부릅뜨고 멀리 가는 기차의 석탄 연기를 바라보면서 머리를 흔들며 "내일 갈 수밖에 없군. 오늘 가나 내일 가나 매한가지 아닌가? 철도청만 곧이곧대로이니 부질없는 짓이지. 8시 30분에 출발한들 8시 32분에 출발한들 뭐가 다르다는 것인가?" 중얼거리며 기차가 정시에 떠나야 하는 이유를 알 수 없었습니다.

어느 날 차부뒤 선생은 급병(急病)으로 앓았는데 사람을 시켜 동쪽 동네 왕 의원(汪 醫院)에게 왕진을 청하게 되었습니다. 심부름꾼은 당황한 나머지 서쪽 동네 수의사(獸醫師) 왕 의사(王 醫師)를 모셔 왔습니다. 병상에 누워 있던 차부뒤 선생은 의사를 잘못 모셔온 줄 알았지만 병이 급하고 통증이 심해서 따질 수가 없었습니다. "제기랄! 왕씨 의사(王 醫師)나 왕씨 의사(汪 醫師)나 다를 게 뭐야. 그게 그거지 뭐! 왕(王)씨에게 진찰하게 해야지 뭐!" (중국발음은 王과 汪의 발음이 같다) 이렇게 해서 수의사 왕(王)씨가 소(牛) 다루듯이 치료를 했는데 한 시간쯤 후에 차부뒤 선생은 다 죽어가는 소리로 이렇게 중얼거렸습니다.

"산 사람이나 죽은 사람이나 그게 그거지 뭐 세상만사 그저 대충대충 하면 그만이야. 뭘 그리 착실하게 할게 뭐람!" (잠시 후에 끅) 이렇게 유언을 남기고 눈을 감았습니다. 그 후 많은 사람들이 차부뒤 선생은 모든 일에 달관(達觀)하였으며 곧이곧대로 살지 않는 덕성(德性)이 두터운 사람이라며 원통대사(圓通大師)라는 법호를 드렸습니다. 그 후 그 명성은 날이 갈수록 멀리 퍼졌고 세월이 지날수록 커졌습니다. 수많은 헤아릴 수 없는 사람들이 차부뒤 선생을 스승으로 삼

고 한 명 두 명… 차부둬 선생이 되었습니다. 이렇게 해서 중국이 게
으름뱅이 나라가 되었나 봅니다.

이 이야기는 황당하기 이를 데 없어 보이지만 중국인들은 오히려
자신들의 일상화된 행동방식을 통렬하게 풍자한 것이라고 공감한다.
사물에 대한 분별력을 상실한 채 모호하게 일을 처리하는 것이 이미 중
국인의 오랜 습관이 되어 있다는 것이다. 실제로 이러한 특성은 당시뿐
만 아니라 자본주의 세계로 진입한 오늘날에도 고스란히 남아 일의 효
율성과 속도를 중시하는 새로운 사회적 가치와 충돌을 벌이고 있는 실
정이다. 한국인이 답답해하는 중국인의 모습은 바로 이러한 관습이 이
어져 내려온 결과라고 할 수 있다.

그렇지만 역사적으로 볼 때 중용적 사고가 늘 부정적으로 작용한
것은 아니다. 정치적 사회적 변동이 심한 중국에서 중용적 사고는 고난
에 좌절하거나 즐거움에 들뜨지 않고 삶의 균형을 잡아나가는 지혜로
작동하기도 한다. 이러한 점을 잘 보여주는 것이 바로 장이머우 감독의
영화 〈인생〉이다.

지주의 아들로 태어난 푸꾸이는 도박으로 가산을 탕진하여 집문서
가 넘어가던 날, 아버지는 충격으로 숨을 거두고 아내는 집을 나가버린
다. 그러나 곧 아내와 아이들이 돌아오면서 그는 밥벌이를 위해 그림자
극을 시작한다. 국민당과 공산당 간에 내전이 시작되자 푸꾸이는 국민
당 군대에 끌려가 군인들을 위해 그림자극을 연기한다. 어느 날 추위에
떨며 일어나보니 눈으로 뒤덮인 들판 위에는 국민당 군인들의 시체가
가득하고 눈이 녹기 시작하자 이번에는 공산군이 들판을 차지한다. 공
산군에게 그림자극을 보여주며 목숨을 유지하던 푸꾸이는 전쟁이 끝

나자 가족들에게 돌아간다. 얼마 후 대약진운동이 전개되는데, 잠결에 학교에 불려간 아들은 담장에 기대 졸다가 후진하는 트럭에 부딪쳐 무너진 담벼락에 깔려 죽고 만다. 다시 세월이 흘러 문화대혁명 시대에 접어드는데, 의사들이 반동분자로 몰려 쫓겨나고 새파란 학생들이 병원을 차지한 상황에서 푸꾸이의 딸 펑샤는 아이를 낳다가 과다출혈로 숨을 거둔다.

푸꾸이는 중국 현대사의 대격동에 따라 국민당과 공산당 사이에서 생의 반전을 거듭하고, 신중국 시기에는 사랑하는 두 자식을 사고로 떠나보내지만 절망적 상황 속에서도 자포자기 하지 않는다. 오히려 손자가 어른이 될 때면 세상 살기가 지금보다 좋아질 것이라고 낙관적인 희망을 이어나간다. 푸꾸이가 이와 같이 삶의 균형을 잡을 수 있었던 것은 인생의 굴곡을 중용적으로 이해하는 지혜가 있었기 때문이다. 이것은 비단 영화 속의 이야기만이 아니다. 현재 수많은 이들이 절대적 빈곤에 내몰려 있음에도 불구하고 자족하며 살아가는 모습을 보면, 중국인들의 인내심과 아울러 몸에 배인 낙천적인 정신세계를 짐작할 수 있을 것이다.

이렇게 볼 때 중용적 사고는 그것을 수용하는 사람에 따라 상반된 양상을 띨 수 있으며, 중용적 사고 자체가 중국을 낙후하게 만든 원인이라고 할 수는 없다. 다만 중용적 사고가 차부뒤 선생처럼 자신의 삶을 되돌아보는 반성과 연계되지 않고 사물에 대한 분별력을 상실할 때 심각한 문제가 된다. 변화와 진보에 무관심한 채 현상유지를 최선으로 여기는 편향으로 흐를 때 중용적 사고는 중국의 성장을 장애하는 덫으로 작용하게 될 것이다.

그렇지만 중용적 사고에 내재되어 있는 조화의 정신을 간과해서는 안 된다. 수많은 모순과 충돌 속에서 자본주의 사회로 급변하는 중국이 극단적인 혼란에 빠지지 않고 균형을 찾아나가는 힘이 바로 중국 특유의 중용적 사고에 내재되어 있기 때문이다. 우리의 눈으로 보면 중국인의 행동이 모호하고 '만만디' 하게 느껴질 수 있겠지만, 오히려 그들은 푸꾸이처럼 진중하게 미래를 내다보며 낙관적으로 걸어가고 있는 게 아닐까.

실리

인간이 생존해나가기 위해 경제문제만큼 민감한 영역도 없겠지만, 중국인은 특히 더 실리에 철저한 민족이라 해도 과언이 아니다. 관시와 체면을 중시하는 이들이 실리를 밝힌다는 것이 일견 모순되어 보이기도 하지만, 중국인들은 이를 결코 모순적으로 생각하지 않는다. 관시가 인간관계 차원에서 삶의 안위를 위한 신뢰구축의 과정이라면, 실리는 경제적 차원에서 생을 영위해나갈 수 있는 근본바탕으로 인식하기 때문이다. 중국인들은 관시와 실리를 생존전략의 차원에서 실용적인 보완관계로 이해하고 있는 것이다.

실리를 목숨처럼 여기는 중국인의 특성은 재물신(財神)을 항상 가까이서 모시고 있는 일상적인 풍경에 잘 드러나 있다. 흔히들 중국은 사회주의 국가이기 때문에 종교가 없다고 여기거나 전통 유교 국가이기 때문에 공자를 종교처럼 섬길 것이라고 생각하기 쉽다. 표면적으로 볼 때 중국에는 도교나 유교뿐만 아니라 문명교류를 통해 들어온 불교, 기독교, 이슬람교 등 세계의 종교들이 다양하게 공존하고 있다. 그렇지만 많은 중국인들의 신앙생활을 지배하고 있는 것은 이들 거대 종교가 아니라 민간신앙으로서 재물신이라 해도 지나친 말이 아니다.

재물신 가운데 중국인들에게 가장 널리 신봉되고 있는 신은 바로 삼국지의 관우이다. 중국인들은 붉은 얼굴에 긴 수염을 지닌 관우상을 '招財進寶(재운이 들어오다)' 등의 문구와 함께 집이나 상점, 사업체의 입구에 모셔두고 재운을 기원하고 있다. 심지어 불교나 도교 사원에서도 가장 인기 있는 신은 부처나 신선이 아니라 재신각에 모셔둔 관우이며, 유교의 원조인 공자보다 더 많은 숭배를 받고 있는 실정이다.

얼핏 보면 전쟁의 영웅이자 신의의 상징인 관우가 재물신으로 추앙받는 일이 잘 이해되지 않을 수 있으나, 이와 관련된 하나의 이야기가 전해져오고 있다. 관우는 근대 이전 중국 최고의 상인집단이었던 진상(晉商)을 배출한 산시(山西)성 출신이다. 그는 젊은 시절 술을 잘 빚는 왕삼(王三)과 친하게 지냈는데, 관우가 장군이 되어 형주를 다스리는 동안 왕삼은 장사를 망치고 여기저기 떠돌아다니게 되었다. 왕삼은 관우가 출세했다는 소문을 듣고 형주까지 찾아가자 관우는 왕삼에게 장사밑천을 대주었다. 왕삼은 그 돈으로 형주 부근에 주점을 열었는데, 술이 맛있고 값도 싸 얼마 지나지 않아 기반을 잡게 되었다. 장사가 잘되자 관우를 사칭한 악당들이 나타나 왕삼에게 빌려준 돈을 갚으라 요구하며, 주점을 때려부수고 재물을 빼앗아 달아났다. 이들은 근처에서 술집을 운영하는 이광조(李光祖)라는 자가 보낸 불량배들인데, 왕삼이 나타난 이후 손님을 빼앗겨 장사가 되지 않자 앙심을 품고 일을 저지른 것이었다.

왕삼은 불량배들이 관우를 가장한 것이라고 지방관아에 고발했지만, 어찌된 영문인지 관우를 만나고 돌아오자마자 지방관아에 구속되고 말았다. 오히려 무고죄로 사형을 당할 처지에 몰렸다. 왕삼이 사형장으로 끌려오자 구경꾼들이 몰려들었다. 행패를 부린 이광조 일당도 구경꾼 사이에서 왕삼의 목이 달아나기를 기다리고 있었다. 하지만 이들은 병사들에게 곧바로 체포당하고 말았다. 왕삼을 잡아들인 것은 관우의 계략이었다. 왕삼의 점원들을 병사로 분장시킨 후 사형장에 모인 구경꾼 가운데 범인이 있는지 살펴보도록 했던 것이다. 왕삼은 범인이 잡히자 잔치를 열고 이웃들을 대접하는 한편 인근의 경쟁자들에게 자신의 양조비법을 공개했다. 관우의 은혜에 보답하기 위해서였다. 왕삼의 비법을 전수받은 주점들은 덕분에 모두 많은 돈을 벌 수 있었다. 돈을 벌게 되자 이들은 저마다 관우의 초상을 걸고 받들며 사업이 번창하기를 빌었는데, 이후 관우는 양조 상인뿐만 아니라 모든 상인들이 숭배하는 재물신으로 모셔지게 된 것이다.

중국인들은 관우의 이러한 신의와 후원이 사후 세계를 보장하는 여타의 종교보다 현세의 안락한 삶을 기원할 수 있는 가장 적합한 신이라고 믿어왔다. 이 과정에서 관우는 군신 간의 신의를 지키는 삼국지의 영웅에서 일반 중국인의 생존욕망을 굽어살피는 재물신의 지위로 승격되었던 것이다. 현실 세계의 삶을 무엇보다 중시하는 중국인의 특성이 관우의 본래적 이미지마저 실용적으로 바꾸어놓은 셈이다.

현재 마오쩌둥의 경우도 관우와 유사한 과정을 밟고 있는 것으로 보인다. 개혁개방 이후 중국은 마오쩌둥이 건설한 사회주의 사회에서 벗어나 자본주의적 발전의 길로 접어들었다. 마오쩌둥이 구상하던 이상적 집단사회는 실패로 종결되고 선부론에 입각한 자본주의적 시스템이 중국사회의 위기를 극복할 새로운 구원자로 등장하게 된 것이다. 그런데 중국이 세계의 공장으로 급성장하던 90년대 중후반경 아이러니하게도 마오쩌둥 열풍이 중국사회에 일어나기 시작했다. 부의 편중과 실업, 사회복지의 감소 등으로 인해 개혁개방 이후 오히려 불안한 삶에 빠져 있던 중국인들 사이에서 과거 가난하지만 평등했던 시절에 대한 그리움이 마오쩌둥 열풍으로 표출되었던 것이다.

그러나 이때 되살아난 마오쩌둥은 사회주의로 회귀하기 위한 영도자로서가 아니라 자본주의적인 생존경쟁 속에서 삶의 안위를 기원하는 신앙대상에 가까웠다. 기념품으로 만들어진 마오쩌둥의 초상 옆에는 사회주의에 관한 구호가 아니라 '招財進寶'와 같은 문구가 붙어 있었으며, 중국인들은 마오쩌둥을 향해 부귀영화나 장수, 아들 출생 등의 세속적인 욕망을 기원하였던 것이다. 그들에게 마오쩌둥은 이데올로기적인 의미보다는 신중국을 탄생시킨 국부(國父)로서 백성들의 삶을 수호해주는 절대자로 여겨졌던 셈이다. 시간이 흘러 마오쩌둥의 정치적 이미지가 사라지면, 관우와 같은 재물신으로 승격되어 숭배될 가능성도 커 보인다. 그만큼 중국인들은 현세의 안락한 삶과 그것을 기원할 수 있는 대상을 가장 소중한 가치로 여기고 있는 것이다.

중국인들이 인사처럼 즐겨 쓰는 말 가운데 '生意 怎麽樣'이란 표현이 있다. 여기서 '生意'는 문자 상으로 볼 때 '삶의 의미'라는 뜻의 철학적인 용어로 들리지만, 중국인들은 이것을 '장사'라는 뜻으로 사용하고 있다. 언뜻 보면 모순되어 보이지만, 중국인들은 삶의 의미를 장사를 하여 돈을 벎으로써 생존의 바탕을 마련하는 일에 두고 있는 셈이다. 그래서 중국인들은 '장사가 어떻습니까'라는 말로 안부를 물으며 상대방의 삶이 풍요로워지기를 기원하는 것이다. 새해 인사말로 가장 많이 사용하는 '부자 되세요(恭喜發財)'도 중국인들의 이러한 사고방식에서 비롯된 말이다.

덩샤오핑이 개혁개방 이후 중국의 발전전략으로 구상한 3단계론에도 이러한 중국인의 생존욕망이 충실하게 반영되어 있다. 1단계인 온포(溫飽)는 따스하게 입고 배불리 먹을 수 있는 기본적인 생존조건을 해결하는 것이고, 2단계인 소강(小康)은 가전제품, 자동차, 주택 등을 구입하여 안락한 생활을 하는 것이고, 3단계인 대동(大同)은 전 중국인이 조화롭게 현대생활을 향유하는 것이다. 덩샤오핑은 제 몇 차 발전단계와 같은 추상적인 용어보다는 현세의 삶과 직결된 말을 사용함으로써 중국인의 관심을 개혁개방에 집결시키는 장기적 비전을 제시했던 것이다.

흔히들 중국경제가 급성장하는 것을 보며 자본주의를 시작한 지 30여 년밖에 안 된 초년병이 대단하다고 감탄하지만, 이것은 본래 중국인들이 농업 이외에 생업으로서 장사와 수공업에 종사하며 천부적인 상인기질을 지니고 있었다는 사실을 몰라서 하는 소리다. 오히려 역사적으로 볼 때 사적인 경제활동이 제약되어 소극적으로 살아가던 1950~70년대의 사회주의 기간이 예외적인 경우이며, 대부분의 시기에는 중국 내부뿐만 아니라 전 세계를 상대로 교역을 하던 상업의 시대였다고 할 수 있다. 사회주의 시기에도 적극적인 중국인들은 해외로 빠져나가 화교의 신분으로 상업 활동을 지속하였으며, 개혁개방은 그동안 억눌려 있던 대륙의 중국인들의 상인기질을 다시 분출시키는 계기가 되었다고 할 것이다.

현재 중국은 안락한 생활을 추구하는 소강의 시대에 들어서 있으며, 중국인들은 경쟁적으로 펼쳐지는 소강의 꿈을 이루기 위하여 실리에 더욱 민감하게 반응하고 있다. 그 가운데는 '비단이 장수 왕 서방'처럼 지나치게 돈에 집착하거나 부정한 방법을 사용하는 이들도 많이 있다. 그렇지만 중국인들이 실리를 중시하는 것은 근본적으로 중국의 생존환경에서 비롯된 일이며, 더 많은 이들이 부정적인 방법보다는 근 면검소와 상술 그리고 재물신으로서 관우가 지니고 있는 신의를 통해 부를 추구한다는 점을 잊어서는 안 될 것이다.

지역성

개혁개방 이후 돈 버는 일이 국가적으로 권장됨에 따라 중국사회에 일어난 커다란 변화 가운데 하나가 유동인구의 급증이다. 개혁개방 이전 중국에는 거주이전과 여행의 자유가 제한되어 있어서, 우리의 주민 등록증에 해당하는 후커우(戶口)에 소속된 지역을 벗어나기가 쉽지 않았다. 이러한 통제정책으로 인해 민간인이 정부의 공식적인 허가 없이 타 지역 사람들과 교류를 하거나 상업적 목적으로 타 지역을 방문하는 행위 자체가 이루어질 수 없었다. 그러나 지금은 세상이 바뀌어 각 지역의 버스터미널이나 기차역, 공항마다 바쁘게 오가는 이들로 인산인해를 이룬다. 저마다의 여행 목적을 지닌 기업가, 상인, 노동자, 공무원, 유학생, 여행객 등 수많은 이들이 지역 간의 경계를 넘어 전 중국으로 쉬임없이 이동하고 있는 것이다. 특히 민간부문에서 중국의 급성장을 추동한 기업가나 상인은 지역 간의 상품 정보와 가격 차이를 통해 부를 축적한 이들인데, 과거처럼 이동의 자유가 허용되지 않았다면 이들의 성장 자체가 불가능했을 것이다.

그런데 이러한 유동인구가 급격히 늘어나면서 그동안 잠재되어 있었던 지역 간의 차이가 표면화되어 새로운 사회적인 문제로 대두되기 시작하였다. 즉 전국 각지의 중국인들이 서로 접촉하는 과정에서, 베이징 사람은 정치를 좋아하지만 말이 많고 실속이 없다, 상하이 사람은

개혁개방 이전에는 정부의 허가 없이 여행하는 것이
쉽지 않았지만, 개방 이후 돈 버는 일이 국가적으로 권장되면서
지역 간 유동인구가 급증하고 있다.

영리하고 세련되었지만 뱀처럼 교활하다, 광둥 사람은 돈을 신처럼 섬기지만 인간미가 없다, 저장 사람은 근면하고 개척정신이 강하지만 돈벌이에 집착한다, 산둥 사람은 신용을 중시하지만 융통성이 없어 우직하다, 쓰촨 사람은 온순하고 성실하지만 꿈이 소박하고 자족적이다…… 는 등의 지역 이미지가 형성되어 상호 충돌을 일으켰던 것이다. 이 속에는 지역 차이에 대한 단순한 인식을 넘어 우리의 지역감정과 유사한 차별의식이 깔려 있다.

특히 전국적으로 가장 기피 대상이 되고 있는 사람들이 있는데 바로 허난(河南) 지역 출신들이다. 이들은 신용이 없고 사기를 잘 치고 돌아다니는 자들이라 인식되어, 어디를 가든 허난 사람이라고 하면 곧바로 불신의 눈초리를 받는다. 또 상하이에서는 타 지역에서 이주한 가난하고 비천한 자들을 수베이(蘇北) 사람이라고 부른다. 본래 수베이는 장쑤성 북부 농촌 지역을 가리키는데, 지금은 출신 지역에 상관없이 상하이 변두리에 거주하면서 비숙련 육체노동에 종사하는 가난하고 촌스러운 사람들을 총칭하고 있다. 우리의 경우에도 산업근대화 과정에서 도시로 이주한 전라도 사람들이 지역차별을 받은 적이 있는데, 현재 중국에서 벌어지고 있는 이러한 현상도 개혁개방 이후 벌어진 지역 간 소득격차가 지역 주민들에 대한 차별의식으로 확장된 결과라 할 수 있다.

중국의 지역성은 개혁개방 이후 불균등한 경제발전 문제에 의해 더욱 심각하게 드러나기는 했지만, 근원적으로 볼 때 서로 상이한 언어, 문화, 인종, 사회, 역사, 지리, 관습 등을 지니고 있는 지역 간의 정체성 차이에서 비롯된 뿌리 깊은 일이라고 해야 할 것이다. 이러한 특성이 잘 드러나는 곳이 바로 중국인의 인사방식이다.

어떤 사람을 처음 만날 때 중국인들은 상대의 이름을 묻고 나서는 의례 어느 지역 출신인지를 묻는다. 물론 우리의 경우도 말투가 틀린 사람을 만나면 고향이 어디인지를 묻기는 하지만, 초면에는 실례라 여겨 보통 그 질문을 잘 던지지 않는다. 그러나 중국인들은 초면에 반드시 출신 지역이 어디인지를 묻는데, 이것이 그 사람을 이해하는 중요한 정보가 되기 때문이다. 마치 우리가 외국인을 만나면 어느 나라 사람인지 궁금해하는 것과 유사할 정도로, 출신 지역이 다른 중국인들 사이에는 우리의 시도 간의 차이가 아닌, 국가 간의 차이라고 할 만한 이질성을 지니고 있다. 중국인들 스스로도 중국인으로서 일반적인 특성만을 가지고는 상대를 파악할 수 없다는 점을 잘 알고 있기 때문에, 출신 지역에 대한 정보를 통해 그 사람을 이해하는 일이 일반적인 인사방식이 된 것이다.

이러한 중국의 지역성은 소위 방언이라 불리는 지역어의 확연한 차이를 통해 일상적으로 재생산되고 있다. 중국의 텔레비전 방송을 시청하다보면 대부분의 프로그램에 중국어 자막이 처리되어 있다는 점을 쉽게 발견할 수 있다. 물론 우리도 자막 처리를 하는 프로그램이 있지만, 그것은 주로 문자를 통해 특정 사실이나 오락성을 강화하기 위한 수단으로 사용하는 것이어서, 드라마나 영화와 같이 대화를 위주로 하는 프로그램에서는 자막 처리를 하지 않는다. 하지만 중국에서는 시청자들과의 의사소통을 원활히 하는 것이 주목적이어서 오락프로그램뿐만 아니라 드라마, 영화, 뉴스, 다큐멘터리 등 거의 모든 프로그램에서 자막 처리를 하고 있다. 이것은 텔레비전의 공용어인 베이징어가 이 말에 익숙하지 않은 다른 지역의 시청자들에게는 외국어처럼 들리기 때문이다.

현재 표준어로 통용되는 베이징어는 1956년 중국정부가 수도인 베이징 발음과 북방방언에 기초하여 만든 언어이다. 그렇지만 이 베이징어는 베이징 토박이들이 사용하는 말과 동일하지 않으며, 오히려 베이징 사투리와 같은 토속적인 성분을 배제하여 널리 통용될 수 있도록 만든 정제된 말이다. 이것을 표준어라는 의미에서 '보통화'라고 부르며 다른 지방의 말은 보통화와 구별하여 '방언'이라고 칭한다. 보통화와 방언 사이에는 외국어 이상의 발음 차이가 존재하여, 출신 지역이 다르고 보통화를 모르는 사람들끼리 만나면 통역이 필요할 정도로 말이 통하지 않는다.[25]

중국에서도 이러한 언어현실을 감안하여 보통화 이외에 7대 방언을 공식적으로(?) 승인하고 있다. 7대 방언에는 베이징어의 근간이 되고 있는 북방 방언, 상하이어로 대표되는 오(吳) 방언, 후난어로 대표되는 상(湘) 방언, 장시어로 대표되는 감(贛) 방언, 커쟈어로 대표되는 객가(客家) 방언, 푸젠어로 대표되는 민(閩) 방언, 광둥어로 대표되는 월(粤) 방언이 있다. 7대 방언 이외에도 어학적으로 200여 가지의 방언으로 분류 가능할 만큼 중국에는 무수한 방언이 공존하고 있는 상태다. 게다가 방언은 중국의 56개 민족 가운데 한족의 지역어만을 지칭하고 55개 소수민족의 언어는 별도로 규정하고 있는데, 이들의 언어까지 모두 포함한다면 중국은 그야말로 소통 불가한 이질적 언어의 집합장이라 해도 과언이 아니다.

---

25 예를 들어 보통화와 광둥어의 발음을 비교해보면, '나'를 의미하는 '我'의 발음을 보통화에서는 '워'라고 읽는데 광둥어에서는 '응오'라고 하며, '대단히 감사합니다'라는 뜻의 '多謝'는 보통화에서 '뚜오씨에'로 읽는데 광둥어에서는 '또제'라 하며, 숫자 1, 2, 3을 보통화에서는 '이얼싼'으로 읽는데 광둥어에서는 '얕이쌈'이라 한다.

중국의 지역성은 당연히 땅이 넓고 인구가 많은 데서 기인하지만, 사회체제 면에서 볼 때 중앙과 지방의 관계가 종속적이지 않고 분권화되어 있는 측면과 밀접히 관련되어 있다. 흔히 중국에서는 황제가 무소불위의 절대 권력을 지니고 있어서 강력한 중앙집권체제가 형성되어 있을 것이라고 생각하기 쉽다. 하지만 역대로 지방정부는 독립적인 권력을 소유하고 있어서 왕조의 전성기에는 중앙과 원활한 협력관계를 유지하고, 왕조교체기나 사회변동기에는 지방분권을 강화하여 독자적인 세력을 형성하였다. 이러한 현상은 1911년 근대 중국이 탄생한 이후에도 지속되어 위안스카이의 북양군벌과 펑위샹, 옌시산 등의 지방군벌이 중앙과 지방의 권력을 분점하였으며, 국공 내전시기에 장제스가 이끌던 국민당의 군사력도 지방 군벌에 기반하고 있었다.

신중국 성립 이후 중국정부는 지역 간의 분열과 이기주의를 극복하기 위하여 강력한 중앙집권을 바탕으로 전 중국을 일사분란하게 통치하려고 하였다. 하지만 도시와 농촌을 이원적으로 관리하고 각 지역 간의 이동을 제한하는 통제정책을 사용함으로써 오히려 지방색이 사라지지 않고 온존 강화되는 현상이 벌어지게 되었다. 개혁개방 이후에는 지방분권화를 통한 경제성장 정책을 실시하여 중앙정부의 권한을 대폭 지방정부에 이양하고 자율성을 확대시켜주었다. 이러한 성장전략으로 인해 지방에는 '제후경제'라 불리는 지역보호주의가 형성되어 중앙정부와 충돌을 일으키고 있으며, 각 지역 간에도 균형적 발전보다는 과열경쟁이 벌어져 심각한 갈등을 양산하고 있는 실정이다.

중국사회의 이러한 특수성으로 인해 중국은 결코 하나의 국가로 이해될 수 없는 다양한 지역성을 지니고 있다. 각 지역마다 독특한 언어문화와 역사를 지니고 있을 뿐 아니라 지역사회를 움직여나가는 독자적인 정치시스템을 갖추고 있다. 그래서 성장한 지역 환경에 따라 다른 지역 사람들과 확연히 구분되는 기질을 지니고 있기 때문에, 우리는 중국인을 바라볼 때 중국인 일반론에서 벗어나 중국 어느 지역의 사람인가를 구체적으로 이해할 수 있는 안목을 키워나가야 할 것이다.

제9장

9

차이나 코드

녹색 고양이

2007년 3월 제10기 5차 전국인민대표대회에서 중국사회가 새로운 시대로 접어드는 역사적인 결정이 이루어졌다. 그것은 바로 사유재산권을 인정하는 '물권법'의 제정이다. 중국은 그간 시장경제를 지향하면서도 공유재산의 소유권만을 인정하는 불완전한 길을 걷고 있었다. 이번 물권법 제정으로 중국은 사회주의 이념과 자본주의적 길 사이에서 벌어지는 충돌을 극복하고 개혁개방을 제도적으로 완성하는 신기원을 이룩하였다. 이는 중국 내부문제의 해결일 뿐만 아니라 글로벌 스탠더드에 한층 다가가는 획기적인 사건이다.

이와 아울러 주목해야 할 점이 외국기업의 소득세 혜택의 축소와 친환경적인 정책의 강화이다. 물권법 제정이 개혁개방을 본궤도에 올려놓은 일이라면 이것은 기존의 개혁개방의 궤도를 수정하는 정책이라 할 수 있다. 중국이 지금과 같은 급성장을 이룩한 비결은 외국기업을 유혹한 최적의 생산여건이라 해도 과언이 아니다. 그러나 이제는 성장일변도의 무분별한 혜택을 축소함으로써 과거와 다른 새로운 길을 모색하고 있다. 그렇다면 중국은 이러한 개혁개방의 완성과 변신의 과정을 통해 어떠한 사회로 나아가려 하는 것일까?

개혁개방의 총설계자라 불리는 덩샤오핑은 '흑묘백묘론(黑猫白猫論)'을 통해 중국을 현재와 같은 자본주의적 사회로 바꾸어놓았다. '흑묘백묘론'은 검은 고양이든 흰 고양이든 쥐를 잘 잡는 고양이가 좋은 고양이라는 뜻으로, 사회주의든 자본주의든 인민을 잘 살게 만드는 체제로 전환해 나가겠다는 논리이다. 이러한 실용주의적 노선 덕분에 중국은 이념과 분배가 중심이 된 사회에서 자본과 성장을 위주로 하는 사회로 변모할 수 있었다.

개혁개방 이후 중국정부는 연평균 7%대 이상의 고도성장을 목표로, 생산과 수출 부문을 성장 동력으로 삼아 재정을 집중 투자하고, 파격적인 지원 정책을 실시하였다. 이에 따라 중국 전역에 저임금을 바탕으로 한 제조업 생산공장이 건설되고, 능력 있는 사람이 먼저 돈을 벌수 있도록 사영기업을 육성하고, 수출을 장려하기 위하여 수출부가가치세 환급제도와 같은 장려책을 시행하고, 외국기업을 유치하기 위하여 대대적인 세제감면과 금융 혜택을 제공하였다. 그 결과, 지난 20여 년 동안 정부의 목표치를 초과한 연평균 9.6%의 고속성장을 이루었을 뿐만 아니라, made in China가 세계시장을 석권하는 경제대국으로 급부상하게 되었다.

하지만 세계를 놀라게 한 성장지표와 무한한 가능성에도 불구하고 중국의 현재 모습은 덩샤오핑이 궁극적으로 의도한 발전궤도에서 상당히 어긋나 있다. 덩샤오핑은 흑묘백묘론을 통해 중국을 실용적인 사회체제로 전환한 다음, 원바오(溫飽)-샤오캉(小康)-따통(大同)의 단계로 발전해나가는 장기적 비전을 제시하였다. 원바오는 생존을 위한 기본적인 의식주를 해결하는 단계이며, 샤오캉은 경제발전과 소득증대를 바탕으로 가전제품, 주택, 자동차를 구입하여 안락하게 생활하는 단계이며, 따통은 사회구성원 전체가 현대적 생활을 영위하는 복지사회의 단계를 나타낸다.

중국은 현재 1인당 GDP 1,000달러를 목표로 한 원바오 단계를 뛰어넘어, 1인당 GDP 3,000달러를 목표로 하는 '전면적 샤오캉' 시대로 들어서 있다. 그러나 수단과 방법을 가리지 않고 쥐를 잡는 고양이처럼, 중국은 성장만을 위한 발전주의의 함정에 빠져 혹독한 성장통을 앓고 있다. 무엇보다, 능력 있는 사람이 먼저 부자가 되어도 좋다는 '선부론(先富論)'은 본래 '아랫목이 따뜻해지면 윗목도 자연스레 따뜻해질 것'이라는 확산효과를 기대하며 주창한 것인데, 이것이 부정적으로 작용하여 빈부격차와 지역 간의 불균형이 갈수록 심화되었다. 이는 덩샤오핑이 미처 예상하지 못한 일로, 개혁개방을 통해 이상적인 복지사회로 나가려는 의도가 성장의 덫에 걸려 심각히 굴절된 것이다.

현재 중국정부는 외형적 성장에 치중해온 발전과정을 반성하며 질적인 성장을 이루어나갈 수 있는 방안을 모색하고 있다. 2006년부터 시작한 11차 5개년 계획에서, 후진타오는 그간의 양적인 성장을 벗어나 합리적이고 과학적인 분석을 통해 지속 가능한 성장을 하고, 계층 간 지역 간 불균형에서 벗어나 사회구성원 전체가 소외되지 않는 균형발전을 함으로써, 인간이 중심이 된 조화로운(和諧) 사회로 나아가는 것을 새로운 목표로 추진하고 있다. '과학발전관'이라고 부르는 후진타오의 이러한 시각은 무모하게 쥐를 잡는 '흑묘백묘론'에서 벗어나 지속적이며 합리적으로 쥐를 잡아나가는 '녹색 고양이'로 변신하기 위한 것이다. 그 중심에 대량생산과 수출을 통한 성장전략에서 벗어나 내수시장과 소비의 활성화를 새로운 성장엔진으로 삼는 정책변화가 있다. 중국은 2001년 WTO에 가입하면서 내수시장의 개방을 약속하여 점차적으로 유통 서비스 시장의 문을 열어주고 있다. 이는 물론 WTO와의 약속 이행이기도 하지만 중국 내부로 볼 때는 성장엔진의 변화를 가속화하는 과정인 셈이다.

그렇다면 이러한 과정 속에서 중국사회는 어떻게 변신해나갈 것인가? 성장을 위해 정부 주도로 재정 투자를 하던 시절에는, 각종 행정수단이 동원되거나 이권사업에 공무원이 개입하여, 재정적자가 누적되었을 뿐만 아니라 부정부패가 만연하였다. 그러나 이제는 정부의 직접적인 투자와 개입을 감소하고 이를 민간 부문에 이양함으로써, 시장의 룰에 따라 성장이 진행될 수 있도록 개인의 재산권 등에 관한 법률 정비가 이루어지고 있다. 이에 따라 정부가 경기과열을 부추기거나 공무원의 부정부패가 남발하는 일이 감소하고, 점차 합법적인 틀 속에서 성장사업이 이루어지는 건전한 경쟁시스템이 정착될 것으로 보인다.

과거 수출이 성장 동력이 되던 시절에는 지나친 가격경쟁으로 인해 과잉생산과 자원남용 이 벌어지고 환경이 파괴되는 악순환이 이어졌다. 그러나 중국은 이제 이러한 문제를 유발한 제조업에 대한 지원과 수출 장려책을 폐지하고 첨단산업 중심의 성장을 추진하고 있다. 이는 국가의 보호주의를 반대하는 WTO 규정에 부합하는 일이기도 하지만, 그간 성장을 주도해온 노동집약적 산업구조에서 벗어나기 위한 산업 고도화 정책이라고 할 수 있다. 실제로 노동집약적 산업분야에 대한 지원책은 사라지고 있지만, 첨단산업 분야에서는 여전히 파격적인 혜택이 지속되고 있다. 이에 따라 중국은 과거의 저가 생산공장의 이미지에서 탈피하여 첨단산업 분야의 연구개발 및 생산단지로 변신해나갈 전망이다.

또 내수시장이 개방됨에 따라 중국은 저가제품의 생산공장에서 전 세계의 브랜드가 각축전을 벌이는 글로벌 쇼핑몰로 도약하고 있다. 이미 수많은 외국기업들이 내수시장을 선점하기 위한 경쟁을 벌이고 있으며, 중국정부도 새롭게 창출된 시장을 관리하기 위하여 WTO 가입 준비과정에서부터 관련 법률을 지속적으로 정비하고 있다. 이는 WTO가 요구하는 글로벌 스탠더드를 정립하기 위한 절차이기도 하지만, 그간 성장에 치중하여 인위적으로 관리하던 낙후된 행정에서 벗어나 법률과 제도를 통해 합리적으로 시장을 육성하기 위한 구조조정 과정이라고 할 수 있다. 이에 따라 오랜 관행으로 작용하던 관시와 같은 인치 시스템이 약화되고 공적인 제도를 중시하는 법치 시스템이 정착되어 나갈 것으로 보인다.

중국은 WTO 가입 준비과정에서 경제관계 법률과 규정만 하더라도 2,700여 건을 정비하였고, 그 후에도 관련 법규들이 무수히 쏟아지고 있다. 그리고 시장 환경의 변화에 따라 기존의 정책이 수정되고 새로운 정책이 입안될 가능성이 높아지고 있다. 이러한 중국의 사회시스템 변화로 인해 우리는 중국에 진출하기에 앞서, 먼저 관련 분야의 법률과 정책이 무엇인지 그리고 자신의 분야에 어떠한 영향을 끼칠 수 있는지에 대해 면밀히 연구해야 한다. 가령 수출 장려책으로 시행하던 수출 부가가치세 환급제도의 폐지는 제조업 분야의 투자에 불리한 조건으로 작용할 것이며, 첨단산업 우대정책은 앞으로 어떠한 분야를 가지고 중국에 진출해야 하는지 알려주고 있다. 또 내수시장이 개방됨에 따라 관련 법률이 무수히 만들어지고 있지만, 우리는 그들이 발표하는 대체적인 내용 이외에 세부적인 사항이 어떠한지 알고 있는 것이 별로 없다. 무지는 곧바로 실패로 이어진다. 아무리 우수한 기술을 보유하고 있더라도 중국의 변화된 환경을 이해하지 못하면 성공할 수 없다.

실제로 핸드폰 음성서비스 분야에서 상당한 기술력을 보유하고 있던 한국의 한 벤처기업이 WTO 가입 후 서비스 시장이 개방되는 중국에 진출을 시도한 적이 있었다. 그 기업은 중국에 비해 앞서 있는 자신의 기술력을 믿고, 현지에 직원을 파견하여 외국인 독자법인을 설립하였다. 몇 달의 험난한 준비과정을 거쳐 사업을 시작하려고 할 즈음, 그들은 기술력을 발휘하기도 전에 짐을 싸지 않을 수 없었다. 음성서비스 분야에서는 외국인 독자법인으로 사업할 수 없다는 관련 법률을 몰랐기 때문이다. 서비스 시장이 개방된다는 사실만을 알았을 뿐 중국정부의 시행방향에 대해서는 무관심했던 것이다.

중국이 법치사회로 나아감에 따라 이제 관시를 통하면 되지 않는 일이 없다는 생각은 그만 버려야 한다. 중국에서도 되는 일은 되고 안되는 일은 안 되는 시대가 도래하고 있다. 이러한 변화를 도외시한 채 관시를 통해 불법적인 접근을 한다면, 오히려 커다란 낭패를 겪거나 법적인 처벌을 받는 경우가 생길 수 있다. 따라서 이제는 중국의 법률과 정책을 이해하는 일을 그 무엇보다 우선해야 하며, 그것이 차이나 코드에 접근하는 근간이 되어야 할 것이다.

메갈로폴리스

최근 동아시아 물류 허브항을 꿈꾸는 두 신항이 나란히 개항을 하였다. 그 주인공은 2005년 12월에 개항한 상하이 양산항과 2006년 1월에 개항한 부산신항이다. 그런데 6개월이 지난 후 두 항의 희비가 엇갈

렸다. 연간 처리 능력 90만TEU 규모로 개장한 부산신항은 6개월 간 처리량이 3만 6천TEU에 불과했으며, 부산항 전체 물동량 실적도 573만 5천TEU로 지난 해에 비해 0.8% 증가하는데 그쳐, 최근 10년 동안 가장 낮은 성장률을 기록하였다. 이에 반해 양산항은 연간 능력 250만TEU 가운데 절반을 넘어선 126만 5천TEU의 물동량을 처리했으며, 상하이항 전체 물동량은 1천8만TEU로 지난 해에 비해 17.8%가 증가하여 세계 1, 2위 항만 자리를 넘보고 있는 실정이다.

부산항의 물동량 감소는 어느 정도 예정된 위기로 신항 건설당시부터 제기된 것이었다. 상하이 항을 비롯한 중국 항만들의 고속성장과 중국-일본 간 직항노선 증가로 인해 부산항에서 유치하는 중국 · 일본화물이 줄어들 것은 자명한 이치였기 때문이다. 하지만 이러한 예견에도 불구하고, 중국의 항만 건설이 부산항에 어떠한 영향을 끼칠 것인지 그리고 전략적 비교 우위를 점하기 위해 어떠한 차별성을 지녀야 하는지에 대해 심각히 고려하지 않음으로써 지금의 위기를 자초한 셈이다.

중국의 국가발전 전략으로 볼 때 양산항은 단순히 수출입 해상물류의 중개항으로 구상된 것이 아니다. 상하이는 지금 장강삼각주 경제권을 구성하고 있는 쑤저우, 항저우, 난징, 우시, 닝보 등 16개 도시를 '3시간 생활권'으로 연결하여, 금융, 산업, 무역, 서비스, 물류 등을 통합하는 거대 도시권을 형성하고, 자신이 그 중추도시가 되는 계획을 추진하고 있다. 장강삼각주 경제권은 반도체, 노트북, 컴퓨터, 자동차 부품, 휴대폰, DVD 등의 생산단지와 연구개발센터가 집적되어 있는 곳으로 중국 GDP의 22.4%를 차지하는 첨단산업지역이다. 상하이는 푸동의 성공신화를 넘어, 배후 도시들의 산업역량을 집중하여 기술개발과 생산 그리고 물류 유통이 일괄적으로 가능한 최적의 생산여건을 조성함

메갈로폴리스의 중심 상하이

으로써, 세계적 경쟁력을 지니는 산업클러스터 지역으로 부상하는 꿈을 꾸고 있는 것이다.

상하이의 구상은 1997년 제1차 회의가 열린 이래 2년마다 개최되고 있는 장강삼각주 시장단 회의에서 논의된 일이다. 2003년 회의에서는 2010년 상하이 엑스포를 계기로 이 지역이 공동 발전할 수 있는 세계적 메갈로폴리스를 건설하자는 목표에 합의하였다. 현재 메갈로폴리스는 미국 북동부의 보스턴-뉴욕-필라델피아-볼티모어-워싱턴에 이르는 지역, 라인 공업지대, 런던-리버풀에 이르는 지역, 시카고-디트로이트-피츠버그에 이르는 지역, 샌프란시스코-로스앤젤레스에 이르는 지역, 도쿄-나고야-오사카에 이르는 지역 등에 형성되어 있는데, 장강삼각주가 이들 지역과 어깨를 나란히 할 수 있는 세계적 경제권으로 성장하겠다는 야심찬 계획이다. 이를 위해 장강삼각주 16개 시를 모두 잇는 고속도로와, 상하이에서 닝보 사이에 세계 최대의 해상교량인 항저우만 대교를 건설하고 있으며, 또 상하이-쑤저우-우시-난징을 잇는 고속전철 건설 계획을 추진하고 있다.

이러한 교통망이 장강삼각주 내부의 3시간 생활권을 가능케 하는 혈관이라면, 양산항은 장강삼각주와 세계를 연결시키는 관문 기능을 한다고 할 수 있다. 그래서 양산항은 물류만을 운송하는 여타의 항구와 달리, 장강삼각주와 세계 사이에서 금융, 기술, 정보, 문화, 인재 등을 종합적으로 유통시키는 거대한 해상 도시로 성장해나갈 전망이다. 메갈로폴리스로서의 장강삼각주의 꿈이 실현될수록 양산항은 동아시아를 넘어 세계의 선박들이 몰려드는 해상 실크로드의 중심축이 될 것이다.

중국정부는 현재 도시들이 개별적으로 발전하던 방식에서 벗어나,

장강삼각주처럼 지역적 특성에 따라 도시들을 집적하여 거대 경제권을 형성하는 방식으로 성장을 추진하고 있다. 이는 도시 간의 과열경쟁으로 인해 중복투자와 과잉생산이 벌어지던 사태를 극복하고, 도시 간의 협력과 집적을 통해 지역 전체가 지속가능한 성장을 함께 이루어나가기 위한 발전전략이라고 할 수 있다. 현재 중국에는 장강삼각주처럼 명확한 경제적 특성과 시스템을 갖추지는 못했지만, 주강삼각주 경제권, 환발해 경제권, 동북 경제권, 중서부 경제권 등이 독자적인 지역 경제권으로 발전해나가고 있다.

주강삼각주 경제권은 개혁개방의 시발점이었던 광둥성의 선전, 주하이, 광저우, 동관, 순더 등 9개 도시에 홍콩, 마카오를 포함하는 지역을 지칭한다. 본래 이곳은 대외교역이 활발했던 지역으로 80년대 초부터 홍콩의 기업이 들어와 전기전자, 완구, 섬유, 잡화 등 노동집약적인 제품을 생산 수출하였다. 이후 일본, 대만, 한국 및 서구기업들이 들어와 PC, 가전, 휴대폰, 시계, 카메라, 금형, 프레스, 가구, 플라스틱 등의 부품공장을 세우면서 거의 모든 분야의 제품을 생산하는 공업집적 지역으로 성장하였다. 특히 2010년 광저우 아시안게임을 계기로 도시 간 교통망 및 인프라가 구축되고 있어서, 지역 경제가 공동으로 활성화될 수 있는 효과를 거둘 전망이다. 아직 장강삼각주의 상하이처럼 중심도시가 없고 첨단산업의 특색을 지니지는 못하지만, 홍콩의 금융, 비즈니스 기능과 결합된 세계적인 부품산업 클러스터로 성장해나갈 것으로 보인다.

환발해 경제권은 베이징, 톈진을 중심으로 허베이성과 산시성을 포함하는 지역이다. 베이징은 중관춘으로 상징되는 IT산업의 메카로 자리잡고 있으며, 다국적 기업의 본부가 대부분 들어와 있어 금융, 서비스, 자동차, 문화, 물류 등의 방면에서 거대한 시장을 형성하고 있다. 톈진은 베이징과 연계된 IT관련 산업공장이 집적되어 있으며, 빈하이에는 금융, 제조업, 물류의 기반을 갖춘 제2의 푸둥 건설을 진행하고 있다. 이 지역은 아직 경제권으로서의 산업적 일체감이 부족하고 도시간의 발전격차가 심한 상태이다. 하지만 2008년 베이징 올림픽을 위한 인프라 구축으로 주변도시의 접근성이 용이해졌으며 건설, 환경 등 관련 산업의 파급적 효과가 지역 내부로 확산되고 있다.

동북 경제권은 랴오닝성, 헤이룽장성, 지린성 등 동북3성을 포함하는 지역으로 개혁개방 이전에는 중국 최대의 중화학 공업단지로 자리하고 있었으나, 그 이후에 오히려 소외되어 지금은 타 지역에 비해 산업발전이 부진한 실정이다. 하지만 2002년 공식 발표한 동북진흥프로젝트를 통해 철강, 화학, 기계, 조선 분야를 집중적으로 육성하여 옛 위용을 되찾으려 하고 있으며, 특히 러시아, 북한 등 동북아 국가들이 인접한 장점을 활용하여 국제무역 및 물류, 에너지 개발 등이 촉진될 전망이다.

중서부 경제권은 쓰촨성, 신장성, 칭하이성 등 경제권 가운데 가장 낙후된 지역에 해당하지만, 2000년 이후 서부대개발 50년 장기계획을 통해 발전을 추진하고 있다. 현재 이 지역 전체가 공사 현장이라고 할 정도로 교통통신망, 건축, 에너지 개발 등의 공사가 한창 진행되고 있다. 그 성과로 2006년에 세계최대 규모의 수력발전 댐인 산샤댐이 완공되었고, 칭하이성 거얼무에서 시장성 라싸를 잇는 칭짱선 철도가 개통되었다. 이 지역은 도시 간 발전격차가 심하고 인프라 구축이 미약하지만, 충칭, 청두 같은 대도시에는 상당 규모의 산업시설과 내수시장이 형성되어 있다. 당분간 이들 대도시를 중심으로 발전하겠지만, 장기적으로 볼 때 주변도시와 교통망이 연결되고 물류환경이 개선되면 지역 경제가 급속도로 활성화되어 나갈 전망이다.

중국은 이처럼 도시별 발전에서 벗어나 도시를 연결한 지역 경제권을 형성함으로써, 균형발전과 아울러 산업역량을 집중하여 경쟁력을 극대화하고 있다. 이러한 중국의 구상은 궁극적으로 지역 경제권을 활성화시켜 세계적인 메갈로폴리스로 발전하고, 그것이 중국경제의 성장 동력으로 정착되어 지속가능한 질적인 발전을 이루어나가는데 있다. 이에 따라 우리는 중국의 지역별 발전전략과 특성을 이해하고 그에 따른 접근방식을 새롭게 고민해야 한다. 특히 한국 내부의 지역발전 전략을 수립할 때 그와 관계되는 중국 지역의 발전전략을 충분히 검토하여 무리한 규모대결을 벌일 것이 아니라, 비교우위에 설 수 있는 분야를 개발하거나 중국과 협력관계를 형성하여 공동 발전할 수 있는 전략을 짜야 할 것이다. 기업 차원에서 볼 때는 지역별로 육성하는 산업이 다르기 때문에 최적의 여건을 제공하는 곳으로 진출하고, 내수시장을 공략할 경우에는 그 지역의 문화와 소비자의 특성에 기반한 마케팅 전략을 마련해야 할 것이다. 그리고 개인이 중국을 공부하는 경우에도 베이징 보통화와 일반적인 중국문화에 대한 학습을 넘어, 관심을 가지고 있는 지역의 언어와 문화를 더불어 공부하여 지역전문가로 활동할 수 있는 능력을 배양해야 할 것이다.

마이카 시대

과거 중국에 진출했다 실패한 사람들 가운데는 13억 인구의 환상에 빠졌거나 저렴한 인건비에 매혹된 경우가 많았다. 13억 환상론은 중국인에게 값싼 물건 1개씩만 팔아도 떼돈을 벌 수 있다는 선입견으로, 이는 계층 간 소득차이 및 소비수준을 고려하지 않고 숫자로만 바라보다 실패한 경우이다. 저렴한 인건비론은 중국인의 월급이 한국보다 훨씬 낮아 사업 여건이 좋다는 선입견으로, 이는 한국과 다른 중국의 월급 체계 및 노동 효율성을 간과하여 실패한 경우이다. 중국인에 대해 이러한 편견을 가지고 있으면 중국이 소비를 성장 동력으로 삼는다거나 세계의 시장으로 도약하고 있는 얘기가 잘 실감이 가지 않을 것이다. 중국의 외형적 성장속도나 통계수치의 상승에는 쉽게 경탄하면서도, 정작 그것이 중국인의 삶의 질을 어떻게 향상시켜나가고 있는지에 대해서는 둔감하기 때문이다.

중국을 방문할 때마다 달라진 모습을 보며 놀라곤 하는데, 최근 가장 눈에 띄는 것이 자동차의 증가 추세이다. 불과 몇 년 전만 하더라도 인기직종이었던 택시기사들은 고소득을 올리며 거리를 폼나게 질주하였다. 그러나 지금은 출퇴근 시간에 상관없이 교통체증이 심하여 하루 종일 돌아다녀도 벌이가 시원찮다고 불평을 늘어놓는다. 잘나가던 택시기사를 이렇게 삼류업종으로 전락시킨 주범이 바로 자가용의 급증이다.

필자는 94년부터 중국에 드나들며 변화의 현장을 지켜보았다. 특히 그때 만난 중국 친구들의 삶의 변화를 통해 한층 가까이서 그것을 실감할 수 있었다. 당시만 하더라도 그들과 생활수준차가 난다고 자부한(?) 필자는 만남의 비용을 홀로 부담하는 경우가 많았다. 그런데 90년대 후반으로 갈수록 멀리서 온 손님이라고 대접을 해주어 주머니 부담이 줄기 시작하였다. 한 번은 중국 친구가 숙소에 찾아와 약속 장소로 같이 이동한 적이 있었다. 숙소 앞에 대기하고 있는 택시를 잡으려고 하는데 그 친구가 자기 차를 타고 가자고 소매를 끌었다. 순간 영화 〈첨밀밀〉의 한 장면이 떠올랐다. 장만옥과 여명이 함께 있다가 장만옥이 집에 간다고 하자 여명이 자기 차로 모셔주겠다 하여 가보니 그 차가 바로 자전거인 장면 말이다. 그러나 예상과 달리 그가 가져온 차는 진짜 자가용이었다. 지금도 여전히 중국 인민들의 대중교통수단인 자전거가 당시는 더욱 일반적이었기 때문에 적잖은 충격으로 다가왔다. 그 후 하나둘씩 구입하기 시작하더니 지금은 거의 모든 친구들이 차를 소유하고 있다.

국제적 통계에 의하면, 1인당 GDP 3,000달러 이상이 되면 자동차를 구입할 수 있는 능력이 생긴다고 한다. 지금은 자동차가 넘쳐나지만, 우리의 경우에도 1인당 GDP 3,000달러가 넘어선 80년대 후반에 비로소 마이카 시대가 도래하였다. 중국에 1인당 GDP 1,000달러가 넘어선 것은 2003년의 일이다. 2003년을 기준으로 중국은 원바오 시대를 마치고 1인당 GDP 3,000달러 목표로 하는 샤오캉 시대로 접어들었다. 하지만 이 통계는 중국 전역을 대상으로 한 것이며, 소득수준이 높은 대도시를 대상으로 할 경우 수치가 달라진다. 동일한 2003년이라 하더라도 1인당 GDP가 베이징은 3,500달러, 상하이는 5,000달러, 광저우는 4,800달러 수준에 달하였다.[26] 이러한 통계를 뒷받침하듯, 2003년에 자

---

26 2006년 중국의 1인당 GDP는 2,042달러를 기록하고 있는데 2003년에 1,000달러를 달성한 지 불과 3년 만의 일이다. 이러한 성장 추세라면 1인당 GDP 3,000달러 시대는 2010년경에 진입할 것으로 예측된다. 이미 1인당 GDP 3,000달러를 넘은 지역으로는 상하이(7,330달러), 베이징(6,410달러), 톈진(5,340달러), 저장성(4,080달러), 장쑤성(3,710달러), 광둥성(3,630달러), 산둥성(3,040달러) 등이 있다. 물가수준을 감안한 중국의 구매력평가가 명목소득의 3배 정도인 것을 계산하면 상하이, 베이징을 비롯한 중국의 대도시는 이미 한국의 1인당 GDP 수준을 넘어섰거나 대등한 수준에 올라와 있다고 할 수 있다.

가용 판매 증가율이 40%를 넘어서는 고속성장을 이루었다.

필자의 중국 친구들이 돈을 쓰기 시작한 90년대 후반은, 산업 근대화의 성과가 국민들에게 나타나는 우리의 80년대 후반처럼, 20여 년 간의 개혁개방의 성과가 중국인의 삶에 드러나기 시작하는 시점이다. IMF 위기를 겪으며 성장이 동강난 시절에도, 중국은 고성장을 지속하며 주머니를 두둑하게 불려놓았다. 이러한 성장의 수혜가 중국 친구들에게도 이어져 소비를 할 수 있는 여유가 생겼으며, 능력 있는 친구들이 먼저 자동차를 구입하는 단계로 들어서 있었던 것이다.

이와 같이 국민 경제적 차원에서는 중국을 높이 평가하면서도 중국인 개개인의 소득향상에 대해 잘 느끼지 못하는 것은 월급수준이 아직 낮다고 상상하기 때문이다. 중국에서 흔히 접할 수 있는 식당 종업원이나 공장 노동자의 월급이 700~1,500위안(약 9~20만 원) 수준이고, 일반 직장인이나 공무원의 월급이 2,000~3,000위안(약 26~39만 원) 수준인 것을 감안하면 이러한 상상이 무리는 아니다. 이들의 월급만을 놓고 보면 우리와 차이가 많이 날 뿐 아니라 중국의 폭발적인 소비증가가 어떻게 가능한지 의심이 들 정도다. 하지만 중국의 소비를 상위 20% 계층이 주도하고 있다는 점, 그리고 중국의 월급 체계가 한국과 다르다는 점을 고려한다면 평가가 달라질 것이다.

중국의 월급 체계는 한국과 달라서 액면 그대로의 월급만을 가지고 계산해서는 안 된다. 중국의 직장은 국가를 대신하여 직원들의 의식주와 교육, 의료 문제 등을 책임지기 때문에, 기본 월급 이외에 노동복리비(난방보조비, 휴가비, 생일 축하금, 명절비 등) 명목의 수당을 지급한다. 특히 국유기업 직원이나 공무원의 경우는 의료보험료와 주택 지원뿐만 아니라 각종 보너스를 지급받는다. 그래서 이러한 노동복리비 및 각종 혜택을 포함한다면 중국 직장인은 기본 월급을 훨씬 상회하는 소득을 올린다고 할 수 있다.[27] 게다가 중국 가정이 대부분 맞벌이 부부로 이루어져 있다는 사실을 감안한다면 한 가정의 소득 수준은 더욱 상승할 것이다.

도시민의 소득을 계산할 때 또 하나의 수입원을 고려해야 하는데 바로 월급 외 수입이다. 월급 외 수입에는 직장 이외의 부업을 통한 수입, 주식이나 은행 이자를 통한 수입, 부동산 매매나 임대를 통한 수입, 부정부패를 통한 음성 수입 등이 포함된다. 중국 〈국제금융보〉에 따르면, 2001년 도시민의 전체 수입 가운데 월급이 차지하는 비중은 44.5%인 반면 월급 외 수입이 오히려 55.5%에 달한다고 한다. 이것은 개혁개방 이후 생겨난 기현상으로 주민 간 소득격차를 벌어지게 만든 주요한 원인이기도 하다. 이러한 소득까지 다 포함한다면 도시민의 실질소득이 얼마인지는 중국정부도 모른다고 할 정도로 상당한 수준이 될 것으로 보인다.

중국사회과학원의 「당대 중국 사회계층 연구보고」(2001.12)에서는 중국의 10대 사회계층을, 상층인 국가 및 사회 관리층(2.1%)과 기업 관리층(1.5%), 중상층인 민간 기업주(0.6%)와 전문직(5.1%), 중중층인 사무직(4.8%)과 자영업자(4.2%), 중하층인 상업 서비스업 종사자(12%)와

---

27 중국의 월급 체계를 모른 채 저렴한 인건비만을 믿고 진출했다가 낭패를 본 이들이 많다. 기본급 이외에 노동복리비에 해당하는 보조금과 보너스를 지불해야 할 뿐만 아니라, 중국정부에서 의무로 규정한 4대 보험료(양로, 실업, 의료보험, 주택공적금)를 부담해야 한다. 회사에서 부담해야 하는 보험료는 월급의 50% 수준이며, 숙식비를 별도로 제공할 경우 부담이 추가된다. 매년 월급 상승률이 10% 이상인데다가 노동의 질적 효율성과 잦은 이직률을 고려한다면 중국의 인건비가 결코 저렴하다고 할 수는 없을 것이다.

산업 노동자(22.6%), 하층인 농업 노동자(44%)와 실업자(3.1%)로 구분하고 있다. 이 보고에 따르면 상위 20%와 하위 80% 사이의 양극화 현상이 뚜렷하며, 민간 기업주, 전문직, 사무직, 자영업자 등의 '중간층'이 새로운 계층을 형성하고 있다. 우리가 알고 있는 낮은 인건비의 중국인은 하층 노동자에 해당하며, 중간층은 직종에 따라 차이는 있지만 대체로 하층 노동자의 월급 몇 배 이상의 고소득을 올리며 문화생활을 향유하고 있다. 중국의 폭발적인 소비력은 바로 이러한 중상층의 '종합 소득' 덕분에 가능한 일이다. 중국의 물가 수준을 감안한 구매력평가가 명목소득의 3배 정도로 산정되는 것을 고려한다면, 소비가 새로운 성장 동력이 될 수 있는 힘이 중국 내부에 축적되어 있는 셈이다.[28]

중국은 계층 간 지역 간 소득격차로 인해 13억 인구로 단일화할 수 없는 다양한 소비자 층이 공존하고 있다. 원바오 단계의 기본적인 의식주 문제도 해결하지 못하는 농민, 산업 노동자, 실업자 층이 있는가 하면, 샤오캉 시대의 물질적 풍요를 누리고 있는 중간층이 있고, 고급 외제차를 소비하며 최상의 생활을 향유하고 있는 부유층이 불균등하게 존재하고 있다. 현재 중국의 소비는 도시의 중상층이 주도하고 있으며, 마이카 시대라는 것도 이들 계층이 추구하는 물질적 욕망이라고 보아야 할 것이다. '전면적 샤오캉' 시대의 주역인 이들은 자가용뿐만 아니라, 주택, 가전제품, 음식, 패션, 교육, 문화, 오락, 여행 등 각 방면에서

---

28 갤럽 분석에 따르면 현재 약 5억 명에 이르는 도시 지역 거주자 중 연간 가처분소득 510만 위안(약 660만 원) 이상 중산층은 1억 4,000만 명에 달한다고 한다. 그리고 이중 6,700만 명 정도가 해외 명품 브랜드를 살 수 있는 소비능력을 갖춘 것으로 분석된다. 또 메릴린치는 중국에서 100만 달러 이상의 금융자산(부동산 등 고정자산 제외)을 갖고 있는 부자가 23만 6,000명에 이른다고 발표하였다.

과거와 다른 새로운 라이프스타일을 추구하고 있다. 중국사회의 균형 발전이란 차원에서 접근할 때는 하층민의 삶에 대한 관심과 연구가 필요하지만, 세계의 시장으로서 중국을 접근할 때는 중상층의 삶의 욕망과 라이프스타일의 변화를 잘 이해헤야 할 것이다. 13억 인구 전체가 아니라 바로 이들 계층의 소비력이 글로벌 기업을 유혹하고 있기 때문이다.

문화적 상상력

최근 한국의 모 신문에서 '중국에 퍼지는 한국의 온돌 열풍'에 관한 기사를 보도한 적이 있다. 한류에 이어 일상적인 난방문화의 영역에서도 온돌을 선호하는 소비자가 급증하여, 상하이의 경우 신축 건축물의 20% 정도가 온돌을 구비하고 있으며 날씨가 추운 동북 지역에서는 온돌을 설치하지 않으면 분양이 되지 않는다는 내용이었다. 이러한 보도를 접하고 있으면 한국의 우수한 문화와 기술이 중국에 통하고 있다는 자부심과 아울러 머지않아 중국이 한국화될 것 같은 환상마저 스며든다. 현실이 이렇게 흘러간다면 더할 나위 없이 좋겠지만, 언론에서 보도하고 있는 한국의 활약상은 그렇게 되기를 바라는 욕망이 깊숙이 개입되어 있어서, 중국의 실상을 과장하는 경우가 빈번하다. 왜 그런 것인가?

중국의 난방방식은 대체로 라디에이터와 같이 열기를 공기 중으로 배출하는 '놘치(暖氣)'를 사용하고 있다. 물론 '캉(坑)'이라고 불리는 온돌과 비슷한 난방장치가 있기는 하지만, 이것은 집안 전체가 아니라 길쭉한 의자처럼 걸터앉을 정도의 크기인데다가 주로 북방의 농촌 지역에서 사용되고 있어서, 놘치가 중국 난방문화를 대표한다고 할 수 있다. 그러나 이러한 '놘치'의 방식은 간편하기는 하지만, 난방의 효율성이 떨어질 뿐만 아니라 호흡기질환을 유발하는 문제점을 안고 있다. 겨울철이 되면 중국인들 가운데 집 안에서 내복을 몇 겹씩 껴입고 있거나 기침을 심하게 하는 이들이 많은데, 이는 중국의 난방방식에서 기인하는 현상이다.

이에 비해 온돌은 집안 전체를 훈훈하게 하고 무엇보다 호흡기질환을 예방할 수 있는 웰빙형 난방방식으로 놘치의 문제점을 해결할 수 있는 시스템이다. 게다가 에너지 절감 차원에서 중앙난방을 피하고 개별난방을 장려하는 중국정부의 시책을 감안한다면 온돌은 중국에 정착될 수 있는 호조건을 가지고 있는 셈이다. 하지만 온돌이 지니고 있는 이러한 장점에도 불구하고, 보도와 달리 온돌이 열풍처럼 중국에 퍼지기 쉽지 않은 장벽이 도사리고 있다.

가장 큰 장벽은 온돌이 좌식문화와 친연성이 있는데 반해 중국인은 입식문화에 길들여 있다는 점이다. 중국인을 집이나 음식점에 초대하여 식사를 할 때 한국식 습관대로 바닥에 앉아 상 위에 놓인 음식을 먹는 방식을 취한다면, 중국인은 앉아 있는 내내 다리가 저리고 불편하여 즐거운 시간을 보내지 못한다. 이는 중국인이 바닥에 앉아 생활하는 것에 익숙하지 않기 때문이다. 중국인의 집을 방문해보면, 거실과 방바닥이 차가운 시멘트나 마루로 되어 있어서 신발을 신고 생활을 하며, 벽쪽에 라디에이터나 냉난방 겸용 에어컨이 설치되어 있다. 그래서 바닥에 앉지 않고 의자나 소파 위에서 일상생활을 함에 따라 서양인과 유사한 입식문화를 지니게 된 것이다.

입식생활을 하는 이들에게 온돌을 전파하는 일은, 온돌의 우수성에

대한 홍보를 넘어 낯선 좌식문화의 맛을 느끼게 만드는 난제까지 포함
되어 있다. 중국인들은 냉난방을 위한 비용 지출을 그다지 후하게 하지
않는 편이다. 가령 상하이의 여름철은 냉방기 없이 지내기 힘들 정도로
후덥지근하지만, 상하이 사람들은 특별한 경우를 제외하고 냉방기를
잘 틀지 않는다. 마찬가지로 온돌로 난방을 할 경우 신발을 신고 다니
는 바닥이나 사람이 없는 곳에도 난방비가 든다고 생각한다면 선호하
지 않을 가능성이 크다. 뜨듯한 바닥에서 풍겨오는 훈기를 느끼며 생활
하는 좌식문화가 불편하게 다가오거나 낭비라고 인식한다면 온돌이
널리 통하지 않을 수 있다는 얘기다.

　비용 면에서 볼 때도 일시적으로 지불되는 온돌과 보일러 설치비
이외에 연료비가 커다란 장벽으로 작용할 수 있다. 한국의 경우 대부분
도시가스 설비가 인프라로 구축되어 있어서 비교적 저렴한 비용으로
사용하고 있지만, 중국은 이러한 인프라가 아직 정비되어 있지 않아서
소비자들이 기름, 전기, 가스 등 비교적 고비용이 드는 에너지를 지속
적으로 사용해야 하는 부담을 안고 있다. 연료 문제의 심각성 때문에
중국정부는 난치의 가동시기도 지역에 따라 달리 규정하여, 베이징의
경우 11월 중순부터 공급을 시작하여 다음해 3월에 공급을 중단하며,
상하이를 포함한 남방 지역에는 아예 난치의 설치를 금지하고 있는 실
정이다. 이러한 상황에서 온돌 보일러를 부담 없이 가동할 수 있는 소
비자는 아직 특정 계층으로 한정될 수밖에 없을 것이다.

　마케팅 면에서도 난제가 기다리고 있다. 한국의 경우 아파트를 건
축할 때 시공사가 인테리어를 포함한 모든 시공을 도맡아 하지만, 중국
은 시공사가 아파트의 골격까지만 시공을 하고 나머지 난방을 포함한
인테리어는 입주자가 개별적으로 시행을 한다. 입주를 앞둔 중국 아파

트에 가보면 인테리어 업자들이 장사진을 치고 있는 것도 이러한 이유 때문이다. 그래서 시공사와의 계약을 통해 일괄적으로 온돌을 설치할 수가 없으며, 일일이 입주자를 접촉하여 홍보해야 하는 번거로움을 안고 있는 것이다. 이러한 건축방식의 차이로 인해 온돌이 중국 대중에게 접근하기 위해서는 더 많은 시간과 노력이 필요할 것으로 보인다.

난방방식으로 볼 때 온돌은 분명 난치의 단점을 대체할 수 있는 우수한 시스템이다. 하지만 이것이 중국의 보편적인 난방방식으로 정착되기 위해서는 먼저 우리와 다른 사회문화적 차이를 극복해야 한다. 한국에서 통한 우수한 문화와 기술이라 할지라도 그것이 곧바로 중국에서 통할 수 있는 보증수표는 아니기 때문이다.

지금은 고급 브랜드의 라면으로 자리를 잡은 상태이지만 농심 신라면의 경우도 진출 초기에 중국의 문화적 장벽에 부딪쳐 고전을 한 경험이 있다. 얼큰한 매운맛과 꼬들꼬들한 면발로 한국 라면시장을 석권한 농심은 96년 상하이에 공장을 설립하여 97년에 신라면을 중국에 출시하였다. 그러나 한국에서와 달리 반응이 좋지 않아 난관에 직면했다. 가격이 일반 라면보다 비싼 고가라는 점도 있었지만, 무엇보다 중국인의 라면 먹는 방식과 맛의 차이를 주목하지 않았기 때문이다. 당시에 중국인들은 라면을 끓여 먹지 않고, 사발면처럼 그릇에 라면을 넣고 뜨거운 물을 부어 적당히 익으면 먹었다. 그래서 신라면을 구입한 중국인들이 자신의 방식대로 라면을 먹는 사태가 발생함에 따라 신라면 특유의 면발을 느낄 수가 없었다. 나중에 이 사실을 안 관계자들이 라면을 끓여 먹는 방법에 대해 홍보를 했지만, 간편하게 물을 부어 먹는 방식에 길들여진 습관을 바꾸는 일이 쉽지는 않았다. 사전에 이러한 사실을 알았다면, 신라면을 판매할 때 라면은 끓여 먹어야 훨씬 맛이 좋다는 홍보를 함으로써 시행착오를 줄일 수 있었을 것이다.

또 당시에 중국인들이 즐겨 먹던 라면은, 우리 입맛으로 보자면 기름기가 많고 느끼한 맛에 가까워 신라면의 얼큰한 매운맛과는 거리가 멀었다. 중국인들이 이러한 생소한 맛에 친숙해지기 위해서는 많은 시간이 필요하였다. 중국의 KFC나 맥도날드에 가서 음식을 먹어보면 한국의 KFC나 맥도날드에서 먹었던 고소하고 담백한 맛이 아니라 중국 특유의 향내가 배인 그런 맛이다. 한국과 같은 맛을 기대했던 이들은 실망을 금치 못하겠지만 이것이 중국인들이 줄을 서서 기다릴 만큼 좋아하는 맛이다. 글로벌 패스트푸드 업체들은 어떠한 한 가지 맛을 고집하지 않고 그 나라 사람들이 좋아하는 맛을 개발하여 진출하는데, 우리에게 익숙한 맛 역시 보편적인 것이 아니라 한국화된 맛인 셈이다. 중국에서의 신라면 역시 기본적인 매운맛은 유지하면서도 중국인의 입맛을 가미한 라면으로 재창조되면서 비로소 자리를 잡았다고 할 수 있다. 한국과 달리 중국에서 신라면은 두 가지 버전으로 출시되는데, 하나는 한국과 비슷한 버섯스프 라면이고 다른 하나는 중국식으로 개발한 새우스프 라면이다. 이처럼 라면 맛의 차이나 코드를 발견한 이후 신라면은 특유의 면발이 빛을 발하여 마침내 고급 브랜드의 이미지를 굳힐 수 있었던 것이다.

하지만 사전에 문화적 차이를 이해하고 중국에 통할 수 있는 전략을 수립했다면 불필요한 시행착오는 겪지 않았을 것이다. 현재 중국에 진출한 대기업 가운데 실패한 사례는 없다. 이것은 대기업이 장기적으로 사업을 진행할 수 있는 자본력과 인재 그리고 비전을 가지고 있어서, 그러한 시행착오를 오히려 좋은 경험으로 전환할 수 있는 여유를 지니고 있기 때문이다. 그러나 중소기업과 개인의 경우 성공률이 매우 낮은 상태라고 한다. 대기업과 같은 힘이 없기 때문에 현지화된 전략을 수립하지 못하면 곧바로 실패로 이어진다는 얘기다. 우수한 기술이라 하더라도 중국에 통할 수 있는 코드를 발견하고 이를 현지화할 수 있는 전략이 뒷받침되어야 뿌리를 내릴 수 있다. 이것은 중국의 문화를 이해하고 창조할 수 있는 상상력을 지니고 있을 때 비로소 가능한 일이다.

전문지식

중국 인터넷에서 고액 연봉자 직업 순위나 대학생들의 희망직업 순위에 대해 조사한 내용을 보면 최상위에 랭크되어 있는 것이 있는데 바로 부동산업이다. 아마 우리의 부동산중개업을 떠올린다면 상당히 의아하게 느껴질 것이다. 그러나 중국의 부동산업은 우리처럼 부동산 매매나 임대를 중개하는 알선업이 아니라, 토지개발과 건축공사를 하는 업종이라는 사실을 알고 나면 고개가 끄덕여진다. 중국에는 토지가 국가 소유이기 때문에 어떤 토지에 건물을 짓기 위해서는 반드시 국가에 토지개발계획서를 제출하여 사용허가권을 받아야 한다. 중국의 도시개발이나 건축공사는 모두 부동산회사가 국가로부터 토지 사용허가권을 부여받고 진행하는 사업이다. 중국에서 대규모 건설관련 사업을 벌일 때 부동산회사와 합작을 하는 것도 우리와 다른 이러한 사정 때문이다. 그래서 현재 부동산업은 막대한 개발 차익과 임대소득을 올릴 수 있는 사업으로 인식되어 대학생들의 직업 선호도가 높게 나오는 것이다. 그야말로 개혁개방 이후 뜨기 시작한 신업종 중의 하나인 셈이다.

중국 진출이나 관련 분야의 일을 꿈꾸고 있는 이들 가운데 정작 어떠한 분야에서 무엇을 준비해야 하는지 막연해하는 경우가 많다. 이는 중국사회가 어떠한 변화의 길을 걷고 있는지, 그 과정에서 어떠한 분야의 일들이 새롭게 창출되고 있는지를 실감하지 못하기 때문이다. 중국은 지금 변화하는 속도만큼의 새로운 일들이 쏟아져 나오고 있다. 중국사회의 변화양상을 잘 들여다보면, 그러한 분야가 무엇이며 그리고 그에 따라 준비해야 할 전문지식이 무엇인지 예측해볼 수 있을 것이다.

법률서비스

중국이 법치사회로 전환해나감에 따라 현재 제 방면의 법률 정비를 신속하게 진행하고 있다. 그래서 관련 분야의 법률을 모르거나 잘못 알았을 경우 낭패를 보기 십상이기 때문에 어느 때보다 법률지식에 대한 필요성이 높아지고 있다. 특히 유통시장 개방에 따라 새롭게 만들어진 도소매 유통 · 전자상거래 · 조세 · 회계 등에 관한 법률, 지적재산권에 관한 법률, 토지개발 · 부동산 매매 및 임대에 관한 법률, 중국기업의 인수합병에 따른 M&A 법률 등 한국과의 관련성이 많은 분야에서 법률서비스를 지원할 수 있는 전문가의 수요가 늘어날 전망이다.

정책연구

중국사회가 현재 자본주의적 발전의 길을 걷고 있지만 주요 발전방향은 여전히 국가정책에 의해 결정되고 있다. 그래서 중앙정부 및 지방정부에서 발전전략을 구상할 때 중국의 국가정책 및 지역정책을 면밀히 연구하고 있어야 중국과의 지나친 경쟁을 피하고 동반 성장할 수 있는 관계를 유지해나갈 수 있을 것이다. 또 기업 차원에서도 중국 진출을 기획할 때 중국의 지역별 발전전략과 산업고도화 정책 등을 치밀히 연구하고 있어야, 가장 적합한 중국 진출 전략과 분야를 찾을 수 있을 것이다. 나아가 한중관계가 경제를 넘어 정치, 사회, 문화, 역사, 환경 등 제 방면에서 전면적인 협력관계로 진전되어나감에 따라, 관련 분야의 정책을 연구하여 실제적인 정보를 제공할 수 있는 전문가가 더욱 필요해질 전망이다.

도소매 유통

유통시장이 대폭 개방됨에 따라 도로운송업은 외국인 독자투자가 가능해졌고, 프랜차이징과 무점포 판매업은 외국기업의 설립을 제한하는 규정이 없어졌다. 특히 최저 등록자본금이 도매업은 50만 위안, 소매업은 30만 위안으로 낮춰져 각 분야의 창업이 용이하게 되었다. 현재 중국 내수시장은 각축전이 심하게 벌어지고 있기 때문에 그에 대한 사전 준비작업을 치밀하게 수행해야 한다. 특히 중국인의 생활문화에 기반하여 철저한 시장조사와 아이템 개발을 하는 일이 무엇보다 중요하다. 이를 위해서는 중국인의 라이프스타일 변화와 소비욕망을 잘 파악하고 있어야 할 것이다. 그리고 창업을 위한 법인 설립과 자본금, 마케팅 전략과 브랜드, 영업 및 노무 관리, 세무 및 세관 관리 등 기본적인 실무와 법률적 지식을 익혀 내수시장을 개척할 수 있는 전문적 능력을 갖추어야 할 것이다.

서비스산업

중국인의 소득이 증대하고 새로운 성장 동력으로 소비가 부각됨에 따라 서비스산업의 비중이 한층 높아지고 있다. 가령 마이카 시대의 도래에 따라 자동차 판매와 더불어 카센터, 자동차학원, 보험 등 자동차 관련 업종, 국가와 직장에서 책임지던 복지혜택이 개인의 부담으로 이전됨에 따라 생명, 건강, 교육, 노후 문제 등을 보장해주는 보험업, 중국 가정의 '소황제'를 대상으로 한 교육 출판 관련 업종, 휴일을 활용하여 여행하는 인구의 급증에 따른 여행업 관련 분야, 중국 창업이나 비즈니스, 부동산 등에 관한 현지 지문을 수행하는 컨설팅업 등이 유망할 것으로 보인다.

건설특수

중국정부가 2008년 베이징 올림픽을 위해 최소 340억 달러를 투입하여 관련시설을 준비해나감에 따라, 디지털 TV, ICP(인터넷정보사업), TCP(위치정보사업), BICP(광대역정보사업), 전자상거래, 원격교육 등 첨단 분야에 대한 비즈니스 수요가 창출되고 있으며, 2010년 상하이 엑스포와 광저우 아시안게임을 위해 교통통신망, 건축물, 환경오염방지시설 등을 구축함에 따라 관련 업종에 대한 수요가 늘어날 것으로 전망된다. 아울러 고급 주택을 선호하는 소비자가 증가함에 따라 이들의 욕망을 충족시킬 수 있는 인테리어 및 고급 건자재의 수요가 늘어날 것으로 보인다.

연구개발

현재 중국의 산업지도는 전통적 제조업에서 하이테크산업을 중심으로 급속히 재편되고 있으며, 디지털 시대의 도래로 PC, 노트북, TV, 카메라, DVD 플레이어, 휴대폰, 게임기 등 멀티미디어의 소비가 증가하고 있다. 이로 인해 소프트웨어 및 하드웨어 등의 연구개발을 담당할 전문인력의 수요가 고조되고 있다. 특히 주목해야 할 점은, 중국이 2005년에 홈 네트워크, DVD 분야에서 국가표준을 제정하였으며, 동영

상 압축, 디지털 TV 분야에서도 국가표준을 제정하여, 앞으로 이것을 세계표준으로 정착시키려고 한다는 것이다. 이미 이동통신 분야에서는 세계적인 표준이었던 WVDMA(광역부호 분할다중접속)을 거부하고 중국의 자체 표준인 TD-SCDMA를 개발함으로써, 중국시장에 진출하기 위해선 이를 따르지 않을 수 없게 되었다. 이 분야의 전문인력은 기술능력과 아울러 이를 중국적 환경에 접목시킬 수 있는 코드 개발능력을 동시에 갖추어야 할 것이다.

노무관리

중국의 산업고도화 정책과 중국 제조업체의 생산기술력 향상으로 인해, 중국에 진출한 한국의 제조업체는 점차 경쟁력을 상실하고 있다. 그래서 새로운 생산기술을 개발하여 경쟁력을 확보한 업체만이 중국 공장을 지속적으로 운영할 수 있는 실정이다. 이러한 업체에 취업하여 중국에 파견근무를 나갈 경우 대부분 현지 공장의 중국 노동자를 관리하는 업무에 종사하게 되며, 중국 내수시장의 판매를 겸할 경우에는 그 업체에서 취급하는 제품에 대한 기본 지식이나 실무법과 아울러 중국인을 상대하는 비즈니스문화에 대해 잘 알고 있어야 한다. 새로운 사업 분야가 창출될수록 중국인과 그 문화를 잘 이해하고 활동할 수 있는 실무인력이 더욱 필요해질 것이다.

친환경산업

중국이 친환경 정책을 강화하여 환경마크 인증 제품의 생산을 적극 권장함에 따라, 제품의 생산과 소비과정에서 오염을 적게 일으키거나 자원을 절약할 수 있는 제품의 수요가 급증할 것이다. 환경마크 인증은 가전제품, 자동차, 건축 등에서 신발, 의류, 완구, 농산물 등의 일용품에 이르기까지 전 분야에 걸쳐 적용되기 때문에 친환경 산업기술과 제품의 중국 진출 전망은 매우 밝다고 할 수 있다. 아울러 공공위생이 국가적 문제로 부각됨에 따라 공기청정기나 위생처리시설 등에 관련된 업종이 유망할 것으로 보인다.

광고 및 브랜드네임

내수시장이 개방되고 외국인의 독자적인 광고회사 설립이 허용됨에 따라 광고 부문의 중국 진출이 늘어날 전망이다. 우선은 중국 내의 한국기업 및 제품이 주 대상이 되겠지만 기발한 상상으로 방송, 신문, 잡지, 옥외 광고 등의 매체를 개척하여 호평을 받는다면 중국기업뿐만 아니라 외국기업의 광고도 수주할 수 있을 것이다. 특히 내수시장에 진출하려는 제품은 브랜드네임을 중국어로 지어야 하는데, 可口可樂(코카콜라)나 易買得(이마트)처럼 단번에 깊은 인상을 남길 수 있는 작명 능력을 지닌 인재가 더욱 필요해질 전망이다.

마케팅

한국기업의 중국 진출 전략이 내수시장 공략으로 전환하고 개인의 창업이 가능해짐에 따라 중국인을 대상으로 마케팅을 할 수 있는 인재의 수요가 늘어날 전망이다. 중국은 그 어느 시장보다도 정치경제적인 변화가 심할 뿐만 아니라 지역적 계층적 차별성이 커서 세심한 시장조사와 마케팅 능력이 필요한 곳이다. 중국 마케터는 기본적으로 중국어에 능통함은 물론이고 현지문화의 이해와 적응능력, 중국시장용 브랜드의 마케팅 전략수립과 실행의 경험이 풍부해야 한다. 아울러 소비성향이 까다로운 중국 고객을 세심히 배려하며 기분을 즐겁게 해주는 데서 보람을 찾는 애정을 기본적으로 지니고 있어야 한다.

문화콘텐츠

드라마, 영화, 대중가요, 게임, 애니메이션 등의 분야에서 한류의 영향력이 지속되고 있고 젊은 세대를 중심으로 문화소비 지출이 늘어남에 따라 이들의 문화적 욕구를 충족시킬 수 있는 콘텐츠의 개발이 필요해지고 있다. 하지만 중국의 문화시장은 아직 다른 시장에 비해 정부의 규제가 심하고 불법 복제품이 기승을 부리고 있을 뿐 아니라, 기존의 한류 콘텐츠 역시 한국에서 소비되던 것을 직수입한 것이어서 중국인의 새로운 문화적 욕구에 대한 대응력이 떨어지는 실정이다. 따라서 이제는 직배급의 방식을 벗어나 중국 소비자들을 위한 기획과 연출을 바탕으로 문화콘텐츠를 개발하는 일이 무엇보다 중요해지고 있다. 또한 외국 업체의 중국 진출이 제한적이기는 하지만 분야별로 허용하고 있기 때문에 이를 잘 활용한다면 중국 문화시장의 생산과 유통 과정에 한층 다가갈 수 있는 기회로 만들 수 있을 것이다.

통번역

중국과의 협력관계가 전 방면으로 확대되면서 제 분야의 통번역을 담당할 인재들이 필요해지고 있다. 그러나 통번역은 중국어만을 잘 한다고 해서 할 수 있는 일이 아니라 한국어와 중국어가 상호 교환되는 언어활동이다. 대학 학과의 명칭도 중국어통번역이 아닌 한중통번역학과인 만큼 중국어 못지않게 한국어 공부도 병행해야 한다. 대학원 진학시 격차가 나는 분야가 중국어보다는 한국어 시험인 것을 고려하여 유려한 통번역이 가능하도록 한국어 실력을 갖추어야 한다는 것이다. 그리고 통번역은 언어 번역의 문제를 넘어 특정 분야의 지식을 언어로 전달하는 활동이기 때문에, 언어 공부와 아울러 중국 및 제 분야에 관한 종합적인 지식을 두루 습득하고 있어야 한다. 특히 그동안 경제 분야에 집중되어 있던 통번역의 수요가 최근 들어 중국문화에 대한 관심이 증가하여 현대의 문학과 문화에 대한 번역의 수요가 늘어나고 있으며, 또 과학기술 방면의 교류가 증가함에 따라 이 분야의 통번역을 담당할 수 있는 전문가의 수요도 늘어나고 있다.

그 밖에 무역, 출판, 교육, 디자인, 금융, 여행 등 중국과 관련된 제 방면에서 전문인재의 수요가 늘어나고 있는 상태다. 심지어 공무원의 경우도 한국기업의 중국 진출 및 중국기관과의 교류가 넓어지면서 중국 업무를 전문적으로 담당할 수 있는 인재의 수요가 늘어나 이들을 선발하기 위한 공채시험을 시행하고 있는 실정이다. 중국과의 교류가 바야흐로 전 방면에 걸쳐 진행됨에 따라 중국 전문인재의 수요가 관련 분야의 증가 속도만큼 늘어나고 있는 것이다. 문제는 중국에 통할 수 있는 차이나 코드를 개발하고 이를 실천할 수 있는 전문성을 얼마나 갖추느냐에 있다.

중국전문가

90년대 전후로 우후죽순처럼 신설된 대학의 중국학과는 한국사회에 일어나기 시작한 중국 특수(特需) 현상과 밀접한 관련성을 지니고 있다. 사실 중국 특수가 있기 전에는, 서울대(1945년), 외국어대(1954

년), 성균관대(1955년)만 중어중문학과가 있었으며, 70년대에 탈냉전 무드가 형성되면서 고려대(1971년), 숙명여대(1972년), 연세대(1974년), 영남대(1975년), 충남대(1977년), 경북대(1979년), 부산대(1979년), 전남대(1979년), 충북대(1980년), 중앙대(1980년) 등 서울과 지방의 주요 대학에 중어중문학과가 설립되어 어문학 중심의 교육을 시행하는 정도였다. 그러나 중국 특수 이후에 그 수가 급격히 증가하여 현재 140여 개의 대학에 중국학과가 설립되어 있으며, 학과명칭도 중어중문학과 일변도에서 벗어나 중국학과, 중국어과, 중국언어문화학과, 중국통상학과, 중국어통역학과 등 다양한 형태의 학과들이 공존하고 있다.

이 덕분에 매년 대학에서 수천 명의 졸업생이 배출되고 있지만, 사회에서 필요로 하는 중국 전문인재의 수준에 미치지 못하여 대학교육으로 비판의 화살이 날아오고 있는 실정이다. 교육부의 한 정책보고서에 따르면, 향후 중국어 및 중국에 대한 기본 소양을 지닌 인재가 매년 2만 명 정도 필요할 것으로 예측하고 있다. 하지만 현실은 어떠한가? 졸업생의 수가 2만 명에 턱없이 부족한 형편임에도 불구하고, 자기 일을 찾지 못한 수많은 인재들이 실업의 늪을 헤매고 있다. 사회에서는 중국 전문인재가 부족하다고 하는데 잠재 실업자로 전락한 졸업생이 오히려 늘어나는 이 모순된 현상을 어떻게 바라보아야 하는가?

청소년기나 대학에서 중국 공부를 시작할 때 대체적으로 중국어 학습을 주요 목표로 삼는다. 낯선 세계를 이해하기 위해서 우선 그 나라의 언어를 배워야 한다는 점은 두말 할 필요가 없다. 신입생들에게 앞으로의 진로를 물을 때, '중국어를 열심히 공부하여 어떠어떠한 분야에서 일하고 싶다' 는 대답이 일반적으로 나오는 것도, 그만큼 언어의 중요성이 절실하기 때문일 것이다.

중국어 수준을 경쟁지표로 삼는 분위기 속에서 학생들은 대학에서의 중국어 수업과 사설 학원에서의 수업 그리고 어학연수 등을 통해 중국어 능력의 배양과 HSK 고급 급수의 획득을 최고의 목표로 삼는다. 그래서 중국어 구사능력이 자신의 꿈을 키우는 지름길이자 취업을 위한 유리한 고지를 선점하는 것으로 인식한다. 대학에서도 학생들의 이러한 요구를 수용하기 위하여 어학 과목을 늘리거나 원어민 교수를 우선적으로 충원한다. 이로 인해 중국 사회문화나 현대중국을 이해할 수 있는 과목이나, 전문지식을 습득하기 위해 필요한 타 전공과목의 수강을 적극적으로 행하는 학생들은 그리 많지 않은 실정이다.

그러나 기업체의 인력 채용심사에 있어 어학능력이 절대적 기준이 아니며 중국에 대한 전문적 지식과 잠재력을 선호하는 사례를 볼 때, 중국어 지상주의적 학습방식은 심각한 문제라고 하지 않을 수 없다. 이러한 현상은 중국 전문인재에 대한 개념과 구비해야 할 덕목에 대한 인식이 선행되지 않아서, 대학 4년 동안 어떠한 공부를 해야 하는지 막막하고 불안한 상태에 놓여 있기 때문이다. 이 점이 바로 중국 전문인재에 대한 사회적 수요에도 불구하고 졸업 후 적합한 진로를 찾지 못하게 되는 공부방법의 문제라고 할 것이다.

중국어는 이제 중국 어문학 전공자만의 독점물이 아니다. 조기유학이나 고등학교 시기에 제2외국어로 중국어를 배운 경우, 다른 전공자로서 대학 및 유학을 통해 중국어를 배운 경우, 재중동포나 화교 및 한국어를 배우고 있는 중국인까지 포함한다면, 중국어 가능자의 수는 갈수록 늘어나고 있는 실정이다. 중국어 능력만을 가지고 우위를 점하던 시기는 지나가버렸다 해도 과언이 아니다.

오히려 어문학 전공자의 공급은 이미 포화된 상태인데 반해, 사회과학이나 이공 계열의 전공자는 상대적으로 부족한 실정이어서, 이들이 중국어를 배워서 자신의 영역을 확장하는 경우가 빈번해지고 있다. 바야흐로 중국어는 특정 전공의 영역을 넘어 중국을 통해 꿈을 이루려고 하는 모든 분야의 필수적 언어로 성장한 것이다. 『중국견문록』을 쓴 한비야의 경우도 긴급구호 활동을 위한 필요성에서 중국어를 배운 것이 아니던가.

중국어 중심주의적 방법으로 중국 공부를 계획하는 학생들은 먼저 자신이 처한 국내적 국제적 환경의 변화를 직시할 필요가 있다. 그리고 중국어를 공부하기에 앞서 자신이 왜 중국어를 공부하려고 하는지 그리고 중국을 통해 자신의 어떠한 삶을 실현하려고 하는지 자문해야 한다. 이러한 고민이 선행되어야 자신의 가능성을 중국과 연계하여 상상하고, 창조적으로 도전할 수 있는 동기를 찾을 수 있을 것이다.

지금 한국사회가 요구하는 인재는 단순한 언어 가능자가 아니다. 중국어 능력을 바탕으로, 중국사회를 거시적이면서 객관적으로 바라볼 수 있는 시각을 키우고, 중국인의 기질과 문화를 실감 있게 이해할 수 있는 현장성을 축적하여, 중국에 관한 제 분야의 일을 전문적으로 기획하고 실천할 수 있는 인재이다. 이러한 인재가 바로 우리 시대가 요구하는 중국전문가이다.

중국전문가가 필요한 영역은 중국이 우리에게 열려 있는 무한한 가능성만큼 다양하다. 흔히 유망한 직종으로 통번역, 교육, 비즈니스 등의 일을 떠올리지만, 중국전문가가 필요한 영역은 특정 분야에 한정되지 않는다. 앞서 살펴본 것처럼 한중관계를 포함한 국제적 환경, 중국의 국가정책 및 라이프스타일, 비즈니스 전략 등의 변화에 따라 새로운 분야가 끊임없이 창출되고 있다. 무엇보다, 자신의 전문적 능력을 발견하고 극대화시켜 이를 중국의 변화와 접목하고, 나아가 중국전문가가 갖추어야 할 기본 덕목을 충실히 쌓아간다면, 앞으로 대륙을 웅비하는 미지의 분야를 개척할 수 있을 것이다.

제10장

10

샌드위치
코리아의 출로

IMF 이후 10년이 지난 오늘날 한국은 이른바 '샌드위치 상황' 이라는 새로운 압박에 직면해 있다. 선진국과 중국 사이에 끼인 한국이 5,6년 안에 신종 성장산업을 찾아내지 못하면 위험에 빠질 수 있다는 진단인데, 삼성 이건희 회장이 제기한 이후 한국경제의 위기감을 드러내는 표현으로 널리 사용되고 있는 상태다. 또 보수 정치권과 언론에서는 진보 정권이 한국경제를 추락시켰다는 비난을 쏟아내고 있으며, 체감경기 면에서도 소득감소와 고용 불안정 그리고 내수침체 등으로 인해 대체로 그런 진단이 공감을 받고 있는 실정이다. 한국 내부에서 흘러나오는 목소리만 듣고 있으면 한국이 곧 무너져 내릴 것 같은 위기감마저 들 정도다.

이러한 위기의 징표로 자주 논란이 되고 있는 것이 바로 낮은 성장률이다. 한국은 그동안 10%대에 육박하는 높은 성장률을 통해 현재와 같은 경제기틀을 마련하였다. 이 때문에 한국인들 사이에는 성장률의 수치를 경제수준으로 상상하는 경향이 지배적이어서, 최근 들어 4~5%대의 성장률을 기록하는 것을 보고 한국경제가 바닥에서 허덕이고 있다고 생각하는 사람들이 많아졌다. 한국의 성장률을 중국을 포함한 브릭스(BRICS) 국가나 개발도상 국가들의 높은 성장률과 비교하여 한국 경제가 뒤처지고 있는 게 아닌지 우려를 하는 것이다.

하지만 IMF 위기에서 벗어난 2003년 이래 한국의 경제규모는 세계 10위권의 위치로 올라와 현재까지 그 성적을 꾸준히 유지하고 있다. 경제지표로 보면 경제개발을 시작한 이래 최고의 성적을 거두고 있는 셈이다. 세계경제 10위권에 랭크되어 선진국들과 경쟁해야 하는 한국의 위치를 감안한다면 이제 경제성장에 대한 평가기준이 달라져야 한다. 경제개발 단계에서 대규모의 생산설비 투자와 일자리 창출을 위해 고도성장을 유지해야 하는 국가들과 달리, 한국은 이미 고부가가치 산업 중심의 안정적인 성장단계로 나아가고 있기 때문이다. 실제로 미국, 유럽, 일본 등 선진국에 속하는 나라들일수록 대부분 성장률이 한국보다 낮은 2~3%대 미만을 기록하고 있다. 이제는 성장률의 수치가 아니라 글로벌 경쟁에서 비교우위가 있고 지속적으로 성장 가능한 산업을 얼마나 보유하고 육성하고 있느냐 하는 점이 기준이 되어야 한다는 것이다.

그렇지만 이러한 기준으로 볼 때도 현재 한국의 저성장은 커다란 문제점을 노출시키고 있다. 선진국처럼 안정적인 경제성장 과정에 진입하여 저성장이 나타난 것이 아니라, 선진국과의 경쟁이나 지속적인 성장을 위해 마땅히 해야 할 산업투자를 소홀히 하는 과정에서 발생한 것이기 때문이다. 한국이 세계경제 10위권의 수준에 올라와 있지만 아직 선진국과의 기술격차가 크고 후발주자인 중국의 기술추격이 급속도로 진행되고 있는 상황에서 저투자 저성장은 곧 글로벌 경쟁에서 낙오를 의미하는 것이다.

아직 한국은 수출 증가율이 두 자리 숫자를 유지하고 있고 주가가 지속적으로 상승하는 등 호조를 띠고 있는 상태다. 하지만 이러한 표면적인 성장세와 달리 한국경제의 내부를 들여다보면 그에 상응하는 적극적인 투자가 이뤄지지 않고 있으며, 오히려 기업들이 벌어들인 돈으로 투자를 하는 대신 주식시장으로부터 경영권을 방어하기 위하여 자사 주식을 사들이는데 힘쓰고 있다. 주식시장에서 기업으로 돈이 흘러가는 것이 아니라 거꾸로 기업에서 주식시장으로 돈이 빠져나가는 기현상이 벌어지고 있는 것이다.

주주들은 수익의 고배당을 요구하고 있고, 기업은 주주들의 눈치를 보며 단기수익을 내는데 몰두하여 장기 투자를 하지 않는다. 적극적인 투자와 기술개발을 통해 수익을 창출하는 기업이 갈수록 줄어들고, 해고나 비정규직화 및 외국인 노동자 고용으로 인건비를 줄여 수익을 짜내는 기업이 늘어나고 있다. 한국의 생산여건을 견디지 못하는 기업은 아예 중국이나 동남아로 생산기지를 옮기고 있는 실정이다.

또 기업들은 은행에서 대출받기가 굉장히 어려워졌다. 외국자본의 지배를 받고 있는 은행들이 까다로운 대출심사 기준을 마련하여 리스크가 있는 투자금의 대출을 꺼리고 있기 때문이다. 은행들은 기업 대출 대신 안전한 주택담보 대출을 선호하여, IMF 이전에는 기업 대출이 중심적인 위치를 차지했는데 지금은 주택담보 대출이 그 자리를 대신한 것이다. 산업 인프라를 구축하던 대출금이 지금은 부동산 투기를 조장하는 주범으로 변질되었다.

수출의 호조로 기업의 수익이 늘어났지만 상당부분 외국자본 및 주주들의 손으로 들어가고 있으며, 지속적인 산업투자가 이뤄지지 않아 일자리가 늘어나지 않고 해고와 비정규직화로 인해 고용불안이 심해지고 있다. 이로 인해 경제성장이 국민적 차원의 소득분배로 이어지지 않아 계층 간 소득격차가 심해지고 나아가 양극화 현상이 벌어지고 있다. 국가는 사회안전망을 구축하지 않아 실직자들이 생존의 위협을 받고 있으며, 사회에 재취업을 위한 기술교육 프로그램이 부족하여 실업자 수가 갈수록 늘어나고 있다. 그 결과 서민들의 실질소득이 줄어들어 소비심리가 위축되고 내수가 침체되면서 시장경기가 불안해지고 있다.

이것이 IMF를 극복하고 경제규모가 세계 10위권으로 진입한 한국의 모습이다. 현재 한국이 저투자 저성장으로 돌아선 것은 주주자본주의의 문제와 밀착되어 있다. 주주자본주의는 IMF 당시 분명 한국기업의 혁신경영을 유도한 것은 사실이지만, 주주들의 단기수익 요구에 이끌려 장기적인 산업투자와 연구개발을 미루고 있는 점 역시 부정할 수 없다. 이러한 투자가 없는 상태에서 고성장은 불가한 일이며, 더군다나 새로운 성장산업을 찾기 위한 과감한 투자를 기대하기는 더 힘들어 보인다.

한국이 직면한 샌드위치 상황 역시 이러한 저투자 저성장이 반복된 결과라고 할 수 있다. 중국을 무대로 한 글로벌 분업시대가 열린 90년대 이후, 한국은 세계경제에서 선진국과 개발도상국의 중간지대에 위치해 있어서 샌드위치 상황이 그리 새로운 것이 아니다. 한국은 그간 성장의 활력을 통해 끼인 상황을 적극적으로 대응해나갔던 것인데, IMF 이후 저투자 저성장으로 접어들어 한국 특유의 성장 동력이 실종됨에 따라 현재의 위기가 초래된 것이다. 중국의 추격이 문제가 아니라 한국의 저성장 구조가 더 큰 문제라는 말이다. 한국이 샌드위치 상황의 늪에서 벗어나려면 성장의 활력이 되살아날 수 있는 시스템으로의 전환을 모색해야 한다.

세계경제 속의 한국의 위치를 고려할 때 샌드위치 상황의 화살을 중국의 급성장으로 돌리는 것은 한국의 국제경쟁력을 강화하는데 별다른 도움이 되지 못하며, 오히려 한국이 나아가야 할 길을 가지 못한 데 대한 책임 회피의 논리로 기능할 뿐이다. 이 문제는 한중 간의 양자 관계가 아니라 글로벌 분업시스템 속에서 발생한 것이기 때문에, 샌드위치 상황의 출로는 오히려 중국에 대한 견제보다는 선진국을 따라잡는 전략을 수립하는 데서 찾을 수 있다. 분야에 따라 중국의 추격 내지 추월은 불가피한 일이지만 글로벌 분업시스템에서 중국보다 상위에 위치하도록 산업고도화를 실현한다면 한국은 중국을 통해 지속적인 성장기회를 얻을 수 있을 것이다.

현재 중국의 경제성장 과정을 보면 한국이 걸어온 길과 유사하다는 사실을 알 수 있다. 한국 역시 초기에는 저임금을 무기로 노동집약적인 산업 분야에서 도약을 시작했고, 7,80년대에는 중화학공업과 제조업을 육성하여 개발도상국의 지위를 넘어서는 기틀을 마련했으며, 90년대 이후에는 반도체, 자동차, IT산업 등을 중심으로 산업고도화를 이룩하여 선진국으로 진입하기 위한 길을 걷고 있다. 이 과정에서 한국의 추격을 받고 위기감을 느낀 상위 국가들은 경쟁력을 잃어버린 분야 대신에 새로운 산업을 육성하고 고도화하여 지속적인 성장기회를 창출하였다. 마치 현재의 한국이 중국의 추격을 받고 위협감을 느끼며 새로운 성장전략을 모색하는 것과 유사한 상황이었다.

중국이 세계화의 이점을 잘 활용하여 급성장할 수 있는 동력으로 만들었듯이 한국 역시 글로벌 분업시스템을 통해 이 문제를 해결할 수 있는 방안을 모색해야 한다. 그러나 현재 한국은 자본시장을 전면 개방하여 그 규모를 키우는 데 주력하고 있지만, 그것이 한국 산업구조의 고도화에 그만한 긍정적인 기능을 수행하고 있는지 묻는다면 회의적이지 않을 수 없다. 외국자본을 적극 유치하면서도 자국의 산업수준에 따라 개방의 분야와 속도를 조절하는 중국의 국가전략에서 보이듯이, 세계화가 한국의 성장 동력으로 통합되기 위해선 단순한 자본시장의 개방을 넘어 산업 고도화를 위한 외국자본의 활용전략이 마련되어야 한다. 이러한 국가전략이 없다면 한국은 외국자본이 손쉽게 수익을 올리거나 수익성이 떨어질 경우 미련 없이 떠나버리는 투기시장으로 전락할 가능성도 있기 때문이다.

이러한 차원에서 볼 때 한국에 절실히 필요한 부분은 단순한 투자자본이 아니라 한국의 취약한 성장분야를 개선할 수 있는 산업자본이라고 할 수 있다. 특히 부품소재 산업과 서비스 산업은 한국경제가 선진화하기 위해 반드시 업그레이드되어야 할 분야이며, 장기적인 투자와 연구개발 여하에 따라 성장 동력으로 전환될 가능성이 큰 산업이기도 하다.

부품소재 산업의 경우 한국은 대체로 고급부품은 서구(주로 미국과 독일)와 일본에서의 수입에 의지하고 범용부품은 중국의 거센 추격을 받고 있는 상태다. 그래서 서구와 일본의 선진적인 부품소재 기업을 유치하여 한국의 기술수준을 향상시키는 일이 무엇보다 시급한 과제라고 할 수 있다. 현재 한국에서는 중국으로 생산기지를 이전하여 생산비용을 낮추는 일이 우선되고 있지만, 장기적으로 볼 때는 외국의 선진기업을 유치하여 고급 부품소재 기술을 개발하는 일이 중국과의 글로벌 경쟁에서 비교우위를 점할 수 있는 근본적인 방안이라 할 것이다.

지금 한국의 여러 지역에서 외국의 선진기업을 유치하기 위해 세제나 금융, 부동산의 혜택을 제공하는 등 유리한 입지조건을 마련하느라

고심하고 있는 상태다. 그러나 외국기업의 한국 진출을 위해선 이러한 혜택과 아울러 반드시 이들이 생산한 부품소재를 대량으로 소비하는 기업들이 한국에 있어야 한다. 이러한 기업의 존재는 서구나 일본에서 생산하여 한국으로 수출하는 것보다 한국에서 생산하여 유통하는 비용이 더 저렴하여 한국으로 생산기지를 이전할 직접적인 이유로 작용하기 때문이다.

가령 대구 경북 지역에서는 세계적인 자동차 부품 생산단지를 조성하기 위해 2004년부터 이 분야의 세계적 기업인 미국의 델파이, 일본의 덴쇼, 독일의 보쉬, 베어 등을 유치하여 자동차 부품산업이 지역경제의 새로운 성장 동력으로 부상하고 있다. 이러한 세계적인 기업을 유치할 수 있었던 것은 현대, 기아, GM대우와 같이 이들의 부품을 대량으로 사용하는 세계적인 자동차 생산기업이 한국에 있고, 중국 자동차시장을 겨냥한 테스팅 마켓으로서 한국시장의 역동성과 우수한 숙련 노동자 및 각종 혜택 제공 등이 유리한 입지조건으로 작용했기 때문이다.

서비스 산업의 경우 한국이 집중 육성해야 할 고부가가치 산업임에도 불구하고 제조업에 비해 전반적으로 국제경쟁력이 떨어지고 있다. 이 분야는 전면 개방된 자본시장에 비해 아직 폐쇄적 시장보호가 진행되고 있는 상태다. 특히 교육, 의료, 문화콘텐츠, 관광, 레저 등은 성장 가능성이 큰 분야지만 각종 규제 및 내부 반발이 심하여 외국자본의 진입이 쉽지 않은 실정이다. 하지만 한국의 서비스 수준을 끌어올리기 위해선 현재와 같은 시장 보호만으론 난망한 일이며, 분야에 따라 선별적으로 선진화된 서비스 산업을 유치하여 개방적인 경쟁구조를 확립하는 일이 불가피해 보인다. 이 문제는 국내의 서비스 산업 육성 차원을 넘어 서비스 시장이 전면 개방되고 있는 중국 진출 가능성을 높이기 위해 반드시 선결해야 할 과제이기도 하다.

세계 각국이 외국자본을 유치하기 위해 경쟁을 벌이고 있는 상황에서 한국의 성장에 필요한 외국자본을 유치하는 작업은 결코 쉬운 일이 아니며, 더군다나 선진기술을 이전받는 일은 더욱 어려운 일이다. 세계 최고의 외국자본 유치국인 중국의 경우도 생각만큼 기술이전이 이뤄지지 않아, 이제는 직접 외국 선진기업의 인수합병을 통해 기술이전을 추진하는 전략으로 돌아서고 있을 정도다. 그러나 외국자본의 유치가 불가피한 일이라면 세계 다른 지역에서 찾아볼 수 없는 한국만의 투자 매력을 극대화해야 한다. 외국자본이 중국에서 불공평한 대우를 받고 지적재산권이 보장되지 않아 상당한 손실을 입으면서도 중국 진출에 힘을 쓰고 있는 것은 거대한 소비시장으로서 뿌리칠 수 없는 유혹이 있기 때문이다.

한국도 이러한 매력을 발산할 수 있는 가능성이 있다. 시장의 역동성과 IT산업의 성장 그리고 중국시장의 급부상에 따라 테스팅 마켓의 공간으로 세계의 주목을 받고 있기 때문이다. 흔히들 규제가 적고 임금이 저렴한 국가를 외국자본이 선호하는 것으로 생각하지만, 실제에서는 사업 분야에 따라 최적의 환경이 달라진다. 가령 세계에서 세금이 가장 높은 스웨덴은 외국자본이 선호하는 국가 가운데 하나인데, 이는 우수한 사회보장제도와 무료로 제공되는 기술훈련 시스템, 그에 따라 숙련된 현장노동자들과 대학교육을 받은 엔지니어들, 그리고 노동조합 전국 조직과 경영자 전국 조직 간에 유지되는 산업평화가 스웨덴에만 존재하여 IT 방면 투자에 가장 적합한 환경이라고 평가되기 때문이다. 한국도 마찬가지다. 낮은 임금과 세제혜택으로는 도저히 중국과 경쟁이 되지 않는다. 그러나 다른 국가들이 지니지 못한 테스팅 마켓으로서의 장점을 극대화한다면 얼마든지 외국자본이 선호하는 국가로 부상할 수 있다. 내수시장의 역동성은 스웨덴도 갖지 못한 한국만의 장점인 것이다.[29]

한국에 진출하려는 외국자본이 있다면 그 이유는 분명 한국에서 수익을 창출할 수 있다고 판단했기 때문일 것이다. 대체로 그 가능성은 한국의 내수시장에 진출하여 판매수익을 올리는 일과, 한국의 첨단산업과 우수인재를 활용하여 연구개발을 진행하는 일이 될 수 있다. 소비시장으로 보면 한국은 물론 중소규모에 불과하지만, 다른 나라의 추종을 불허하는 선진화된 홈쇼핑 시장, 세계 최고의 초고속 인터넷 가입률을 바탕으로 한 사이버 시장, 제품의 트렌드에 민감하고 문화적 동질성을 지닌 소비자의 존재 그리고 인접한 거리에 세계 최대의 소비시장으로 떠오르고 있는 중국이 있다는 점은 한국시장을 넘어 중국시장에 진출하기 위한 테스팅 마켓으로서 적합한 입지조건이라고 할 것이다.

이러한 장점은 소비시장 측면에만 국한되는 것이 아니다. 한국적 소비환경을 거쳐 탄생한 카메라폰, 온라인게임 및 콘텐츠서비스 등이 열풍처럼 세계에 확산됨에 따라 한국에서 성공하면 세계시장에서도 성공한다는 평가를 받고 있는데, 이는 바로 소비가 연구개발과 연계되

---

29 실제로 외국기업이 생산기지를 이전할 때 가장 중요하게 고려하는 것은 한국에서 흔히 생각하는 탈규제나 세제혜택이 아니라 그 나라에 자신의 제품을 소비할 수 있는 내수시장과 우수한 노동인력이 풍부히 양성되어 있느냐 하는 점이다. 규제가 없고 세제혜택이 파격적인 나라라 하더라도 내수시장과 우수한 노동인력이 존재하지 않는다면 외국기업이 생산기지 이전을 꺼린다는 얘기다. 이러한 면에서 한국은 외국자본을 유치하는 데 있어 충분한 장점을 지니고 있지만 중앙과 지방정부의 유치전략은 오히려 탈규제와 세계혜택 등 단기적이고 부차적인 문제에 맞춰져 있어서 한국의 비즈니스 환경의 장점을 극대화시키지 못하는 한계를 노출하고 있다.

어 있기 때문이다. 한국이 소비뿐만 아니라 연구개발 환경에서도 고부가가치를 창출할 수 있는 적합한 공간이라는 인식이 확산된다면 그만큼 한국은 외국자본의 유치에 유리한 입지를 구축하는 셈이다.

한국이 이러한 테스팅 마켓으로 성장하려면 무엇보다 역동적 소비가 이루어지는 내수시장과 창조적 개발을 수행할 수 있는 전문인력이 양성되어야 한다. 그러나 현재 한국의 상황은 어떠한가? 한국의 저투자 저성장 구조는 소득 불균형과 고용 불안정을 조성하여 내수시장을 침체하게 만들고 비정규직과 실업자를 양산하고 있다. 이는 테스팅 마켓으로의 성장에 역행하는 일이다. 그런데도 한국에서는 외국자본의 유치와 '기업하기 좋은 환경'만을 강조하며 그것이 가능하기 위해선 근본적으로 어떠한 여건을 갖추어야 하는지에 대해서는 소홀히 생각하고 있다. 다시 말하면 외국자본의 유치와 '기업하기 좋은 환경'이 테스팅 마켓으로의 성장조건과 상통하는 것임에도 불구하고 두 문제를 연관시켜 사고하지 않는다는 것이다.

외국자본의 입장에서 볼 때도 한국의 소비시장이 활성화되어 내수 및 테스팅 기능이 원활히 이루어지고, 우수하고 숙련된 인재가 풍부히 양성되어 고부가가치 제품을 연구개발할 수 있다면 그만큼 '기업하기 좋은 환경'도 없을 것이다. 당장은 노동 유연성을 통해 인건비를 절감하는 것이 수익으로 나타날 수는 있어도, 결국 그것이 소비 침체와 고용 불안정으로 이어져 본래 기대하던 테스팅 마켓의 역할을 가로막는 부메랑으로 돌아올 수 있다. 그런데도 한국에서는 소위 '기업하기 좋은 환경'이 주로 탈규제와 노동 유연성으로만 이해되어 소득균형과 고용안정이 어떻게 기업하기 좋은 환경을 만들어나가는지의 측면에 대해서는 관심을 두지 않는다.

노동 유연성은 본래 글로벌화된 세계경제의 변화에 적응하기 위해 노동자의 직능을 고정시키지 않고 변화에 맞게 전환해나감으로써 생산성을 향상시키는 데 그 목적이 있다. 노동 유연성은 기업의 사정에 따라 해고로 나타나는 경우도 있지만 재교육을 통해 노동자의 직능을 전환해나가는 것도 그 방법 중에 하나다. 그러나 한국에서는 노동 유연성이 숙련 노동자를 재활용하는 직능의 전환보다는 해고나 비정규직화 같은 인건비 절감의 방편으로 이용되어 고용 불안정을 조성하고 있는 실정이다. 이러한 상황에서 노동자 파업이 일어나고 과격해지면 일각에서 노동조합이 경제성장을 망치고 있다는 소리가 터져 나온다. 그렇지만 현대자동차 노조처럼 가입률이 75%에 달하는 사업장도 있으나 한국 노동자 전체의 노조가입률은 10%대 초반으로 OECD 국가 가운데 최하위권에 속한다는 사실을 생각한다면 오히려 노조가 한국경제에 미치는 영향력은 낮은 수준이라고 해야 할 것이다.

게다가 한국의 파업사태를 보면 임금인상을 위한 파업을 넘어, 기업의 인수합병에 의한 해고와 비정규직의 재계약 취소로 인한 해고에 저항하여 일어난 파업이 늘어나고 있다. 전반적으로 볼 때 경제규모가 성장하고 수출이 늘어나고 있음에도 불구하고 노동자들의 여건은 오히려 악화되고 있는 것이다. 이러한 저투자 저성장 구조가 지속되는 한 이 문제를 개선할 가능성은 그리 커 보이지 않는다. 이것은 노사 간의 갈등을 넘어 국가적 차원의 사회안전망 부재와 밀착되어 있는 문제이기도 하다. 현재 노동자의 저항이 높아질 수밖에 없는 것은 국가에 최저생계 보장제도나 재취업을 위한 교육제도 등의 사회안전망이 구축되지 않아 기업에서 해고될 경우 바로 생존 자체가 위협받는 상황으로 내몰리기 때문이다.

한국의 딜레마는 바로 여기에 있다. 즉 샌드위치 상황을 벗어나기 위해선 글로벌 분업시스템을 적극 활용하여 산업고도화 및 테스팅 마켓의 가능성을 실현해야 하는데, 그 과정에서 소득 불균형과 고용 불안정이 발생하여 국민의 삶의 질이 하락하는 모순이 그것이다. 현재 이 문제는 주로 신자유주의적 입장에서 무한경쟁과 시장논리만이 강조되어, 개방의 과정에서 나타나는 충격을 흡수하여 경제 활력을 지속시킬 수 있는 사회안전망의 중요성은 잘 부각되지 않는 실정이다. 마치 세계 최고의 개방사회로서 네덜란드의 높은 개방성은 주목하면서도 그것을 가능케 한 사회안전망에 대해서는 눈을 감는 것과 유사하다. 사회안전망의 구축이 개방을 통한 성장과 상호 대립되는 것이 아니라 바로 그 기반으로 작용함에도 불구하고 한국에서는 여전히 이념적인 갈등이 벌어지고 있는 것이다.

이 문제는 샌드위치 코리아의 출로를 넘어 한국이 앞으로 어떠한 사회로 나아가야 할지에 대한 국민적인 논제라고 할 수 있다. 이것은 단순한 정책전환의 문제가 아니라 현재 한국사회를 지배하고 있는 신자유주의적 시스템에서 벗어나 성장과 복지를 동시에 실현할 수 있는 새로운 사회시스템으로의 전환을 의미한다. 이 과정에서 아마도 민주화 운동 시절과 같은 치열한 논란이 일어날 것으로 보인다. 특히 이러한 사회시스템을 구축하려면 막대한 사회적 재원이 소요되는데, 이 비용은 국민과 기업의 세금으로 충당할 수밖에 없기 때문이다. 그러나 한국에는 아직 세금이 국민의 삶의 질 향상을 위한 복지비용으로 지출되고, 기업에게 숙련 노동자와 소비자를 양성하는 비용으로 쓰여진다는 기본적인 인식조차 부족한 실정이다. 이렇게 된 데에는 지금까지 국가가 제공하는 복지혜택을 국민들이 누려본 경험이 거의 없고, 아울러 사회보장제도가 이미 국가를 망친 사회주의 정책이라는 이념적 불신이 가중되어 있기 때문이다.

그러나 개방과 세계화가 성장 동력의 한 축으로 부상하는 지금, 우리는 이념적 차원이 아니라 한국이 처한 글로벌 환경과 그 출로 속에서 이 문제를 논의해야 한다. 개방이 사회적 불안정을 심화시켜 국민의 생존을 위협한다면 지속적인 성장 동력으로 공감받기가 어려우며, 사회가 불안해져 외국자본을 보는 눈이 곱지 않다면 개방이 정착될 수 있는 여건을 조성할 수 없기 때문이다. 네덜란드 경우처럼 개방이 극대화되려면 개방의 충격을 흡수할 수 있는 사회안전망이 구축되어야 하며, 그러한 기반 위에서 비로소 세계화를 포용할 수 있는 관용의 정신이 길러질 수 있을 것이다.

샌드위치 코리아의 출로는 바로 이러한 문제를 공론화하여 사회적 합의를 도출하는 과정에서 찾을 수 있을 것이며, 아울러 한국이 중국에 대한 위협감에서 벗어나 지속적인 성장의 기회로 활용할 수 있는 힘도 이 과정에서 만들어질 수 있을 것이다. 중국과의 경쟁은 개인이나 기업의 선택을 넘어 한국이 도달한 성장수준을 국제적 차원에서 실천하는 과정으로 인식해야 한다. 그리고 이러한 경쟁에서 지속가능한 우위를 확보하는 방법은 한국이 자신의 장점을 극대화하여 '더 선진화된' 사회로 나아가는 길과 직결되어 있다. 그것이 가능하기 위해선 무엇보다 저투자 저성장 구조와 양극화를 조장하는 영미식 신자유주의 체제에서 벗어나 북유럽식 '역동적 복지국가'를 창조하는 일이 우선되어야 할 것이다.

참고문헌

KOTRA 편집부 엮음, 『중국, 아는 만큼 성공한다』, 코트라, 2004.

강효백, 『황금중국』, 유스북, 2005.

고바야시 다카시, 이진복 옮김, 『상업의 세계사』, 황금가지, 2004.

김용준, 『중국마케팅』, 박영사, 2006.

류짜이푸 · 린강, 오윤숙 옮김, 『전통과 중국인』, 플래닛, 2007.

머레이 외이덴바움, 『화교 네트워크』, 세종연구원, 1998.

박노자, 『우리가 몰랐던 동아시아』, 한겨레출판, 2007.

박미란 · 백금희 · 정은주, 『비단길에서 만난 세계사』, 창비, 2005.

박월라 외, 『중국의 비즈니스환경 변화와 외자기업의 대응전략』, 대외경제
　　정책연구원, 2006.

박장식 외, 『동남아의 사회와 문화』, 오름, 1997.

박한진, 『10년 후 중국』, 해냄, 2005.

배연해, 『중국을 보는 눈』, 창해, 2003.

배연해, 『중국의 자본가들』, 한울, 2004.

백양, 김영수 옮김, 『추악한 중국인』, 창해, 2005.

백영서 외, 『동아시아의 지역질서』, 창비, 2005.

백영서, 『동아시아의 귀환』, 창비, 2000.

복지국가 SOCIETY 정책위원회, 『복지국가혁명』, 도서출판밈, 2007

쑨리핑, 김창경 옮김, 『단절』, 산지니, 2007.

아더 핸더슨 스미스, 민경삼 옮김, 『중국인의 특성』, 경향미디어, 2006.

안드레 군더 프랑크, 이희재 옮김, 『리오리엔트』, 이산, 2003.

양승윤 외, 『바다의 실크로드』, 청아출판사, 2003.

에드워드 사이드, 박홍규 옮김, 『오리엔탈리즘』, 교보문고, 2007.

에릭 이즈라엘르비츠, 강민들레 옮김, 『중국이 세계를 바꿀 때』, 토담미디어, 2007.

왕샤오링, 『왕샤오링의 한국 리포트』 가람기획, 2002.

유광종, 『연암 박지원에게 중국을 답하다』, 크레듀, 2007.

윤휘탁, 『신중화주의』, 푸른역사, 2006.

이성형, 『콜럼버스가 서쪽으로 간 까닭은』, 까치, 2003.

이원재, 『주식회사 대한민국 희망보고서』, 원앤원북스, 2005.

이종민 외, 『한국과 중국, 오해와 편견을 넘어』, 제이앤씨, 2006.

이학진, 『13억의 중국 20억의 기회』, 아인북스, 2005.

이희수 · 이원삼, 『이슬람』, 청아출판사, 2004.

이희옥 외, 『중국의 동북공정과 중화주의』, 고구려연구재단, 2005.

이희옥, 『중국의 국가 대전략 연구』, 폴리테이아, 2007.

임계순, 『중국인이 바라본 한국』, 삼성경제연구소, 2002.

자크 아탈리, 양영란 옮김, 『미래의 물결』, 위즈덤하우스, 2007.

장수현, 『중국은 왜 한류를 수용하나』, 학고방, 2004.

장하준, 이순희 옮김, 『나쁜 사마리아인들』, 부키, 2007.

장하준, 형성백 옮김, 『사다리 걷어차기』, 부키, 2004.

장하준 · 정승일, 이종태 엮음, 『쾌도난마 한국경제』, 부키, 2005.

장홍지에, 정광훈 옮김, 『중국인은 한국인보다 무엇이 부족한가』, 북폴리오, 2005.

전상인 엮음,『한국 2030』, 에코리브르, 2007.

정병조,『인도사』, 대한교과서주식회사, 2005.

제임스 맥그레거, 징준희 옮김,『중국 비스니스 최전선』, 황금나침반, 2006.

제임스 킹, 최규민 옮김,『중국이 뒤흔드는 세계』, 베리타스북스, 2007.

조너선 스펜서, 김희교 옮김,『현대중국을 찾아서』1,2, 이산, 1998.

존 M. 홉슨, 정경옥 옮김,『서구문명은 동양에서 시작되었다』, 에코리브르, 2005.

주겸지, 전홍석 옮김,『중국이 만든 유럽의 근대』, 청계, 2003.

중국 민정부·중국사회 출판사, 김하림 옮김,『중국인도 다시 읽는 중국사 람 이야기』, 에디터, 1998

지만수 외,『중국의 산업고도화 및 기업성장의 현황과 시사점 : 중국 위협의 재평가』, 대외경제정책연구원, 2005.

지만수,『한국기업의 대중투자』, 폴리테리아, 2007.

프랑크 지렌, 송재우 옮김,『차이나 코드』, 미토, 2006.

한우덕,『중국의 13억 경제학』, 한국경제신문, 2006.

후안 안토니오 페르난데스 외, 황해선 옮김,『차이나 CEO』, 고려닷컴, 2007.

찾아보기

글로벌 차이나

첫판 1쇄 펴낸날 2007년 12월 31일
3쇄 펴낸날 2010년 3월 5일

지은이 이종민
펴낸이 강수걸
펴낸곳 산지니
등록 2005년 2월 7일 제14-49호
주소 부산광역시 연제구 거제1동 1493-2 효정빌딩 601호
전화 051-504-7070 | **팩스** 051-507-7543
sanzini@sanzinibook.com
www.sanzinibook.com
편집 김은경·권경옥 | **제작** 권문경
인쇄 대정인쇄

ISBN 978-89-92235-29-7 93330

값 15,000원

* 이 도서의 국립중앙도서관 출판시도서목록(CIP)은
  e-CIP 홈페이지(http://www.nl.go.kr/cip.php)에서
  이용하실 수 있습니다.(CIP 제어번호 : CIP 2008000002)